北京老舍文艺基金会年鉴

管桦题

北京老舍文艺基金会年鉴

吕浩才题

前 言

崔恩卿

编写《北京老舍文艺基金会年鉴》，是一个“创举”，也是一件“好事”。所谓“创举”，因为它是北京老舍文艺基金会发展史上的第一部；所谓“好事”，因为它既是1999年度工作的记载，同时又以历史回眸的形式，反映了老舍文艺基金会创立10年来的足迹。因此，这本“年鉴”具有了老舍文艺基金会“会史”的特色，也就有了特殊的意义。

我是主张编辑“年鉴”或是“年鉴”一类的资料集的。《北京老舍文艺基金会年鉴》当属于这一类。在北京青年报社工作期间，我把编写《北京青年报年鉴》作为强化内部建设和推动工作总结的一大措施。自1992年起，坚持年年编辑。数年之后，这些“年鉴”居然成为研究“北京青年报现象”的重要资料。我之所以赞同编写“年鉴”一类的资料集，并不仅仅是为了供研究用，而是缘于以下考虑：其一，以“年鉴”的编辑工作为龙头，有利于促进部门或单位自身档案的形成和管理，收健全档案之功效。因为档案工作是一个单位的最基本的基础建设。其二，随着“年鉴”的出版发行，使原本只属于本单位所拥有的一家之宝，走出资料室，走进社会，为世人所用，成为服务于社会的公共资源。其三，“年鉴”又有以史鉴人的作用。研读“年鉴”，有利于从他人走过的路中汲取经验和教训，或扩大视野，或规范行为。一本好的“年鉴”，可以成为许多人的“他山之石”。古代的《资治通鉴》即含此意。实际上，无论大“史”还是小“史”，均有此功能。

有此三条，足见“年鉴”之类的资料集确属有用

前 言

前　言

之书。编辑“年鉴”可谓活用档案，一举两得。《北京老舍文艺基金会年鉴》虽属小“史”，但“备查”和“鉴人”的作用还是深含其中的。

由“年鉴”的编辑又想到老舍文艺基金会的发展。老舍文艺基金会是北京市文联创办的，以募集文艺基金支持和繁荣中华文学艺术为己任的社会公益组织。它已走过自身发展历程上的第一个10年，也可以说是走过了“成家”的阶段。这期间，主要工作是为基金会发展做筹备，包括组织上的筹备，观念上的筹备，也包括资金上的筹备。进入1999年，以老舍先生百年诞辰纪念暨研讨活动和隆重推出首届老舍文学创作奖为契机，老舍文艺基金会开始进入了自身发展史上的第二阶段，即“立业”阶段。这一阶段的任务应当是，确立和推动老舍文学创作奖；促进和活跃老舍研讨工作；扩展和健全基金会的理事会以吸纳社会资金和管理文艺基金。完成这一阶段任务的两大基本标志是：一、确立老舍文学创作奖的社会地位，使其真正成为名副其实的北京市文学艺术的最重要的奖项之一，其影响要走向全国，走向世界。二、老舍文艺基金会要达到一定的规模，成为拥有上亿元文艺基金的公益机构。这是“立业”阶段的宏图，也是基金会的责任。这一阶段大约也需要10年。

任务必将是艰巨的。但是，相信在社会各界的热心支持和资助下，目标一定能够实现。

期待着这一天。

长风破浪会有时，直挂云帆济沧海。

目录

北京老舍文艺基金会

1999

目 录

缅怀文章

论文

第五部分　首届老舍文学创作奖

目录

目 录

人民艺术家
老　舍

I

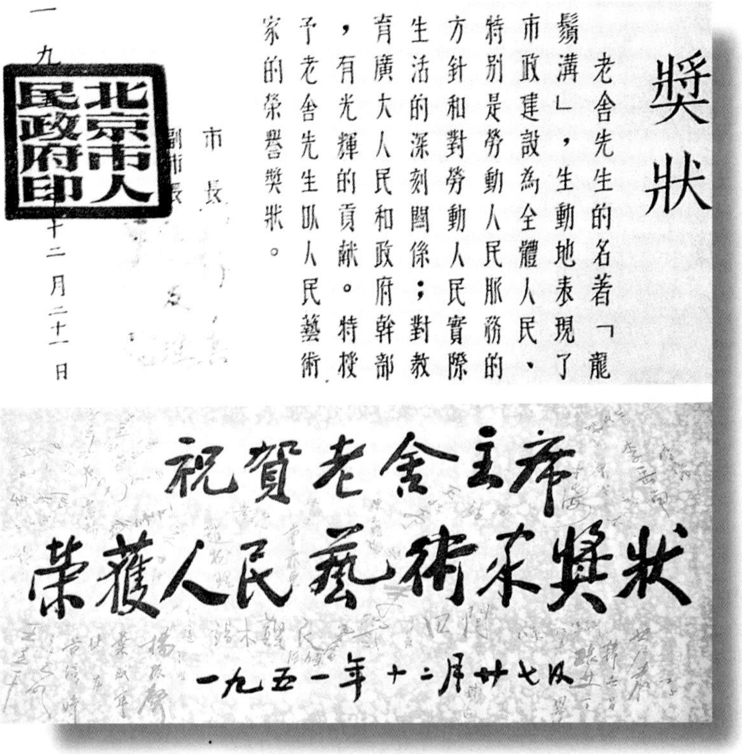

獎狀

老舍先生的名著「龍鬚溝」，生動地表現了市政建設為全體人民、特別是勞動人民服務的方針和對勞動人民實際生活的深刻關係；對教育廣大人民和政府幹部，有光輝的貢獻。特授予老舍先生以人民藝術家的榮譽獎狀。

市長

副市長

北京市人民政府印

一九　十二月二十一日

祝賀老舍主席

榮獲人民藝術家獎狀

一九五一年十二月廿七日

人民艺术家老舍

老舍小传

老舍，原名舒庆春，字舍予，1899年生于北京一个满族贫民家庭。14岁时考入免费膳宿的北京师范学校，毕业后曾担任过小学校长、劝学员、北京通俗教育会会员、天津南开中学国文教员等职。1924年至1929年，他应聘在英国伦敦大学东方学院讲授汉语。此间，创作了《老张的哲学》等3部长篇小说。

从1930年起，老舍先后在齐鲁大学和山东大学任教授。此后7年间，他一面教书，一面发表了《骆驼祥子》等六七部长篇小说、几十篇短篇小说以及许多散文、杂文、小品文。抗战爆发后，他辗转至武汉、重庆等地。在主持中华全国文艺界抗敌协会工作的同时，还写下了话剧《残雾》、长篇小说《四世同堂》，以及数以百计的通俗文艺作品、短篇小说、诗歌、杂文和论文等。

1946年3月，老舍应邀赴美国讲学，于1949年底回国。不久，他的名作《龙须沟》等剧本陆续问世，并荣获“人民艺术家”光荣称号。新中国成立后，老舍曾担任过政务院文教委员、中国文联副主席、中国作家协会副主席、北京市文联主席等职务。1966年8月24日含冤辞世，终年67岁。

人民艺术家老舍

人民艺术家老舍

1960年7月23日，毛泽东接见中国文学艺术工作者第三次代表大会主席团时与老舍握手，右二为梅兰芳，右三为田汉

1960年2月春节联欢会上，周恩来与老舍交谈

1960年7月，第三次全国文代会休息时，老舍（左一）与蓝马、梅兰芳、田汉交谈

老舍(右）赵树理（左）、王亚平（中）在老舍家中讨论文联工作

人民艺术家老舍

1945年冬老舍一家摄于北碚寓所院大门前，左起舒济、舒雨、老舍、舒乙、舒立、胡絜青

1950年5月17日，老舍在北京市文学艺术工作者联合会上讲话。

1965年4月25日在中岛健藏、龟井胜一郎主持的宴会上合影，左起张光年、龟井、老舍。

1965年3月24日－4月28日，老舍率中国作家代表团访问日本，代表团成员有张光年、刘白羽、茹志鹃、杜宣等人。曾到东京、大阪、京都、奈良、箱根、镰仓、仙台、日光等地参观访问。广泛地会见了日本著名人士与作家，如中岛健藏、龟井胜一郎、志贺直哉、广津和郎、川端康成、谷崎润一郎、石川达三、井上靖、阿部知二、丹羽文雄、土岐善麿、水上勉、开高健、有吉佐和子等。作过两次发言，到过30多位作家私邸作客，受到日本友人热烈欢迎，称老舍等人此行“在中日文化交流史上留下了巨大足迹。”老舍在访日期间先后写出了21首旧体诗，记下了这次访日的美好印象。3月27日日本文化交流学会、日本文艺家协会、亚洲作家会议日本协会联合举行欢迎会，老舍祝酒。

1965年4月20日，老舍、刘白羽访问作家水上勉，在家中合影。

北京老舍
文艺基金会

II

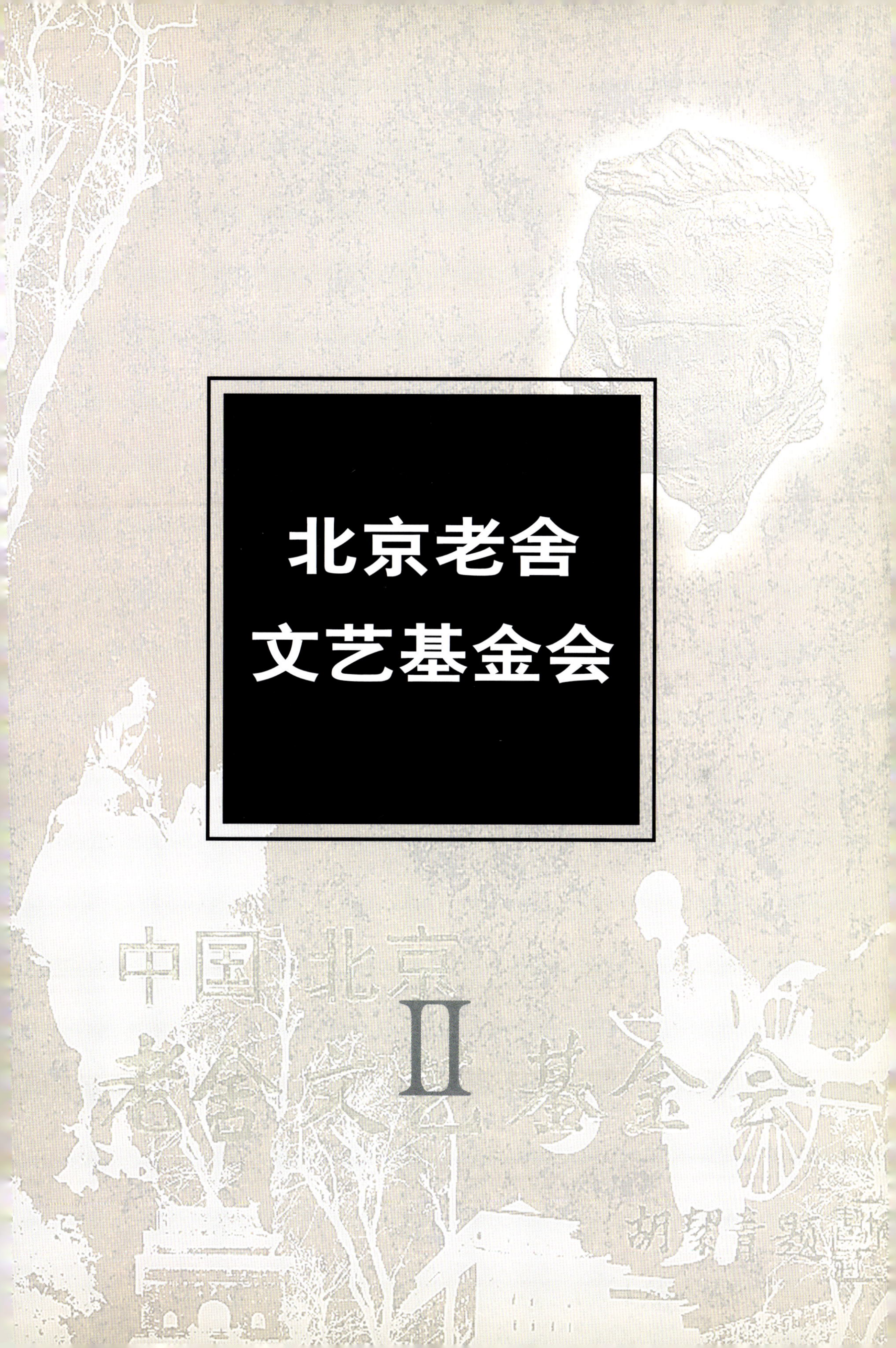

中国 北京
老舍文艺基金会
胡絜青题

北京老舍文艺基金会标识

LAOSHE

中国北京老舍文艺基金会
CHINA BEIJING LAOSHE ART AND CULTURE FOUNDATION

标 识

基本标识

本会基本标识采用了“舍”字的变形。

创制引言

“对于机构或团体而言，有利的机构形象的完成与视觉传达系统的确立，能使机构活动进行的更顺利，更有效……”

“现今只要是稍具规模的机构，都有设计师所做的机构视觉形象计划—（Corporate Visual Identity Program）以便与同类的其他机构或企业抗衡，他们都知道和重视视觉机构形象的重要性”。

机构性质

中国北京老舍文艺基金会是以人民艺术家老舍命名的社会公益机构。本会的宗旨是，广泛团结海内外文艺界及各界人士，继承和发扬老舍先生弘扬中华民族优秀文化的爱国主义精神，繁荣祖国文学艺术，培植文学艺术人才，增进北京文学艺术界同国际文化艺术界的交流，振兴华夏文化。

中国北京老舍文艺基金会机构形象视觉传达系统（V.I）创制工作开始于1999年，作为机构形象计划（C.I）要素之一的机构标识设计并应用，为其形象计划的导入打下了基础。

设计意念

设计者在文化内涵语言运用上，将中文的“舍”字与具有北京特色的古建筑二者外形加以变化，使之结合，寓纪念人民艺术家老舍先生、古都北京的地域特色和中华民族传统文化之意。同时“舍”字亦为中国北京老舍文艺基金会会名词组要素，“舍”字的运用突出了机构特征。

设计者在设计艺术语言运用上，采用了以中心分割左右对称的平衡方式，将线与面结合，使标识富有稳定感。标识整体上呈几何中的三角形，既抽象又具象，富有向上的运动感。

中国北京老舍文艺基金会标识设计总体上将文化内涵与设计形式相融合，突出了机构性质，运用了艺术语言，内含了地域特色，把握了定位，富有冲击感，便于应用。

作者业绩

设计者张东茂长期从事于美术创作、舞台美术、平面设计工作。曾就职于中国国家对外经贸部、中国国家专利局、北京青年报等单位，专业从事设计。为“中国樱花俱乐部”、“中国新加坡环球影音公司”、“北京青年旅行社”等所做的设计方案受到好评。

北京老舍文艺基金会

名片样式

中国北京老舍文艺基金会
LAOSHE
CHINA BEIJING LAOSHE ART AND CULTURE FOUNDATION

地址：中国北京西长街七号　　电话：010-66082537
邮编：100031　　手机：×××××××××

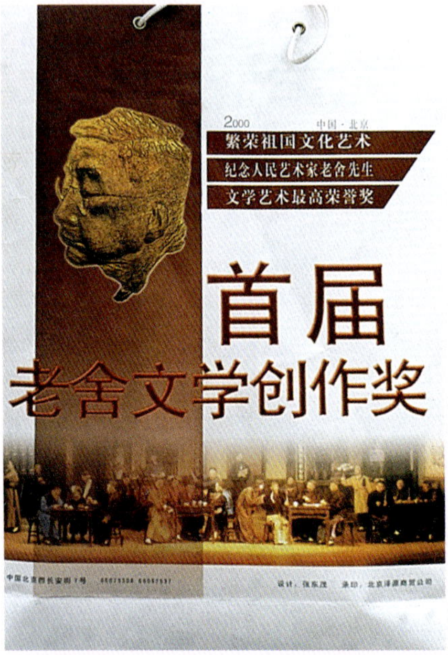

标　识

北京老舍文艺基金会

北京老舍文艺基金会简介

北京老舍文艺基金会成立于1988年5月16日，原名称为“北京市老舍文艺基金会”，是由北京市文学艺术界联合会发起成立，北京市委宣传部批准，经北京市社会团体管理办公室核准注册登记的社会法人团体。

首任基金会领导成员：会长曹禺；副会长廖沫沙、胡絜青、肖军、骆宾基、端木蕻良、阮章竞、杨沫、于是之、张大中、宋汎、赵金九；秘书长赵金九（兼）；副秘书长苗稼全。

1998年，为适应基金会发展的需要，领导机构进行了调整，更名为“北京老舍文艺基金会”。

现任基金会领导成员是：

名誉会长：贾庆林
顾　　问：李志坚、龙新民、刘敬民、胡絜青、沈仁道
会　　长：管　桦
副 会 长：马玉田、赵金九、舒　乙
常务副会长：崔恩卿
秘 书 长：崔恩卿（兼）

基金会的基本任务是，向海内外热爱中华文艺事业的各界人士及团体募集资金，用以弘扬中华民族优秀文化、繁荣和发展北京市的文学艺术事业。通过设立“老舍文学创作奖”等奖项，表彰优秀的文学艺术作品和文艺人才，推动文学艺术事业的繁荣和发展。开展有关老舍先生创作和生平的学术研究，发扬老舍先生的爱国主义精神和独具民族特色的艺术风格，鼓励艺术的探索和创新。开拓中外文化交流的渠道，增进中国人民同世界各国人民之间的了

社会团体法人登记证书

京民社证字第 0010330 号

名称：北京老舍文艺基金会
法定代表人：崔恩卿
业务范围：发展文艺事业、筹集管理使用基金、文化交流、人才培训、咨询服务、编辑专业刊物。
活动地域：北京市
注册资金：壹拾叁万元整
办公场所：西城区西长安街七号
业务主管部门：中共北京市委宣传部
代码：50030329－4
发证机关：北京市民政局
有效期限：自1999年5月17日至2003年12月31日
发证日期：1999年5月17日

中华人民共和国民政部制

北京老舍文艺基金会

北京老舍文艺基金会

解和友谊。

北京老舍文艺基金会的宗旨是，广泛团结海内外文学艺术界及社会各界人士，继承和发扬老舍先生的爱国主义精神，募集资金，为繁荣祖国的文学艺术事业，弘扬中华民族的优秀文化而奋斗。

北京老舍文艺基金会成立以来，得到了北京市政府、老舍先生家属及社会各界的多方关注和支持。现已有基金300余万元；已经启动北京老舍研究会的工作，展开老舍研究会的正常活动；首届“老舍文学创作奖”评奖活动业已展开，正在实施过程中。北京老舍文艺基金会自成立以来，还有计划地开展了一系列研讨和文化活动。北京老舍文艺基金会在落实既定宗旨的过程中，正在逐步形成社会影响。

进入新的世纪，北京老舍文艺基金会必将有一个新的发展，这就是：广交朋友(广交海内外的朋友，广交文学艺术界、企业界和社会各界的朋友)、广开财源(吸纳社会各界热心于支持老舍研究和繁荣中华文学艺术事业的资金)、壮大队伍(联络和发展热心于为繁荣中华文艺事业而奋斗的老舍文化研究人员队伍)、精诚服务(切实做好以老舍研究和“老舍文学创作奖”评奖活动为龙头的各项工作)。

北京老舍文艺基金会期待着海内外各界的认知和支持。

北京市民政局文件

京民社换字（1999）第330号

关于北京市老舍文艺基金会
准予换证的通知

北京市老舍文艺基金会：

依照国务院《社会团体登记管理条例》和中办、国办“关于对社会团体进行清理整顿”的文件精神，经审核，你会符合清理整顿要求和《条例》规定，准予你会换证登记，发给《社会团体法人登记证书》正本及副本。请按照核准的社团章程和业务范围，遵照《社会团体登记管理条例》和有关法律法规开展活动。

特此通知

北京市民政局（印）

一九九九年五月十七日

抄送：市委宣传部、市文联

北京市社会团体管理办公室（通知）

京社换字(1999)第330号

关于北京市老舍文艺基金会
机构核准的通知

北京市老舍文艺基金会：

你会《清理整顿报告书》中填报的办事机构和分支机构，经审核，同意你会继续设置的办事机构是：办公室、基金管理部、外联部、交流服务部。

特此通知

北京市社会团体管理办公室（印）

一九九九年五月十七日

抄送：市委宣传部、市文联

北京老舍文艺基金会

北京老舍文艺基金会

北京老舍文艺基金会章程

第一章　总则

第一条　本会名称：北京老舍文艺基金会。

第二条　本会是由北京市文学艺术界联合会发起成立，经北京市社团管理办公室核准注册登记的社会团体法人。

第三条　本会宗旨：广泛团结海内外文艺界及各界人士、继承和发扬老舍先生弘扬中华民族优秀文化的爱国主义精神。繁荣祖国文学艺术，培植文学艺术人才，增进北京文学艺术界同海内外的合作与交流，振兴华夏文化。

第四条　本会遵照国家宪法、法律、法令和政策，开展各项活动，维护国家的根本利益，促进文艺繁荣和社会进步。

第五条　本会接受中共北京市委宣传部和中共北京市文学艺术界联合会党组的领导，接受北京市社团管理办公室和中国人民银行北京市分行的监督、检查和管理。

第六条　本会按照核准登记的章程，坚持民主集中制原则、走民主自律、自我发展、自成实体的道路。把本会建设成具有中国特色的社会主义社会团体。

第七条　本会注册资金为人民币15万元。

本会注册地址：北京市西长安街7号。

邮政编码：100031

第二章　任务

第八条　本会的任务：

一、向海内外热衷于中华文艺事业发展的各界人士及团体募集资金，并管理、监督该项基金，保障使其全部用于弘扬中华民族优秀文化，发展北京市的文学艺术事业；

二、设立“老舍文学创作奖”。通过评奖和颁奖等形式，表彰优秀的文学艺术作品和文艺人才；

三、开展有关老舍先生创作和生平的学术研究，发扬

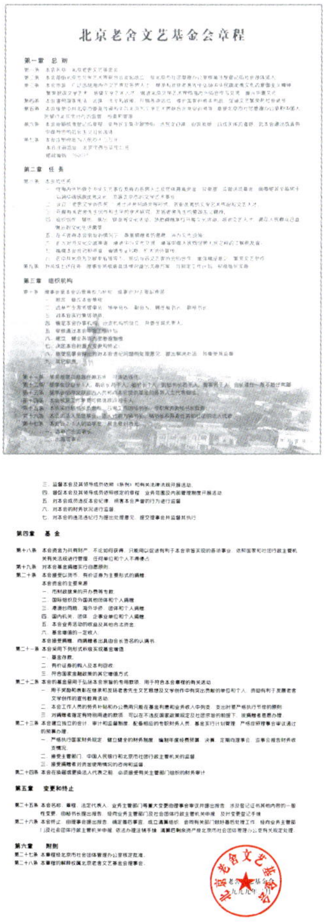
北京老舍文艺基金会章程

基金会章程

北京老舍文艺基金会

老舍先生的爱国主义精神；

四、组织创作、展览、演出、联谊等文化活动，协助捐赠单位开展文化活动，培训文艺人才，满足人民群众日益增长的文化生活需要；

五、在不违背本会宗旨的情况下，尊重捐赠者的意愿，兴办文化设施；

六、扩大对外文化交流渠道，增进中外文化交流，增强中国人民同世界人民之间的了解和友谊。

七、编撰本会会刊和年鉴，编辑专业刊物，扩大对外宣传；

八、在中共北京市文联党组领导下，密切与各文艺家协会的合作，增强精品意识，繁荣文艺创作。

第九条　为完成上述任务，理事会将根据具体情况提出实施方案，并制定工作计划，积极组织实施。

第三章　组织机构

第十条　理事会是本会的最高权力机构，理事会的主要职责是：

一、制定、修改本会章程；

二、选举产生常务理事会，推举会长、副会长，聘任秘书长、副秘书长；

三、对本会实行集体领导；

四、确定本会办事机构、分支机构的设立，并委任其负责人；

五、审核通过本会年度工作计划；

六、建立、健全各项内部管理制度；

七、决定本会的重大变更和终止；

八、接受监事会提出的对本会违纪问题的处理意见，提出解决办法，并接受其监督；

九、其他职责；

第十一条　常务理事会每届任期五年，可连选连任。

第十二条　理事会设会长1人，副会长若干人，秘书长1人，副秘书长若干人，理事若干人，会长连任一般不超过两届。

第十三条　理事会由市文联派出人员和向本会提供基金的各界人士代表组成。

第十四条　本会根据工作需要可聘请顾问若干人。

第十五条　本会实行秘书长负责制，日常工作由秘书长，专职常务副秘书长负责。

第十六条　本会的法人是理事会，法人代表为秘书长。秘书长不得兼任其他社团的法人代表。

第十七条　本会设3—5人的监事会，其主要职责是：

一、选举产生监事长；

二、出席理事会；

三、监督本会及其领导成员依照《章程》和有关法律法规开展活动；

四、督促本会及其领导成员依照核定的章程、业务范围及内部管理制度开展活动；

五、对本会成员违反本会纪律、损害本会声誉的行为进行监督；

六、对本会的财务状况进行监督；

七、对本会的违法违纪行为提出处理意见，提交理事会并监督其执行。

第四章　基金

第十八条　本会资金为共有财产，不论如何获得，只能用以促进有利于本会宗旨实现的各项事业，依照国家和社团行政主管机关有关法规进行管理，任何单位和个人不得侵占。

第十九条　对本会基金捐赠实行自愿原则。

第二十条　本会接受以货币、有价证券为主要形式的捐赠。

本会资金的主要来源：

一、市财政拨来的开办费等专款；

二、国际组织及外国其他团体和个人捐赠；

三、港澳台同胞、海外华侨、团体和个人

捐赠；

四、国内机关、团体、企事业单位和个人捐赠；

五、本会业务活动的收益及其他合法资金；

六、基金增值的一定收入；

本会接受捐赠，向捐赠者出具由会长签名的认捐书。

第二十一条　本会采用下列形式积极实现基金增值。

一、基金存款；

二、有价证券的购入及本利回收；

三、符合国家金融政策的其他增值方式。

第二十二条　本会的基金是用于弘扬本会宗旨的专用款项，用于符合本会章程的有关活动。

一、用于奖励和表彰在继承和发扬老舍先生文艺思想及文学创作中有突出贡献的单位和个人，资助有利于发展老舍文学创作的宣传教育活动；

二、本会工作人员的劳务补贴和办公费用只能在基金利息和业务收入中列支，支出时要严格执行节俭的原则；

三、对捐赠者指定有特别用途的款项，可以在不违反国家政策规定及社团宗旨的前提下，按捐赠者意愿办理。

第二十三条　本会建立独立的会计、审计和监督制度，配备相应的专职财务人员。基金实行计划管理，严格按照理事会审议通过的预算办理。

一、严格执行国家财务规定，建立健全财务制度，编制年度经费预算、决算，定期向理事会，监事会报告财务收支情况；

二、接受主管部门，中国人民银行和北京市社团行政主管机关的监督；

三、接受捐赠者对资金使用情况的咨询和监督。

第二十四条　本会在换届或更换法人代表之前，必须接受有关主管部门组织的财务审计。

第五章　变更和终止

第二十五条　本会名称、章程、法定代表人、业务主管部门等重大变更由理事会审议并提出报告；涉及登记证书其他内容的一般性变更，由秘书长提出报告，经向业务主管部门及社会团体行政主管机关申报，及时变更登记手续。

第二十六条　本会终止，由理事会提出报告，确定善后事宜，成立清算组织，会同有关部门做好善后处理工作，经向业务主管部门及社会团体行政主管机关申报，依法办理注销手续。清算后剩余资产按北京市社会团体管理办公室有关规定处理。

第六章　附则

第二十七条　本章程经北京市社会团体管理办公室核定批准。

第二十八条　本章程的解释权属北京老舍文艺基金会理事会。

北京老舍文艺基金会

北京老舍文艺基金会组织机构

北京老舍文艺基金会名誉会长、顾问

名誉会长:

贾庆林　　中共中央政治局委员　中共北京市委书记

顾　　问:

胡絜青　　全国政协委员　北京画院国家一级画师
李志坚　　中共中央侯补委员　中共北京市委副书记
龙新民　　中共北京市委常委　市委宣传部部长
刘敬民　　北京市人民政府副市长
沈仁道　　北京市政协副主席　北京市委统战部部长

北京老舍文艺基金会会长、副会长、秘书长

会　长:

管　桦　　北京市文学艺术界联合会主席

副会长:

马玉田　　北京市政协常委
　　　　　北京市文学艺术界联合会副主席
赵金九　　北京市文学艺术界联合会党组副书记
　　　　　北京市文学艺术界联合会副主席、秘书长
舒　乙　　全国政协委员
　　　　　中国现代文学馆常务副馆长

常务副会长:

崔恩卿　北京市文学艺术界联合会党组副书记

秘书长:

崔恩卿（兼）

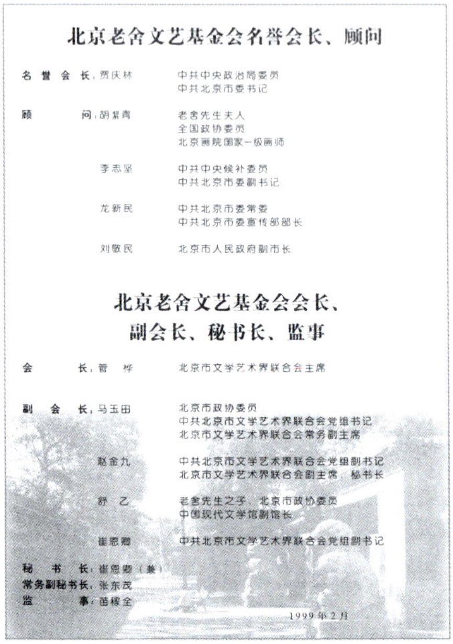

北京老舍文艺基金会名誉会长、顾问

名誉会长：贾庆林　　中共中央政治局委员
　　　　　　　　　　中共北京市委书记

顾　　问：胡絜青　　老舍先生夫人
　　　　　　　　　　全国政协委员
　　　　　　　　　　北京画院国家一级画师

　　　　　李志坚　　中共中央候补委员
　　　　　　　　　　中共北京市委副书记

　　　　　龙新民　　中共北京市委常委
　　　　　　　　　　中共北京市委宣传部部长

　　　　　刘敬民　　北京市人民政府副市长

北京老舍文艺基金会会长、副会长、秘书长、监事

会　　长：管　桦　　北京市文学艺术界联合会主席

副 会 长：马玉田　　北京市政协委员
　　　　　　　　　　中共北京市文学艺术界联合会党组书记
　　　　　　　　　　北京市文学艺术界联合会常务副主席

　　　　　赵金九　　中共北京市文学艺术界联合会党组副书记
　　　　　　　　　　北京市文学艺术界联合会副主席、秘书长

　　　　　舒　乙　　老舍先生之子、北京市政协委员
　　　　　　　　　　中国现代文学馆副馆长

　　　　　崔恩卿　　中共北京市文学艺术界联合会党组副书记

秘 书 长：崔恩卿（兼）
常务副秘书长：张东茂
监　　事：苗梯全

1999年2月

组织机构

北京老舍文艺基金会

北京老舍文艺基金会工作部门

常务副秘书长：张东茂

副秘书长：高玉琨　王长海　花　青

苗稼全　侯双亭　宜　风

办　公　室：主任　张东茂(兼)

成员　王　菲

基金管理部：主任　乔宝珍

对外联络部：主任　花　青(兼)

成员　霍文娟　金　怡

陈红汗　刘　研

交流中心：主任　王长海(兼)

北京老舍文艺基金会对外联络部

老舍文艺基金会对外联络部是基金会的对外窗口，担任着基金会日常对外联络工作，策划主办主题活动及联络理事的工作。

外联部1999年主要工作：

一、为首届老舍文学创作奖筹集资金；

二、协助老舍研究会开展工作；

三、筹划在香港召开老舍作品研讨会；

四、主持北京老舍文艺基金会"老舍文化网站"的开通建设。

五、协助编辑出版基金会1999年年鉴。

北京老舍文艺基金会外联部，在新的一年里将为热爱及积极支持北京文学事业发展的社会各界人士和北京文学界之间架起一座桥梁，积极扩展北京老舍文艺基金会理事队伍；主办系列专题活动，进一步扩大老舍文艺基金会的社会影响。

北京老舍文艺基金会

北京老舍文艺基金会理事的权利与义务

一、理事会机构

北京老舍文艺基金会是经中共北京市委、市政府批准，由北京市文联领导，在北京市社团管理办公室注册、具有社团法人资格的专项基金组织。基金会的宗旨是：执行国家基金管理规定，筹集管理使用基金，繁荣中华民族文学艺术事业、进行海内外文化艺术交流。

北京老舍文艺基金会设理事会和秘书处，理事会是本基金会的最高权力机构，秘书处负责基金会日常工作。

二、理事的资格与义务

凡赞同本基金会的宗旨，遵守本基金会章程，并向本基金会一次性提供一定数额发展基金的海内外各界人士和企事业单位，均有资格成为北京老舍文艺基金会理事会理事；

理事有义务广泛地向海内外各界人士宣传本基金会的宗旨，扩大理事会成员，为基金会的发展做贡献；

三、理事的权利和受益

出席理事会议；

以理事会形式参与基金管理并监督基金的使用情况；

经理事会认可、可转让理事资格；

优先参与基金会重大文化艺术项目以取得自身社会效益和经济效益；

对基金管理违反章程和有关法规的行为，有权向理事会提交建议，请求及时纠正；

优先以理事资格作为本会各项重大文化艺术项目的协办和后援单位，以扩大自身的影响，树立企业或品牌整体形象。

四、理事的法律地位

理事单位和自然人理事在北京老舍文艺基金会的理事资格为无限期制，不因召开年度理事大会而有所变更；

理事单位和自然人理事，因法律、疾病等诸因素不能继续承担对理事会的义务而需要转让理事资格的，可提前告知并向秘书处提交代表资格和理事资格转让的详情，由秘书处备案并办理有关手续。

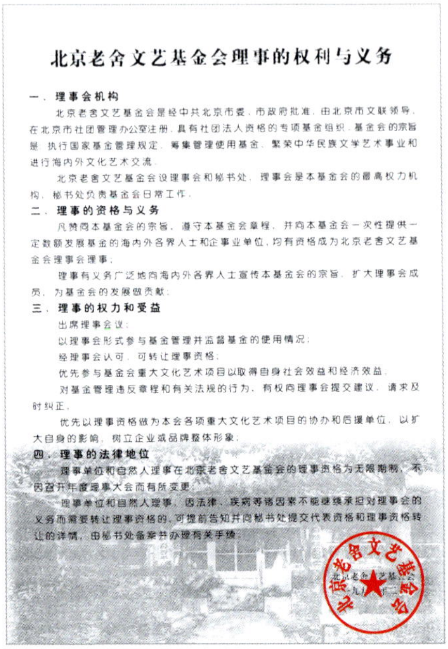
北京老舍文艺基金会理事的权利与义务

一、理事会机构

北京老舍文艺基金会是经中共北京市委、市政府批准，由北京市文联领导，在北京市社团管理办公室注册，具有社团法人资格的专项基金组织。基金会的宗旨是：执行国家基金管理规定，筹集管理使用基金，繁荣中华民族文学艺术事业和进行海内外文化艺术交流。

北京老舍文艺基金会设理事会和秘书处，理事会是本基金会的最高权力机构，秘书处负责基金会日常工作。

二、理事的资格与义务

凡赞同本基金会的宗旨，遵守本基金会章程，并向本基金会一次性提供一定数额发展基金的海内外各界人士和企事业单位，均有资格成为北京老舍文艺基金会理事会理事；

理事有义务广泛地向海内外各界人士宣传本基金会的宗旨，扩大理事会成员，为基金会的发展做贡献；

三、理事的权力和受益

出席理事会议；

以理事会形式参与基金管理并监督基金的使用情况；

经理事会认可，可转让理事资格；

优先参与基金会重大文化艺术项目以取得自身社会效益和经济效益；

对基金管理违反章程和有关法规的行为，有权向理事会提交建议，请求及时纠正；

优先以理事资格做为本会各项重大文化艺术项目的协办和后援单位，以扩大自身的影响，树立企业或品牌整体形象；

四、理事的法律地位

理事单位和自然人理事在北京老舍文艺基金会的理事资格为无限期制，不因召开年度理事大会而有所变更；

理事单位和自然人理事，因法律、疾病等诸因素不能继续承担对理事会的义务而需要转让理事资格的，可提前告知并向秘书处提交代表资格和理事资格转让的详情，由秘书处备案并办理有关手续。

理事的权利与义务

北京老舍文艺基金会捐赠办法

遵照本会章程规定的基本任务第一条,“向海内外热衷于中华文艺事业发展的各界人士及团体募集资金并管理、监督该项基金,保障使其全部用于弘扬中华民族优秀文化,发展北京市的文学艺术事业。”为了鼓励捐赠,规范捐赠和受赠行为,促进老舍文艺基金会的发展,遵照《中华人民共和国公益事业捐赠法》的有关条例,特制定本捐赠办法。

一、对各种形式的捐赠,一律由本会向捐赠方开具正式接收票据。

二、捐赠额达到1000元以上(人民币或等额外币)的个人;

捐赠额达到30000元以上(人民币或等额外币)的团体。

颁发由本会会长签名的捐赠荣誉证书。捐赠30000元以上的团体和个人聘为本会理事。

三、捐赠额达到5000元以上(人民币或等额外币)的个人;

捐赠额达到50000元以上(人民币或等额外币)的团体。

由本会在市属一家新闻媒体上集中刊文鸣谢。(前款的各项表彰办法一并适用)

四、捐赠额达到10000元以上(人民币或等额外币)的个人;

捐赠额达到100000元以上(人民币或等额外币)的团体。

由本会适时集中组织捐赠接收仪式,请有关领导和北京新闻媒体记者出席,并颁发由本会会长签名的捐赠荣誉证书。捐赠团体及个人均聘为本会理事会成员。

五、捐赠额达到50万元以上的个人或团体,由本会组织专门的捐赠接收

仪式(前款的各项表彰办法一并适用)。捐赠人或捐赠团体经理事会讨论通过,可聘为本会名誉理事长。

六、对本会发展作出特别重大贡献者,可聘为本会顾问、理事长、副会长。

以上各条,每款内容及该款之上的表彰办法合并执行。

本办法由本会秘书长办公会制定并负责执行。

本办法解释权在本会秘书处。

北京老舍文艺基金会

附录：《中华人民共和国公益事业捐赠法》

●中华人民共和国主席令(第十九号)

《中华人民共和国公益事业捐赠法》已由中华人民共和国第九届全国人民代表大会常务委员会第十次会议于1999年6月28日通过，现予公布，自1999年9月1日起施行。

中华人民共和国主席　江泽民

1999年6月28日

●中华人民共和国公益事业捐赠法

(1999年6月28日第九届全国人民代表大会常务委员会第十次会议通过)

目录

第一章　总则

第一条　为了鼓励捐赠，规范捐赠和受赠行为，保护捐赠人、受赠人和受益人的合法权益，促进公益事业的发展，制定本法。

第二条　自然人、法人或者其他组织自愿无偿向依法成立的公益性社会团体和公益性非营利的事业单位捐赠财产，用于公益事业的，适用本法。

第三条　本法所称公益事业是指非营利的下列事项：

(一)救助灾害、救济贫困、扶助残疾人等困难的社会群体和个人的活动；

(二)教育、科学、文化、卫生、体育事业；

(三)环境保护、社会公共设施建设；

(四)促进社会发展和进步的其他社会公共和福利事业。

第四条　捐赠应当是自愿和无偿的，禁止强行摊派或者变相摊派，不得以捐赠为名从事营利活动。

第五条　捐赠财产的使用应当尊重捐赠人的意愿，符合公益目的，不得将捐赠财产挪作他用。

第六条　捐赠应当遵守法律、法规，不得违背社会公德，不得损害公共利益和其他公民的合法权益。

第七条　公益性社会团体受赠的财产及其增值为社会公共财产，受国家法律保护，任何单位和个人不得侵占、挪用和损毁。

第八条　国家鼓励公益事业的发展，对公益性社会团体和公益性非营利的事业单位给予扶持和优待。

国家鼓励自然人、法人或者其他组织对公益事业进行捐赠。

对公益事业捐赠有突出贡献的自然人、法人或者其他组织，由人民政府或者有关部门予以表彰。对捐赠人进行公开表彰，应当事先征求捐赠人的意见。

第二章　捐赠和受赠

第九条　自然人、法人或者其他组织可以选择符合其捐赠意愿的公益性社会团体和公益性非营利的事业单位进行捐赠。捐赠的财产应当是其有权处分的合法财产。

第十条　公益性社会团体和公益性非营利的事业单位可以依照本法接受捐赠。

本法所称公益性社会团体是指依法成立的，以发展公益事业为宗旨的基金会、慈善组织等社会团体。

本法所称公益性非营利的事业单位是指依法成立的，从事公益事业的不以营利为目的的教育机构、科学研究机构、医疗卫生机构、社会公共文化机构、社会公共体育机构和社会福利机构等。

第十一条　在发生自然灾害时或者境外捐赠人要求县级以上人民政府及其部门作为受赠人时，县级以上人民政府及其部门可以接受捐赠，并依照本法的有关规定对捐赠财产进行管理。

县级以上人民政府及其部门可以将受赠财产转交公益性社会团体或者公益性非营利的事业单位；也可以按照捐赠人的意愿分发或者兴办公益事业，但是不得以本机关为受益对象。

第十二条　捐赠人可以与受赠人就捐赠财产的种类、质量、数量和用途等内容订立捐赠协议。捐赠人有权决定捐赠的数量、用途和方式。

捐赠人应当依法履行捐赠协议，按照捐赠协议约定的期限和方式将捐赠财产转移给受赠人。

第十三条　捐赠人捐赠财产兴建公益事业工程项目，应当与受赠人订立捐赠协议，对工程项目的资金、建设、管理和使用作出约定。

捐赠的公益事业工程项目由受赠单位按照国家有关规定办理项目审批手续，并组织施工或者由受赠人和捐赠人共同组织施工。工程质量应当符合国家质量标准。捐赠的公益事业工程项目竣工后，受赠单位应当将工程建设、建设资金的使用和工程质量验收情况向捐赠人通报。

第十四条　捐赠人对于捐赠的公益事业工程项目可以留名纪念；捐赠人单独捐赠的工程项目或者主要由捐赠人出资兴建的工程项目，可以由捐赠人提出工程项目的名称，报县级以上人民政府批准。

第十五条　境外捐赠人捐赠的财产，由受赠人按照国家有关规定办理入境手续；捐赠实行许可证管理的物品，由受赠人按照国家有关规定办理许可证申领手续，海关凭许可证验放、监管。

华侨向境内捐赠的，县级以上人民政府侨务部门可以协助办理有关入境手续，为捐赠人实施捐赠项目提供帮助。

第三章捐赠财产的使用和管理

第十六条　受赠人接受捐赠后，应当向捐赠人出具合法、有效的收据，将受赠财产登记造册，妥善保管。

第十七条　公益性社会团体应当将受赠财产用于资助符合其宗旨的活动和事业。对于接受的救助灾害的捐赠财产，应当及时用于救助活动。基金会每年用于资助公益事业的资金数额，不得低于国家规定的比例。

公益性社会团体应当严格遵守国家的有关规定，按照合法、安全、有效的原则，积极实现捐赠财产的保值增值。

公益性非营利的事业单位应当将受赠财产用于发展本单位的公益事业，不得挪作他用。

对于不易储存、运输和超过实际需要的受赠财产，受赠人可以变卖，所取得的全部收入，应当用于捐赠目的。

第十八条　受赠人与捐赠人订立了捐赠协议的，应当按照协议约定的用途使用捐赠财产，不得擅自改变捐赠财产的用途。如果确需改变用途的，应当征得捐赠人的同意。

北京老舍文艺基金会

第十九条　受赠人应当依照国家有关规定，建立健全财务会计制度和受赠财产的使用制度，加强对受赠财产的管理。

第二十条　受赠人每年度应当向政府有关部门报告受赠财产的使用、管理情况，接受监督。必要时，政府有关部门可以对其财务进行审计。

海关对减免关税的捐赠物品依法实施监督和管理。

县级以上人民政府侨务部门可以参与对华侨向境内捐赠财产使用与管理的监督。

第二十一条　捐赠人有权向受赠人查询捐赠财产的使用、管理情况,并提出意见和建议。对于捐赠人的查询，受赠人应当如实答复。

第二十二条　受赠人应当公开接受捐赠的情况和受赠财产的使用、管理情况，接受社会监督。

第二十三条　公益性社会团体应当厉行节约，降低管理成本，工作人员的工资和办公费用从利息等收入中按照国家规定的标准开支。

第四章　优惠措施

第二十四条　公司和其他企业依照本法的规定捐赠财产用于公益事业，依照法律、行政法规的规定享受企业所得税方面的优惠。

第二十五条　自然人和个体工商户依照本法的规定捐赠财产用于公益事业，依照法律、行政法规的规定享受个人所得税方面的优惠。

第二十六条　境外向公益性社会团体和公益性非营利的事业单位捐赠的用于公益事业的物资，依照法律、行政法规的规定减征或者免征进口关税和进口环节的增值税。

第二十七条　对于捐赠的工程项目，当地人民政府应当给予支持和优惠。

第五章　法律责任

第二十八条　受赠人未征得捐赠人的许可，擅自改变捐赠财产的性质、用途的，由县级以上人民政府有关部门责令改正，给予警告。拒不改正的，经征求捐赠人的意见，由县级以上人民政府将捐赠财产交由与其宗旨相同或者相似的公益性社会团体或者公益性非营利的事业单位管理。

第二十九条　挪用、侵占或者贪污捐赠款物的，由县级以上人民政府有关部门责令退还所用、所得款物，并处以罚款；对直接责任人员，由所在单位依照有关规定予以处理；构成犯罪的，依法追究刑事责任。

依照前款追回、追缴的捐赠款物，应当用于原捐赠目的和用途。

第三十条　在捐赠活动中，有下列行为之一的，依照法律、法规的有关规定予以处罚；构成犯罪的，依法追究刑事责任：

（一）逃汇、骗购外汇的；

（二）偷税、逃税的；

（三）进行走私活动的；

（四）未经海关许可并且未补缴应缴税额，擅自将减税、免税进口的捐赠物资在境内销售、转让或者移作他用的。

第三十一条　受赠单位的工作人员，滥用职权，玩忽职守，徇私舞弊，致使捐赠财产造成重大损失的，由所在单位依照有关规定予以处理；构成犯罪的，依法追究刑事责任。

第六章　附则

第三十二条　本法自1999年9月1日起施行。

北京老舍文艺基金会

接受捐赠情况

北京老舍文艺基金会成立以来至1999年底，受到北京市政府及社会各界人士的关注和支持，先后曾接受各种形式的捐赠计货币300余万元，书画计66幅。其中：

一、个人捐款（以元为单位）：

胡絜青及其家人	32100(人民币)
郑羽书(台湾)	200(美　元)
尹龙生(北京)	125(人民币)
理由(香港)	10600(人民币)
洪启嵩(台湾)	200(美　元)
陈玉书(香港)	5000(人民币)

二、市政府及单位资助（以元为单位）：

北京利康烤鸭店	5000(人民币)
北京市政府	100000(人民币)
北京市民政局	11000(人民币)
北京宣武区文化馆	2000(人民币)
《中国桥》杂志社	3000(人民币)
清华大学科技开发公司	1000(人民币)
中华人民共和国文化部	10000(人民币)
燕山星火塑料厂	20000(人民币)
北京市房地产开发公司	200000(人民币)
北京市政府	450000(人民币)
北京市政府	2000000(人民币)

三、书画界捐赠：（按收件先后顺序）

（一）画作（34幅）

高冠华　中央美院教授、著名画家

卢光照　著名画家

刘勃舒　中国画研究院院长，徐悲鸿大弟子，著名画家

郑叔方　北京美术家协会副主席，中国美协理事，著名山水画家

李　燕　中央工艺美院副教授，著名国画大师李苦禅先生之子，著名画家

韦江凡　北京画院著名画家，徐悲鸿弟子

接受捐赠

北京老舍文艺基金会

秦嶺云　著名山水画家
娄师白　著名画家（齐白石入室弟子）
王挥春　北京画院著名画家
雷正民　中国美术家协会书记处书记，著名山水画家
张道兴　海军政治部美术创作部主任，著名人物画家
官　布　北京美术家协会副主席，著名画家
马　泉　北京画院著名画家
宇文洲　北京画院著名画家
管　桦　北京文联主席，著名作家、画家
胡絜青　北京画院著名画家（老舍夫人）
陈昔未　中央民族大学美术系教授，著名书画家
庞希泉　北京日报美术部编辑，著名画家
崔子范　北京画院原副院长，著名画家
卓　然　中央文化部专职画家
王梦湖　著名中年山水画家
刘春华　北京画院院长，著名画家
程振国　著名中年山水画家
吴　休　北京画院副院长，著名画家
黄正襄　海峡两岸书画家联谊会副会长，著名山水画家
李凌云　中国画研究院著名花鸟画家
陈大章　海峡两岸书画家联谊会副会长，著名画家
白雪石　著名山水画家
李滨声　北京日报美术部著名漫画家
张世简　中央工艺美院教授，著名画家
刘继瑛　北京著名花鸟画家，王雪涛入室弟子
王明明　北京画院副院长，北京美协副主席，著名画家
刘玉楼　中央工艺美院副教授，著名画家
王成喜　北京燕京书画社副经理，著名书画家
(二) 书法作品（32 幅）
沈　鹏　中国书法家协会代主席，著名书法家
侯德昌　中央工艺美院教授，著名书画家
朱乃正　中央美院副院长，著名书画家
傅家宝　北京美术家协会秘书长，著名书画家
权希军　中国书法家协会原副秘书长，现中国书协顾问，著名书法家
刘　艺　中国书法家协会副主席，著名书法家
李　琦　中央美院教授，著名画家
徐焕荣　翠文阁篆刻师，著名书法篆刻家
杨再春　中国书协会员、北京书协理事、北京体育出版社社长，著名书法家
夏湘平　中国书协常务理事，著名书法家
林　岫　中国书协常务理事，著名书法家
尹瘦石　中国文联副主席，原北京画院副院长，著名书画家
欧阳中石　首都师范大学教授，中国书协顾问
孟令芳　北京书法家协会副秘书长，著名书法家
李　铎　中国书法家协会副主席，著名书法家
谢　云　中国书法家协会秘书长，著名书法家
张永明　中国书协会员，北京书协理事，著名书法家
邹德忠　中国书协组联部主任，著名书法家
于曙光　中国书协理论部主任，著名书法家
张　虎　中国书协副秘书长，中国艺术报主编，著名书法家
张荣生　中国书协书法培训中心主任，著名书法家
孙宝麟　中国书协会员，北京书协理事，著名书法家
薛夫彬　中国书协理事，北京书协副主席，著名书法家
谷　溪　中国书协会员，北京书协副主席，著名书法家
刘文华　中国书协会员，北京书协理事，著名书法家
张荣庆　中国书协理论研究部副主任，著名书法家
张书范　中国书协会员，北京书协副主席，著名书法家
佟　韦　中国书协副主席，著名书法家
刘炳森　中国书法家协会副主席，全国政协常委，著名书法家
苏　适　中国书协理事，著名书法家
段志华　中国书协会员，崇文师范书法讲师，著名书法家
侯双亭　中国书协会员，北京书协理事，著名书法家

捐赠总计：人民币：300 万元
美　　金：400 元
画　　作：34 幅
书法作品：32 幅

接受捐赠

北京老舍文艺基金会

老舍文化网站

老舍文化网站(http://www.1aoshe.com.cn)是由我会主办的、在中国互联网络信息中心注册的独立域名网站，已在老舍先生诞辰一百周年(1999年)正式开通。老舍文化网站主要内容：介绍老舍和与老舍创作相关的文学创作活动，宣传北京老舍文艺基金会、北京市老舍研究会。网站通过主要栏目系统地、整体地展现老舍先生与北京老舍文艺基金会、老舍研究会所从事的弘扬中华民族文化事业的精神，提供有关老舍先生生平、事迹和作品等资料，并使它成为北京市文化艺术活动的信息发布窗口，通过现代化手段让海内外各界人士了解北京老舍文艺基金会(China Beijing Laoshe Art and Culture Foundation)、老舍研究会，更多地了解北京市的文化艺术活动，支持基金会的工作，共同为繁荣发展中华民族文化事业做贡献。

主要栏目主要内容：

《最新消息》：以新闻的形式及时发布有关老舍文艺基金会的各项活动情况，发布北京市文联各协会文艺活动信息；

《基金会介绍》：介绍北京老舍文艺基金会的组织机构、日常工作、领导成员、基本情况及社会捐赠情况；

《老舍文学创作奖》：介绍老舍文学创作奖评奖活动；

《老舍作品》：老舍作品精选；

《老舍研究》：发布海内外有关老舍研究的动态、信息及老舍研究专家的论文；

《老舍生平》：介绍老舍的创作和生活故事；

《读者俱乐部》：设立一些文学爱好者喜欢参与的文化艺术交流活动；

《文友论坛》：请网友参与，就老舍文化网站和老舍文艺基金会、老舍研究会的活动各抒己见；

《今日新茶馆》：一个让所有网友畅所欲言的地方；

《基金会年鉴》：从北京老舍文艺基金会成立到现在的历史资料；

《老舍纪念品》：各种形式(图书、光盘、真迹、照片等)的有关老舍的作品纪念品的介绍和在线订购，电子商务的窗口；

《友情链接》：将推出一系列相关的文化站点；

《联系我们》：老舍文艺基金会、老舍研究会的地址、电话、传真、电子邮件。

老舍文化网站

北京老舍文艺基金会

联系我们 http://www.laoshe.com.cn

北京老舍文艺基金会办公室、交流中心

地址：北京西长安街7号（北京市文联108室、114室）

邮编：100031

电话：010－66082537

010－66073308

北京老舍文艺基金会对外联络部、基金管理部

地址：北京安外胜古中路1号院3号楼1042室

邮编：100029

电话：010－64442069

010－64448599

传真：010－64448596

北京老舍研究会

邮编：100029

地址：北京安外胜古中路1号院3号楼1042室

电话：010－64442069

010－64448599

传真：010－64448596

电子邮件:jjh@laoshe.com.cn

联系我们

北京市
老舍研究会

Ⅲ

纪念老舍先生百年诞辰暨老舍作品研讨会

北京市老舍研究会

北京市老舍研究会简况

北京市老舍研究会成立于1986年8月22日。它是由北京市文联发起成立，经北京市委宣传部批准，北京市社会团体管理办公室核准登记注册的社会团体法人。它的首任会长是已故戏剧大师曹禺先生。现任会长是著名作家、画家，北京市文联主席管桦先生。它的宗旨是团结专家、学者，深入研究老舍的创作和生平，深入研究老舍对文学艺术创作的影响；宏扬优秀民族文化，繁荣北京市的文学艺术事业。十几年来，围绕着这一宗旨，北京市老舍研究会辛勤工作，取得了可喜的成绩。

自1986年至今，本会主办、协办不同规模类型的学术研讨会、座谈会有十余次(其中协办全国性、国际性学术研讨会五次)。1987年主办召开的"老舍与曲艺"研讨会，1990年主办召开的"老舍创作的民族精神和地域特色"研讨会（首届理论年会），1995年与北京老舍文艺基金会联合召开的"纪念中华全国文艺界抗敌协会座谈会"等，都产生了较大的反响。

这些年来，我们还多次接待过来自前苏联、日本等国家的老舍研究专家；应外省市之邀，参加研讨活动(如山东召开的"老舍遗作歌剧《拉郎配》学术研讨会")等，都产生了较大的反响。

工作量较大，影响也较大的一次活动是"纪念老舍百年诞辰暨老舍作品研讨会"。会议是1999年1月25日在北京召开的。会议的准备工作从1998年开始。许多知名人士参加了这次会议，市委常委、宣传部部长龙新民同志参加会议并做了重要讲话。这次会议取得了圆满成功。

北京市老舍研究会

北京市老舍研究会

此外，我会还参加了1999年2月2日北京市召开的“纪念老舍百年诞辰座谈会”，会上，市委副书记李志坚作了重要讲话；更荣幸地参加了1999年2月3日在人民大会堂举行的“老舍百年诞辰纪念会”。会上中共中央政治局常委、国务院副总理李岚清作了重要讲话。

为配合“北京市首届老舍文学创作奖”评奖活动，本会先后与《戏剧电影报》、北京有线广播电视台共同举办了“老舍与老舍文学创作奖”和“人民艺术家老舍”知识竞赛活动。

多年来，本会广泛团结老舍研究人员和老舍爱好者，为发现和培养人才，做了大量穿针引线的工作，使本市老舍研究队伍不断壮大、老舍爱好者不断增多，本会的社会影响也不断增大。

当然，面对时代的要求，面对老舍研究(人本和文本两方面)的迫切需求，我们还做得不够，还应该继续努力。老舍是个永远的话题，老舍是说不尽的。在老舍研究上，目前，学术界有一种呼唤，呼唤新的研究视野、呼唤新的人。今后，我们北京老舍研究会将继续广泛团结对老舍研究有兴趣的专业人员和各界人士，开拓研究领域，扩大社会影响。

为了适应工作需要，近期北京市老舍研究会的机构进行了适当的调整。由市文联主席管桦任会长，北京市文联党组副书记崔恩卿任常务副会长，高玉琨任副会长兼秘书长，甘海岚、苗稼全、李志强任副会长，北京老舍文艺基金会副秘书长花青任常务副秘书长兼办公室主任。

北京老舍研究会网址：http://www.laoshe.com.cn

北京市老舍研究会

北京老舍研究会章程

第一章　总则

第一条　本会定名为北京市老舍研究会。

第二条　本会由北京市文学艺术界联合会、北京老舍文艺基金会发起成立，是经北京市社会团体管理办公室核准登记注册的社会团体法人。

第三条　本会的宗旨是团结专家学者，深入研究老舍先生的创作和生平，深入研究老舍先生对文学艺术创作的影响，弘扬优秀民族文化，繁荣北京市的文学艺术事业。

第四条　本会遵照国家宪法、法律、法令和政策开展各项活动，维护国家的根本利益，促进经济发展和社会进步。

第五条　本会接受北京市文联和北京老舍文艺基金会的指导，接受北京市社会团体管理办公室的监督、检查和管理。

第六条　本会坚持民主集中制原则，按照核准登记的章程，坚持民主自律、自我发展、自成实体。

第七条　本会的注册资金为人民币 5 万元。

第二章　任务

第八条　本会的基本任务是召开各种学术研讨会，收集、整理有关研究资料，提供咨询服务。加强同国内外研究老舍的专家、学者之间的联系和交流。

第九条　为完成基本任务，理事会将根据具体情况提出实施方案，并拟定中期和近期工作计划，积极组织实施。

第三章　组织机构

第十条　理事会是本会的最高权力机构。理事会的主要职责是：

一、制定、修改本会章程；

二、选举产生常务理事会，推举会长、副会长，聘任秘书长、副秘书长；

三、对本会实行集体领导；

四、确定本会办事机构、分支机构的设立，并委任其负责人；

五、审核通过本会年度工作计划；

六、建立、健全各项内部管理制度；

七、决定本会的重大变更和终止；

八、接受监事会提出的对本会违纪问题的处理意见，提出解决办法，并接受其监督；

九、其他职责；

北京市老舍研究会

第十一条　常务理事会每届任期五年，可连选连任。

第十二条　理事会设会长1人，副会长若干人，秘书长1人，副秘书长若干人，会长连任一般不超过两届。

第十三条　理事会由会长、副会长、秘书长、常务副秘书长和向本会提供基金的各界人士代表组成。

第十四条　本会根据工作需要可聘请顾问若干人。

第十五条　本会实行秘书长负责制，日常工作由秘书长、专职常务副秘书长负责。

第十六条　本会的法人是理事会，法人代表为会长。

第十七条　本会设3－5人的监事会，其主要职责是：

一、选举产生监事长；

二、出席理事会；

三、监督本会及其领导成员依照《章程》和有关法律法规开展活动；

四、督促本会及其领导成员依照核定的章程、业务范围及内部管理制度开展活动；

五、对本会成员违反本会纪律、损害本会声誉的行为进行监督；

六、对本会的财务状况进行监督；

七、对本会的违法违纪行为提出处理意见，提交理事会并监督其执行。

第四章　资产和财务

第十八条　本会资产为共有财产，依照国家和社团管理机关的有关规定及本章程进行管理，任何单位和个人不得侵占。

第十九条　本会经费来源是：

一、北京老舍文艺基金会拨款；

二、海内外有关团体及个人赞助款；

三、本会活动收入。

本会一切支出必须符合本会宗旨和任务。事业费和管理费分别建账。

第二十条　本会严格执行国家财会规定，建立健全财会制度，编制年度经费预算，定期向理事会报告收支状况，接受有关主管部门的审计监督。

第五章　变更和终止

第二十一条　本会名称、章程、法定代表人、业务主管部门等重大变更由理事会审议并提出报告；涉及登记证书其他内容的一般性变更，由秘书长提出报告；经向主办单位、业务主管部门和社会团体行政主管机关申报，及时办理变更登记手续。

第二十二条　本会终止，由理事会提出报告，确定善后工作人员，成立清算组织，会同有关部门做好善后处理工作；经向主办单位、业务主管部门及社会团体行政主管机关申报，依法办理注销登记手续；清算后剩余资产按北京市社会团体管理办公室有关规定处理。

第六章　附则

第二十三条　本章程经北京市社会团体管理办公室核定批准后生效。

第二十四条　本章程的解释权属北京市老舍研究会理事会。

北京市老舍研究会

北京市老舍研究会

关于老舍研究

1929年2月，朱自清先生率先发表了《<老张的哲学>和<赵子曰>》一文，揭开了老舍批评、老舍研究的序幕。七十年来老舍研究经历了风风雨雨。直至近二十年才得到长足的发展。现在大家已经公认，老舍研究在中国现代文学研究领域进步最快，成就最大。

如果您想了解老舍研究现状，有一本现成的书，刚刚出版，油墨香味还没有散尽。它的名字叫《老舍与二十世纪》（‘99国际老舍学术研讨会论文选）全书35万字，收论文41篇。这本书的出版，可以看做是老舍研究具有标志性意义的成果。从《老舍与二十世纪中国文学》、《老舍创作的文学史地位》这样的大题目到《火车驶往何方——抗战前夕小说(火车)的思想艺术特色》这样小题目；从《老舍与幽默》到《老舍小说中体现的婚恋观》；从《老舍在波希米亚和斯洛伐克》到《从后殖民文学理论解读老舍对康拉德热带丛林小说的批评与迷恋》，方方面面、林林总总。文中，颇多新见解，新发现、新视角。读之，使人有耳目一新之感。这部集子，加上大会收到的十几部专著，(如《我的思念——关于老舍先生》、《老舍新论》、《老舍评传》、《老舍资料考释》等)是老舍研究成果的一次集中展示。可以斗胆地说，出尽了二十世纪老舍研究的风头。实为可喜可贺！

老舍研究的步伐是坚实而稳健的。

老舍博大精深、熔冶中西于一炉，是一个内涵极其丰富的存在。今天，含有昨天，并含有明天。老舍不仅属于20世纪也必将属于21世纪。也因此，老舍研究尚须开辟新的视野，打开新的局面，一句话，依然任重道远。

舒乙先生说得好：让我们继续努力吧，谁教我们都爱老舍先生呢！

北京市老舍研究会

北京市老舍研究会

国内外老舍研究机构

- 中国老舍研究会
- 北京市老舍研究会
- 日本老舍研究会
- 欧洲老舍爱好友人协会
- 美国老舍中心

此外，港澳台地区以及俄罗斯、德国、波兰、法国、斯洛伐克、韩国、新加坡等国也颇多老舍研究者。从这个意义上说，老舍属于中国，也属于世界。

舒乙谈日本老舍研究会

关于日本老舍研究会，舒乙有一段介绍文字：日本老舍研究会是二百多位特别执著的“老舍迷”型的文学家，学者组成的研究团体，他们除了年年开年会作研究报告之外，在东京的人居然每个星期日都自愿走到一起，共同研修，一句一句地解读老舍作品，十年如一日，雷打不动，真是一群认真得令人敬佩的人！

纪念老舍百年诞辰

IV

百年老舍

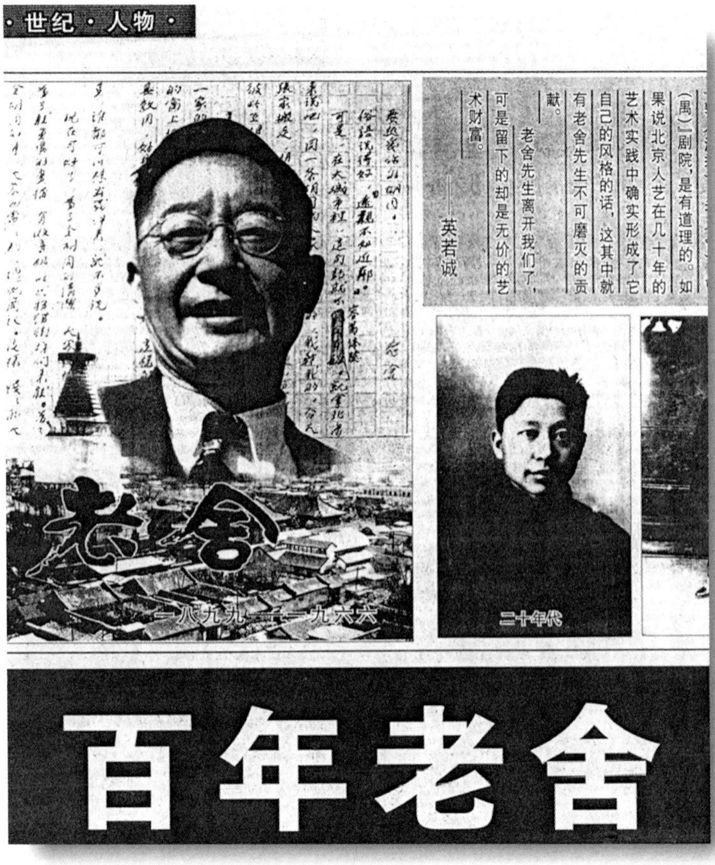

·世纪·人物·

（禺）》剧院，是有道理的。如果说北京人艺在几十年的艺术实践中确实形成了它自己的风格的话，这其中就有老舍先生不可磨灭的贡献。

老舍先生离开我们了，可是留下的却是无价的艺术财富。

——英若诚

老舍

一八九九—一九六六

二十年代

百年老舍

隆重纪念老舍百年诞辰

隆重纪念老舍百年诞辰

老舍先生是我国伟大的文学家，在我国现代文学史上具有重要的地位，并在国内外享有极高的声誉。老舍先生长期生活在北京，曾为北京的文艺事业做出杰出贡献，并被北京市政府授予“人民艺术家”光荣称号。

今年2月3日，是老舍先生百年诞辰。为了隆重纪念这位伟大的爱国者，纪念这位把毕生精力奉献给祖国文学事业的文坛巨人，北京市委宣传部早在1998年就进行了部署，制定了北京市纪念老舍百年诞辰活动方案。

北京市的纪念活动声势、影响较大，时间较早的要数北京市文联、北京老舍文艺基金会、北京市老舍研究会于1月25—26日联合召开的“纪念老舍百年诞辰暨老舍作品研讨会”。40余位专家、学者、作家、艺术家参加了会议。

市委常委、宣传部部长龙新民出席了会议并作了重要讲话。与会者高度评价了老舍先生在中国文学史上的重要地位和辉煌的创作成就。热情洋溢地赞美老舍先生的正直品格。大家一致认为，他是一位爱国、爱民的作家。他是一位20世纪中国作家足堪垂范的楷模。

2月2日，纪念活动进入高潮，北京市召开纪念老舍百年诞辰座谈会。北京市委副书记李志坚作了重要讲话。市领导张健民、陈广文、龙新民、陶西平、沈仁道、李荻生等出席了座谈会，座谈会由刘敬民副市长主持。

市委宣传部、市政府办公厅、市文化局、广电局、文物局、新闻出版局、市文联、北京人艺、北京出版社，北京老舍文艺基金会和北京市老舍研究会等有关部门的负责同志出席了座谈会。

北京日報

BEIJING DAILY 北京日报社出版 国内统一刊号：CN11—0101 第16679号

1999年1月27日 星期三 农历戊寅年十二月十一

白天：多云转晴 降水概率10% 偏北风二三间四级 高温7℃ 夜间：晴 降水概率0% 北风二三级 低温零下5℃

便民电话 市长：65128080 消协：63011234 急救：120 建委：68026754 市政：63088467 供电：63129999 网址：http://www.beijingdaily.com.cn

老舍百年诞辰纪念活动丰富

本报讯 今年2月3日是老舍先生百年诞辰纪念日，随着这个日子的临近，一系列纪念活动将陆续展开。

纪念活动主要有：2月1日举行的老舍先生纪念馆(东城区灯市口西街丰富胡同19号)开馆仪式；2月2日上午由市委、市政府主办的北京市纪念老舍先生百年诞辰座谈会；2月2日晚北京人民艺术剧院在人艺小剧场举办的纪念演出；2月3日上午在人民大会堂召开的纪念大会，2月3日下午举行的老舍作品创作国际学术研讨会等。此外，一批根据老舍作品改编的影视、戏剧作品也将在此期间推出。从2月3日起，北京市工人俱乐部将上演曲剧《茶馆》。北京电视台将播出电视剧《二马》和《离婚》，北京有线电视台将播出电影《龙须沟》。北京人民广播电台文艺频道将从1月30日至2月7日在“影视剧花园”栏目中介绍老舍先生作品《龙须沟》、《茶馆》、《骆驼祥子》，并播出专题片《永生的老舍》；在“小说连播”节目中播出老舍长篇小说《正红旗下》；在“周末文萃”节目中播出老舍的散文；并从1月28日至31日在“今日文萃”节目中播出两个文学专题《老舍之死》和《子女眼中的父亲》。

（雪　梅）

老舍百年诞辰纪念

隆重纪念老舍百年诞辰

老舍百年诞辰纪念活动一览

- 老舍百年诞辰纪念金卡
- 北京市文联、北京老舍文艺基金会、北京市老舍研究会共同举办“纪念老舍百年诞辰暨老舍作品研讨会”
- 老舍纪念馆开馆仪式
- 贾庆林看望老舍夫人胡絜青
- 北京市举行纪念老舍百年诞辰座谈会
- 隆重推出首届老舍文学创作奖
- 文化部、中国文联、北京市政府、中国老舍研究会在人民大会堂举行老舍百年诞辰纪念会，李岚清出席并讲话
- 中国老舍研究会、中国文联、北京市政府联合举办“'99 国际老舍学术研讨会”
- 北京人民艺术剧院在小剧场举行老舍百年诞辰纪念演出，胡絜青出席观看演出。
- 李瑞环、李岚清观看《骆驼祥子》演出

纪念人民艺术家老舍先生诞辰100周年
珍藏金卡

隆重纪念老舍百年诞辰

老舍纪念馆开馆

老舍故居等来「四世同堂」

老舍纪念馆昨天正式开放

本报记者谭卫平报道 "老舍生在北京，长在北京，死在北京，他写了一辈子的北京，老舍和北京分不开，没有北京，就没有老舍。"在老舍纪念馆正式开放的第一天，老舍先生的夫人胡絜青女士替老舍先生表达了他生前对北京城的无限怀念。

昨天上午9：30，位于东城区灯市口西街丰富胡同19号的四合院里，聚满了前来纪念老舍先生的国际友人和他的家人。大女儿舒济来了，老二舒乙来了，老三舒雨也来了。老舍先生的外孙潘庆是两天前从新加坡赶回北京的，他告诉记者，在他出生前，外公老舍先生就去世了，他出生后在这座小院里整整生活了10年，最令他留恋的就是院子里的柿子树、防空洞，还有一面发霉的墙。潘庆说，在他小时候，庭院中的柿子树上总是落满了各种漂亮的小鸟，每逢深秋时节，高大的柿树，绿叶从中缀满了红柿，微风轻拂矮宅，别有一番诗

[redacted]

老舍故居纪念馆开馆仪式

前排：老舍夫人胡絜青　后排：刘敬民（右一）、何鲁丽（右二）、舒济（右三）舒乙（右五）、王学勤（右七）

2月1日上午，位于北京灯市口西街丰富胡同19号的老舍故居兴建的老舍纪念馆正式落成开馆。老舍故居是一座普通的北京旧式小院，共有房屋19间，占地面积400平方米，是1950年老舍先生旅美归国后买下的，院子里，老舍先生当年亲手栽种的柿树至今高大茁壮，深秋时节绿叶丛中缀满红柿，别有一番诗情画意，被胡絜青女士称作"丹柿小院"。老舍先生在这里创作了《方珍珠》、《龙须沟》、《茶馆》、《西望长安》、《全家福》等一批脍炙人口的作品。目前纪念馆藏品达1万余件，包括书画、生活器具、衣物、家具及老舍先生各个时期不同版本和各类文字的图书资料。 柴文良/摄

老舍百年诞辰纪念●图片

隆重纪念老舍百年诞辰

贾庆林、李志坚看望老舍夫人胡絜青

北京晚報
1999年2月2日
BEIJING EVENING NEWS 网址//www.ben.com.cn 第9775期 今日24版 ¥0.40

贾庆林与胡絜青
共叙老舍

本报讯 (记者沈文愉) 在老舍先生诞辰100周年前夕，市委书记、市长贾庆林，市委副书记李志坚昨天下午看望了老舍夫人胡絜青老人，并送上花篮，共同缅怀老舍先生。

走进屋门，贾庆林握着胡絜青的手说："老人家，给您拜年啦！"胡絜青虽然年逾九旬，但头脑清晰、思维敏捷、身体硬朗。她动情地讲起往事："有文艺活动时老舍演《钓金龟》，一人演3个角色，有时还演相声，让人乐得前仰后合。好多人喜欢听老舍朗诵，他什么都会。"

贾庆林说："老舍先生是文学大师，是人民艺术家。他为北京的地域文学起到了奠基人的作用。老舍先生喜欢北京、歌颂北京，对北京人的生活深有体会。"

最后，贾庆林握着老人的手说："我们要把这次纪念活动搞好，要把老舍先生的作品、思想、人格广泛宣传，让人民更加深切地了解老舍先生，受到教育。我们祝您健康长寿！"

昨天陪同贾庆林看望老舍夫人的市领导还有龙新民、杜德印、刘敬民等。

老舍百年诞辰纪念●图片

隆重纪念老舍百年诞辰

隆重推出老舍文学创作奖

北京青年报
BEIJING YOUTH DAILY

老舍先生今日百年

“老舍文学创作奖”将在年内推出

“作为纪念老舍先生的举措之一，由市文联和老舍文艺基金会设立的‘老舍文学创作奖’，将作为北京文艺界最重要的奖项之一在年内隆重推出。”

——摘自李志坚在北京市纪念老舍百年诞辰座谈会上的讲话（见1999年2月3日北京青年报）

隆重纪念老舍百年诞辰

北京日報

BEIJING DAILY 北京日报社出版 国内统一刊号:CN11-0101 第16687号

1999年2月4日 星期四 农历戊寅年 十二月十九

白天:晴 北转南风二三级 降水概率0% 高温6℃
夜间:晴 南转北风一二级 降水概率0% 低温零下7℃

便民电话 市长:65128080 消协:63011234 急救:120 建委:68026754 市政:63088467 供电:63129999
网址：http：//www.beijingdaily.com.cn

李瑞环李岚清等观看京剧《骆驼祥子》

据新华社北京2月3日电（人民日报记者杨振武　新华社记者王黎） 中共中央政治局常委、全国政协主席李瑞环，中共中央政治局常委、国务院副总理李岚清今晚在北京长安大戏院观看了由江苏省京剧院演出的京剧现代戏《骆驼祥子》。

为了纪念老舍先生诞辰100周年，京剧《骆驼祥子》于2月1日晋京展演，今晚进行了此次展演的第三场演出。《骆驼祥子》是老舍先生的名著，已被改编成话剧、电影、电视剧、北京曲剧等多种艺术形式。根据原著改编、创作的京剧，力求保持老舍先生原著风貌，又充分动用京剧唱、念、做、打的艺术手法，以鼓书说唱串连全剧，鼓书艺人的唱腔是京剧和曲艺的巧妙结合，极富京风京韵。京剧《骆驼祥子》在刚刚结束的第二届中国京剧艺术节上荣获金奖。

演出结束后，李瑞环、李岚清等领导走上舞台祝贺演出成功，并同演员们合影留念。李瑞环说，这个戏改编得很好，演得也很好，看了以后令人耳目一新，京剧确实存在拓宽路子的问题。这个戏一定要保留下去，当然有些地方还要下下功夫。

中共中央政治局委员、北京市委书记贾庆林以及文化部部长孙家正和首都近千名观众观看了今晚的演出。

老舍先生诞辰百年纪念座谈会举行

李岚清讲话　贾庆林王光英何鲁丽王兆国雷洁琼等出席

老舍百年诞辰纪念●图片

隆重纪念老舍百年诞辰

李岚清在老舍百年诞辰纪念会上的讲话

（摘录）

李岚清副总理在座谈会上讲话指出，要学习老舍先生对祖国，对人民的无比热爱和献身艺术的执著精神，研究和继承他为我们留下的丰富的文学艺术遗产。这对于我们进一步繁荣文艺事业，建设有中国特色社会主义文化，具有重要意义。

李岚清指出，老舍先生是20世纪中国新文学享有盛誉的开拓者之一，他的作品《二马》、《月牙儿》、《骆驼祥子》、《我这一辈子》、《四世同堂》、《龙须沟》、《茶馆》等，是我国现实主义文学的不朽之作。在实现中华民族伟大复兴的今天，老舍先生的作品和崇高精神，是鼓舞我们进行新的历史创造活动的宝贵精神遗产。

李岚清说，老舍先生的艺术是深深植根于人民大众之中的艺术，无论在旧社会还是在新中国，他始终与人民休戚与共，心心相印，以为人民写作为己任，他的作品人都取材于他所熟悉和深爱着的北京普通人民的生活和情感，他那淳厚，传神的语言和词汇也都源于劳动人民，闪耀着现实主义的光辉。老舍先生不愧为“人民艺术家”。广大文艺工作者要向老舍先生学习，自觉地在人民的生活中汲取题材、主题、情节、语言、诗情和画意，用人民创造历史的精神来哺育自己，创造出无愧于我们这个伟大时代的艺术精品。

李岚清还谈到，老舍先生的创作艺术极具民族特色，他不但对中华民族优秀的传统典籍文化有着十分深厚的修养，而且对各种民间文艺样式也有浓厚的兴趣，并从中汲取了丰富的营养，他的作品语言生动幽默，平易近人，雅俗共赏，既为我国读者所喜闻乐见，也受到海外不同文化背景的人们的热

李岚清讲话

烈欢迎，老舍先生一生留下的传世之作，不仅是我国文学艺术中的瑰宝，也丰富了世界文学的宝库。我们的文学艺术家要向老舍先生学习。在保持自己创作的社会主义性质和民族特色方向，在提高民族自尊心、自信心和正确吸收优秀外来文化方面，在以自己的优秀成果丰富人类文明方面，作出更大的成绩。

李岚清说，老舍先生既是一位杰出的文学家、艺术家，也是一位伟大的爱国主义者。他始终以一片炽烈的爱国情感，关注祖国和民族的命运。他继承了鲁迅先生的精神，高扬了“五四”新文化的旗帜。抗日战争爆发后，老舍毅然舍弃安稳舒适的大学教授生活，告别妻儿，义无返顾地投身于中华民族救亡图存的时代洪流，与中国共产党结下了肝胆相照的亲密关系，创作了数量巨大的宣传民族抗战的文艺作品。新中国创建伊始，远在美国的老舍先生立即响应党和祖国的召唤，回到新生的中华人民共和国，参加到火热的社会主义建设中，以饱满的爱国热情，努力创作反映新时代，新生活的文艺作品。他以高尚的人格风范，吸引和团结了广大文艺工作者，共同为繁荣社会主义文艺而努力工作。我们将永远不会忘记这位把毕生精力奉献给祖国文学艺术事业的文坛巨匠。

文艺报

周末

第16期 1999年2月6日（星期六）（总第1361期）

老舍先生诞辰100周年

纪念座谈会举行

李岚清出席并讲话

新华社北京2月3日电（中央人民广播电台记者刘振英 人民日报记者曾坤 新华社记者曲志红）今天是我国杰出的文学家、人民艺术家老舍先生诞辰100周年纪念日。文化部、中国文联、中国作协、北京市政府联合举办纪念座谈会。中共中央政治局常委、国务院副总理李岚清，中共中央政治局委员、中共北京市委书记贾庆林出席了座谈会。李岚清副总理在座谈会上讲话指出，要学习老舍先生对祖国、对人民的无比热爱和献身艺术的执着精神，研究和继承他为我们留下的丰富的文学艺术遗产。这对于我们进一步繁荣文艺事业，建设有中国特色社会主义文化，具有重要意义。

李岚清指出，老舍先生是20世纪中国新文学享有盛誉的开拓者之一，他的作品《二马》《月牙儿》《骆驼祥子》《我这一辈子》《四世同堂》《龙须沟》《茶馆》等，是我国现实主义文学的不朽之作。在实现中华民族伟大复兴的今天，老舍先生的作品和崇高精神，是鼓舞我们进行新的历史创造活动的宝贵精神遗产。

李岚清说，老舍先生的艺术是深深植根于人民大众之中的艺术，无论在旧社会还是在新中国，他始终与人民休戚与共，心心相印，以为人民写作为己任。他的作品大都取材于他所熟悉和深爱着的北京普通人民的生活和情感，他那淳厚、传神的语言词汇也都源于劳动人民，闪耀着现实主义的光辉，老舍先生不愧为“人民艺术家”。广大文艺工作者要向老舍先生学习，自觉地在人民的生活中汲取题材、主题、情节、语言、诗情和画意，用人民创造历史的精神来哺育自己，[illegible]术精品。

李岚清还谈到，老舍先生的创作艺术极具民族特色，他不但对中华民族优秀的传统典籍文化有着十分深厚的修养，而且对各种民间文艺样式也有浓厚的兴趣，并从中汲取了丰富的营养，他的作品语言生动幽默，平易近人，雅俗共赏，既为我国读者所喜闻乐见，也受到海外不同文化背景的人们的热烈欢迎。

老舍先生一生留下的传世之作，不仅是我国文学艺术中的瑰宝，也丰富了世界文学的宝库。我们的文学艺术家要向老舍先生学习，在保持自己创作的社会主义性质和民族特色方向，在提高民族自尊心、自信心和正确吸收优秀外来文化方面，在以自己的优秀成果丰富人类文明方面，作出更大的成绩。

李岚清说，老舍先生既是一位杰出的文学家、艺术家，也是一位伟大的爱国主义者。他始终以一片炽烈的爱国情感，关注祖国和民族的命运。他继承了鲁迅先生的精神，高扬了“五四”新文化的旗帜。抗日战争爆发后，老舍毅然舍弃安稳舒适的大学教授生活，告别妻儿，义无返顾地投身于中华民族救亡图存的时代洪流，与中国共产党结下了肝胆相照的亲密关系，创作了数量巨大的宣传民族抗战的文艺作品。新中国创建伊始，远在美国的老舍先生立即响应党和祖国的召唤，回到新生的中华人民共和国，参加到火热的社会主义建设中，以饱满的爱国热情，努力创作反映新时代、新生活的文艺作品。他以高尚的人格风范，吸引和团结了广大文艺工作者，共同为繁荣社会主义文艺而努力工作。我们将永远不会忘记这位把毕生精力奉献给祖国文学艺术事业的文坛巨匠。

李岚清最后强调，今年我们将迎来新中国成立五十周年，全国各条战线正在以优异成绩准备向国庆献礼，文艺界也应该创作更多更好的优秀作品，把最好的精神食粮奉献给人民。让我们学习老舍先生热爱党、热爱祖国、热爱人民的优秀品质，高举邓小平理论的伟大旗帜，紧密团结在以江泽民同志为核心的党中央周围，万众一心，共同奋斗，早日[illegible]，这也是我们对老舍先生最好的纪念。

北京市委副书记李志坚，老舍研究专家邓友梅、吴小美，老舍先生的儿子舒乙先后在座谈会上发言。

受丁关根同志的委托，中宣部常务副部长刘云山也在会上发了言，并转达了对老舍夫人、子女的问候。

座谈会由文化部部长孙家正主持。王光英、何鲁丽、王兆国和雷洁琼等领导同志以及中央国家机关和北京市有关负责同志、文化艺术界代表、老舍先生的亲属和生前友好等各界人士100多人出席了座谈会。

李岚清讲话

隆重纪念老舍百年诞辰

北京市召开纪念老舍百年诞辰座谈会

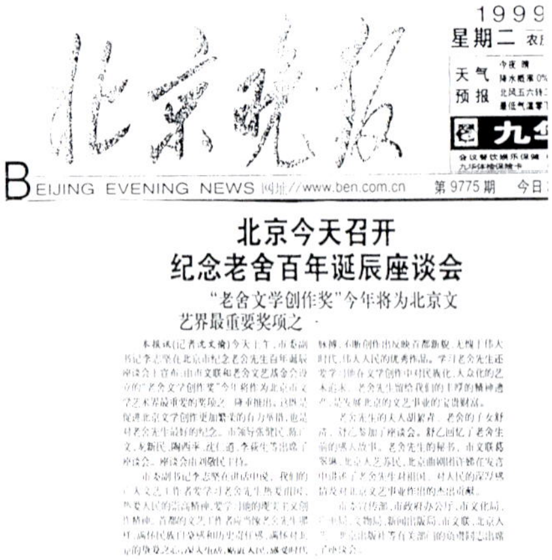
北京晚报
BEIJING EVENING NEWS 网址//www.ben.com.cn 第9775期
1999
星期二

北京今天召开
纪念老舍百年诞辰座谈会
“老舍文学创作奖”今年将为北京文艺界最重要奖项之一

李志坚在北京市纪念老舍先生百年诞辰座谈会上的讲话

同志们，朋友们：

今天北京市委、市政府召开座谈会，隆重纪念老舍先生诞辰100周年。

老舍先生是我国著名的文学大师，杰出的人民艺术家，在现代文学史上占有重要的地位。

他是我国新文学的开拓者之一。

早在本世纪二十年代，他就发表了长篇小说《老张的哲学》，这是新文学创作中最早的长篇小说之一。作品体现的创作功力和幽默的写作风格，显示了他非凡的艺术才华。三四十年代，老舍先生步入了创作的辉煌时期，他相继写出了《离婚》、《月牙儿》、《骆驼祥子》、《我这一辈子》、《四世同堂》等著名作品，并以此奠定了他在中国文坛的重要地位。新中国成立后，老舍先生又以极大的热情创作出《方珍珠》、《龙须沟》、《茶馆》、《正红旗下》等佳作。老舍先生在他40多年的创作生涯里，留给我们近千万字的作品。他的主要作品，代表了中国现实主义文学的最高成就，其中有些至今脍炙人口，几近家喻户晓，成为历久不衰的经典之作。

老舍先生生在北京，并先后在北京生活了四十个春秋。他对北京怀有深厚的感情，并以自己的创作成就和辛勤的工作，对北京的文艺事业做出了杰出的贡献。1950年5月北京市文学艺术界联合会正式成立，旅美回国的老舍当选为文联主席并连任三届。在任期间，他为繁荣首都的文艺事业呕心沥血，奔波辛劳，创作耕耘。他说，“我热爱北京，看见北京人与北京城在解放后的进步与发展，我不能不狂

李志坚讲话

喜，不能不歌颂。”他凭着对新中国、新社会的满腔热爱，以饱满的政治热情和创作欲望，完成了一部又一部文艺作品，话剧《龙须沟》就是其中的代表作。该剧通过龙须沟劳动人民生活新旧社会两重天的巨大变化，热情地歌颂了中国共产党的领导，歌颂了真正为人民服务的人民政府。该剧的演出获得了巨大的成功。为此，我们的老市长彭真同志，代表全市人民，授予老舍先生“人民艺术家”的最高荣誉。将近半个世纪过去了，作为惟一获此殊荣的艺术家，老舍先生至今仍是北京市人民的骄傲。

北京的文艺事业的发展，老舍先生有着不可磨灭的功勋。他的作品熏陶和滋育了众多北京作家、艺术家。他开创的“京味小说”这一文学流派，对当代北京的文学创作影响至深。他开创性地发展了北京曲剧这一新的地方剧种。他同北京人艺密切合作，奠定了北京人艺在导演、表演艺术上的现实主义基础。此外，他对剧院建设、剧院艺术风格的形成、人才的培养，都做过重要贡献，其影响绵延至今。以至于我们谈及北京现当代的文艺，就不能不谈到老舍先生。这充分说明老舍先生已以他的卓越成就，构成了北京现代文化史上的重要一页。

我们景仰老舍先生，不仅因为他创作了众多的优秀文艺作品，而且因为他具有高尚的思想品格。老舍先生是一位热情澎湃而又严肃深沉的著名爱国作家。他的强烈的爱国热情，既体现在他的作品中，也反映在他的行动上。抗日战争爆发后，他舍妻别子，只身到武汉，投身抗日救亡运动。1938年3月27日，中华全国文艺界抗敌协会成立。周恩来同志建议请老舍出来主持“文协”工作。老舍毅然担负起团结文艺界各派力量一致抗日的重担。他不顾自己贫病交加，以全副热情支撑着“文协”的工作。在中国共产党统一战线方针的指引下，“文协”八年，成为文艺界自“五四”以来团结得最好的时期。在繁重的工作之余，他还创作了大量的抗战题材的文艺作品，特别是近百万字的长篇小说《四世同堂》，堪称一部气势恢宏的史诗性长卷。老舍先生以饱蘸激情的笔墨，描绘了北平沦陷后的市民，在日本军国主义的铁蹄下遭受的深重苦难和不屈不挠的英勇抗争。作品体现出的昂扬的爱国主义激情，深深地打动了成千上万读者的心灵。

老舍先生作为爱国作家和人民艺术家将永远被人们怀念。

同志们，朋友们，今天我们要缅怀、纪念老舍先生，更要学习老舍先生。我们的广大文艺工作者要学习他热爱祖国、热爱人民的崇高精神。邓小平同志说过：“人民是文艺工作者的母亲，一切进步文艺工作者的艺术生命，就在于他们同人民之间的血肉联系。忘记、忽略或是割断这种联系，艺术生命就会枯竭。人民需要艺术，艺术更需要人民。自觉地在人民生活中汲取题材、主题、情节、语言、诗情和画意，用人民创造历史的奋发精神来哺育自己，这就是我们社会主义文化事业兴旺发达的根本道路”。老舍先生之所以取得巨大的文学成就，被称为“人民艺术家”，正是因为他把自己的文学创作与祖国的命运、人民群众的命运紧紧联结在一起，“在人民的进步中造就艺术的进步，在人民的历史创造中进行艺术的创造”。我们的文艺工作者要以老舍先生为楷模，努力从人民群众的生活中汲取创作营养，以自己的艺术才华反映祖国的发展、时代的进步、人民的追求。

我们的文艺工作者还要学习老舍先生的现

隆重纪念老舍百年诞辰

实主义创作精神。老舍先生的作品直面人生，真实、生动地反映生活。他密切关注社会现实、时代精神、人生命运，讴歌真、善、美，鞭笞假、丑、恶，表现人民对美好幸福生活的向往和追求。这种现实主义创作精神，对于繁荣和发展我们的社会主义文艺事业，具有十分重要的意义。文艺事业发展的深刻根源和强大动力，在中国人民的历史创造活动之中。为人民服务、为社会主义服务这一文艺方向，是我们在社会主义现代化建设的整个过程中必须始终坚持的根本原则。改革开放20年来，首都北京发生了令人欣喜的巨大变化，并且在向现代化的国际大都市迈进，首都的文艺工作者应当像老舍先生那样，满怀民族自豪感和历史责任感，满怀对北京的挚爱之心，深入生活，贴近人民，感受时代脉搏，不断创作出反映首都新貌、无愧于伟大时代伟大人民的优秀作品。

学习老舍先生，还要学习他在文学创作中对民族化、大众化的艺术追求。江泽民同志在全国第六次文代会、第五次作代会上讲话指出："植根中国社会主义现代化建设的实践，反映中国人民创造自己新生活的进程和中华民族自强不息的精神，是中国社会主义文艺的立身之本。只有首先赢得中国人民的喜爱，具有中国风格、中国气派，才能堂堂正正地走向世界和屹立于世界文化之林。老舍先生虽然学贯中西、博古通今，但却不崇洋、不泥古，而是将艺术之根深扎于他所熟悉的北京人民生活的沃土之中，在沧桑巨变中展现并讴歌北京，描绘北京人波澜壮阔的历史生活画卷。老舍先生的作品正是凭着中国气派、京味特色而走出国门，走向世界，为许多外国读者所喜爱。首都北京既有古老的文化传承，又有吸收外来文化的胸襟。广大文艺工作者应当发挥北京文艺创作自身的优势，植根于古都文化的优良传统，植根于中国社会主义现代化建设的火热实践，以富有时代特征和地域特色，思想性、艺术性俱佳的精品力作，丰富中国乃至世界的文学艺术园地。

同志们，朋友们，为了倡导首都广大文艺工作者向老舍先生学习，为了促进北京文学创作的更加繁荣，今年，由市文联和老舍文艺基金会设立的"老舍文学创作奖"，将作为北京市文学艺术界最重要的奖项之一隆重推出。"老舍文学创作奖"的面世，也是对老舍先生最好的纪念。

同志们，朋友们！在老舍先生百年诞辰之际，我们欣喜地看到首都北京在改革开放中日新月异、蒸蒸日上；首都的文艺事业呈现一派繁荣的可喜景象。建国以来，特别是改革开放20年来，我们的广大文艺工作者积极投身建设社会主义现代化强国的火热实践，自觉贴近生活、贴近人民，创作出一批又一批优秀的文艺作品，为首都文艺事业的巨大发展做出了积极的贡献。目前，全市人民和全国人民一道，正在阔步迈向更加富裕和文明的新世纪。这是中国将实现社会主义现代化宏伟目标的世纪，也是北京的文艺事业再创辉煌的世纪。老舍先生留给我们的丰厚的精神遗产，是发展北京的文艺事业的宝贵财富。让我们高举邓小平理论的伟大旗帜，紧密团结在以江泽民同志为核心的党中央周围，以老舍先生为榜样，坚持为人民服务、为社会主义服务的文艺方向，坚持百花齐放、百家争鸣的文艺方针，弘扬主旋律，提倡多样化，努力繁荣首都的文化艺术事业，为改革开放和社会主义现代化建设做出更大的贡献。

李志坚讲话

纪念老舍百年诞辰暨老舍作品研讨会

（1999 年 1 月 25 日——26 日）

北京市委常委、宣传部长龙新民（左二）在纪念老舍百年诞辰暨老舍作品研讨会上讲话（左一王学勤、左三邓友梅、左四马玉田）

隆重纪念老舍百年诞辰

北京日報

BEIJING DAILY 北京日报社出版 国内统一刊号：CN11—0101 第16679号

1999年1月27日 星期三 农历戊寅年 十二月十一

白天：多云转晴 降水概率10% 偏北风二三间四级 高温7℃ 夜间：晴 降水概率0% 北风二三级 低温零下5℃

便民电话 市长：65128080 消协：63011234 急救：120 建委：68026754 市政：63088467 供电：63129999 网址：http://www.beijingdaily.com.cn

纪念老舍先生百年诞辰暨老舍作品研讨会举行

本报讯（记者徐霞梅）为纪念一代文学大师、人民艺术家老舍先生诞辰100周年，市文联、北京老舍文艺基金会、北京市老舍研究会于25至26日召开了“纪念老舍百年诞辰暨老舍作品研讨会”。40余位学者、艺术家、作家高度评价了老舍先生在中国文学史上的重要地位和辉煌的创作成就。

市委常委、宣传部长龙新民出席了研讨会开幕式并讲话。与会者或回忆与老舍先生交往的小故事，介绍他的人格魅力；或深入浅出地谈论研究老舍作品的体会。他们认为，老舍先生之所以为人们所敬仰，就在于他具有崇高的爱国主义品格和深沉的民族忧患意识，是一位爱国、爱民的作家。老舍先生作为北京文化的代表人物，树立了京味作品的风格。

中国作家协会副主席邓友梅代表中国作协向研讨会的召开表示祝贺，市文联副主席马玉田主持研讨会。杜澎、温儒敏、葛翠琳、苏民、苏叔阳、中杰英、赵大年、梅阡、林连昆、甘海岚、王晓琴、许自强、张丽亢、赵园、方掬芬等以及老舍先生的亲属舒乙、舒济在研讨会上发言。

《纪念北平和

本报讯 由市委宣传部、市案局联合举办的《纪念北平和平览》，昨天在当年人民解放军举阳门箭楼开幕。

这次展览内容分为兵临城下

中国作家协会副主席邓友梅（右二）在纪念老舍百年诞辰暨老舍作品研讨会上讲话

参加纪念老舍百年诞辰暨老舍作品研讨会的领导和专家合影

纪念●研讨●图片

隆重纪念老舍百年诞辰

纪念●研讨●图片

隆重纪念老舍百年诞辰

纪念●研讨●图片

隆重纪念老舍百年诞辰

缅怀文章

老舍在北京市文联

王松声

我是在解放之初，北京市文联刚成立时就在老舍先生身边工作的人员之一，我也亲眼看到，他除了创作成就外，在北京市文联的领导思想、组织建设和业务活动中所做的贡献，确实是我们北京市文联名副其实的老主席！

老舍先生在扩大北京文艺界统一战线、加强首都文艺工作者的团结方面，身体力行，做了大量的工作，并取得了显著的成就。

刚解放，老舍先生从美国回来，一到北京，伯钊同志即奉彭真同志之命把老舍先生请出来主持筹备召开北京市文代会的工作。他们在市委领导下共同商讨了团结北京文艺界开展首都普及文艺工作的方针。老舍先生在主持市文联的工作中通过各种活动主动、积极地贯彻了这个方针。当时市文联的班子也是搭配整齐、团结一致的。主席是老舍先生，副主席有三位，梅兰芳、李伯钊和赵树理。秘书长由文化处处长王亚平兼任。理事会的理事共45人，侯补理事五人，常务理事25人。理事会包括了首都文艺界各方面的代表人物，是一个有权威、有影响的领导班子。这里面包括了专家、教授，也包括街头艺人，既有文艺界各部门的领导，也有各方面的代表人物。要把这些有生力量团结起来，组织起来，共同开展北京的文艺普及工作，是要有一点声望，又有点人缘，还要讲究一点方式方法的。老舍先生作为当时市文联的主席，又是全国文联、全国作协、全国剧协的副主席，上下维系，左右协调，做了大量

纪念·研讨·缅怀

隆重纪念老舍百年诞辰

的工作。有时他召集大伙开会座谈，有时他到朋友们家里登门走访，也有时让你带上几块豆腐干到他那间小书房里喝酒，聊天，在关切、轻松的气氛中，调配多方面的力量，协调多方面的关系，开展多方面的活动，使首都文艺界呈现了一派团结兴旺的新气象。

那时，市文联经常组织一些报告会、座谈会、讨论会，研究一些有关文艺普及工作当中的问题。老舍先生和一些专家教授交往颇深，这些人当中有和他在山东大学时代的老朋友，如杨振声。杨振声当时是北大中文系教授，担任市文联研究部部长，他课余经常到文联来转转，聊聊，组织安排一些专家教授到市文联来讲讲这个，谈谈那个。记得梁思成就曾被请到市文联小礼堂来和作家们畅谈北京市建设规划远景，吴晓铃也来给戏曲人士讲元曲杂剧，罗常培曾被来和曲艺艺人谈相声发展史。俞平伯也和韩士昌、白云生共同探讨过昆曲艺术。这些专家教授们不时在霞公府出入，给市文联增添了不少学术研究气氛。

老舍先生和首都各剧院的关系极其亲密，解放后，他第一个戏是给中国青年艺术剧院写了《方珍珠》，接着又给他们写了《西望长安》、《全家福》和《神拳》。他给曲艺团写了北京曲剧《柳树井》，帮助魏喜奎创立了一个新剧种。《龙须沟》、《茶馆》、《红大院》、《女店员》的创作上演，形成了北京人民艺术剧院的风格。《王宝钏》的再创作，也给京剧改编工作，提供了一个新的尝试。老舍先生的剧作，丰富了首都舞台的上演剧目。

老舍先生和戏曲界的老艺人也交往甚厚，梅先生和他既是老朋友，又是正副主席。他们经常在一起探讨关于京剧改革中的“移步换形”的问题。尚小云在离开北京到陕西戏校任教之前，曾在编演《洪宣娇》时受了点波折，情绪有点抑悒，老舍先生曾找他谈话，做思想工作。马连良和老舍先生也极熟，他经常请老舍先生到东来顺，对饮求教。郝寿臣出来任北京戏校校长，最初也是连阔如会同老舍先生协助文化处敦请出山的。老舍先生和戏曲界人士交往至厚，天桥开办的戏曲讲习班老舍先生亲自去讲了课。他对北京市戏曲界的情况极为熟悉。他讲的课，结合戏曲艺人思想实际，深入浅出，生动活泼，深受大家欢迎。

老舍先生和赵树理的关系也很亲密，当时赵树理就住在霞公府，担任市文联的副主席工作，他们俩都热爱曲艺，重视曲艺的改革工作。市文联成立之前，他们联合王亚平、苗培时和辛大明等同志，创办了”大众文艺创作研究会”，团结了一些从事戏曲写作的名人，培养了一批戏曲改革的骨干力量，他们支持曲艺界开办了“大众游艺社”，在前门箭楼演唱新曲艺，他们还亲自带头编写新曲艺段子交曲艺艺人演唱。(如：老舍先生写了新相声《文章会》、《贾博士》和不少段太平歌词。赵树理写了《考神婆》和《石不烂赶车》，王亚平写了《打黄狼》和《百鸟朝凤》，苗培时写了《王根生带路取北峰》。)老舍先生和曲艺界的渊源很深，抗日战争时期，他在重庆就和当时流亡四川的曲艺艺人富少舫、欧少久成了过从甚密的朋友。他经常写一些宣传抗战的段子交给他们演唱。解放之后，京津两地的曲艺艺人，像白云鹏、荣剑尘、侯宝林、白凤鸣和连阔如、魏喜奎等大多是老舍家中的常客，他熟悉他们，热爱他们，他所塑造的两个舞台形象，“方珍珠”、“程疯子”该寄寓着他多少深厚的感情!这里还该提一下盲艺人，当时天桥开办戏曲界讲习班里，只包括了京剧界、评剧界和曲艺界里那一部分在游艺社、曲艺厅里演出的艺人。而一大批流浪街头卖唱算命的盲艺人却没有人管。这些人在生活上贫困潦倒，而且唱的还都是陈词老调，老舍先生拄着拐杖在街上遛弯的时侯，经常碰到他们和他们聊天，问到他们生活情况的时侯，他们说解放了，都很愿意学习改造，可就是没人管。有一天老舍先生和我说:“没人管，咱们管，咱们和政府商量一下，办个盲艺人学习班。”我请示了伯钊同志和吴晗副市长，在他们的关怀和支持下，市文联和文化处一起办起了一个“盲艺人讲习班”。

“盲艺人讲习班”是1950年底开办的，开头有六十多人，地点就利用迺兹府丰盛胡同南口，盲艺人工会那个小四合院，市政府批了一笔钱，文化处和文联各派了一个干部。“盲艺人讲习班”就这样办起来了。

开学那天，老舍先生亲自到会讲话，以后还接长补短儿地去遛遛看看，给他们讲讲课，和他们聊聊天。不少盲艺人只要在街上听到那拄着拐杖的脚步声，和他们一搭话，就知道是老舍先生来了。开班后盲艺人们的学习热情很高，思想进步很快，后来统一划归“北京业余艺术学校”领导，成立了一个“盲艺人部”，这个班前后办了两年，后来发展到百余人。结业后，一部分有演奏水平的人，陆续介绍到戏曲班那里去参加乐队了。

剩下的几十人生活也要有所安排，后来请文化局和民政局共同主持，在香山脚下开办了一个“盲艺人橡胶厂”，由这个讲习班的班长盲艺人刚振华任第一任厂长。至今三十多年来，他们艰苦创业，惨淡经营并不断扩大，如今已改名为“香山橡胶厂”，属海淀区民政局领导。人员已扩大到近千人了，而生产车间的骨干力量仍然是那批盲艺人。当年那批年轻的盲艺人如今也都是老师傅了。刚振跟华已年近花甲，退到二线当了工会主席，每当谈起老舍先生时，他那深深陷进去的眼窝里即充满了泪水。如今他已儿孙满堂了，但他永远不会忘记，他青年时和一个少女相爱，正是讲习班的同志们为他撮合并请出来老舍先生担任了他们的证婚人。结婚那天，老舍先生兴致甚浓，他说一生为戏曲界朋友们证婚不少，但给盲艺人证婚还是第一次!

这事在当时文艺界曾经传为佳话美谈!

大众文艺剧作研究活动，在北京解放之初，市文联还没正式成立的那段时间里，成了北京市文艺普及工作的重要内容。老舍先生和赵树理同志带领着一些搞戏曲改革和曲艺改革的同志做着大众文艺的开拓工作，除了在天桥开办了戏曲讲习班，在前门箭楼上开设了大众游艺社之外，他们还创办了大众文艺的刊物《说说唱唱》。《说说唱唱》在当时是很有声望的刊物，它以通俗的形式，崭新的内容创刊问世，《说说唱唱》四个刊头大字还是郭老的亲笔。老舍先生的新相声，赵树理的《罗汉钱》和陈登科的《活人塘》等都曾在读者中引起了广泛的影响。除了《说说唱唱》外，还定期举办了大众文艺讲座。每周一次请专家、学者来讲授大众文艺的创作研究课，培养了文艺普及活动的骨干力量。老舍先生和赵树理同志都非常重视利用报刊阵地培养青年业余作者，在《新民报》(《北京日报》尚未创办之前的北京地方报纸)办了五个周刊:《新戏

隆重纪念老舍百年诞辰

剧》、《新曲艺》、《新美术》、《新北京》和《工厂文艺》。并和通俗读物出版社、“宝文堂”共同编辑出版了通俗文艺丛书二十余种。

市文联成立后，又编辑出版了文联机关刊物《北京文艺》，老舍先生亲自担任第一任主编，当时市文联同时主办了两个刊物《说说唱唱》和《北京文艺》，由赵树理同志和老舍先生分别担任主编，他们二人亲密合作。两个编辑部的同志们也都能相互配合，遇事共同商量。把两个刊物办得有声有色。

老舍先生不仅关心文学创作，戏曲改革，而且关心美术工作，特别是关心一些老国画家的思想和生活。解放之初，解放区来的一些美术家很活跃，版画、油画、宣传画，紧密配合现实，反映现实，受到了群众的欢迎，而一些画国画的同志，特别是一部分老画家则思想苦闷，认为国画属于旧文化传统，有些过时了，因而要求思想改造，要求业务革新。但又一时摸不到门路，感到苦闷。他们曾自动组织起来于1954年8月份成立了“新国画研究会”，摸索创作新国画，反映新生活。并得到了老国画家齐白石、徐悲鸿、陈半丁等的赞助和老区来的画家江丰、蔡若虹、王朝闻等同志的支持。但由于创作思想还不够明确，形式和内容还不很统一，作品还存在着缺陷，信心还不很足，而且有的画家，生活上还比较窘困，思想情绪低落。

老舍先生是和这些老画家们比较熟悉的，向他们做了大量的工作，他不但向他们耐心地讲解党的文艺政策，鼓励他们努力学习，改造，和他们共同研究国画创作中的一些问题，而且关心他们的生活，哪些人生活上比较富裕，哪些人生活比较拮据，他都了如指掌。每逢年节，他都亲自开列名单，二十元三十元不等，派我替他一家一家地登门看望，有时还带着我到一些老人的家里嘘寒问暖，做思想工作和促进画家之间的团结工作。许多老画家非常感动，认为送来的不仅是一点薄仪，而是党和人民政府的温暖！在这股温暖的巨流中，画家们不断地学习改造，改进和提高创作技巧，使古老的中国画出现了新面貌。后来“新国画研究会”不断发展壮大，由市文联出资在大佛寺街租了一所院落，正式成立了“北京中国画研究会”，并在地安门租了两间临街铺面，成立了“北京中国画社”，从此画家们在“画会”领导下进行创作，作品则由“画社”负责展销。

这不仅解决了中国画的出路和画家们的生活问题，而且进一步推动了画家们更加勤奋学习、改造，深入生活进行创作。新国画表现了新生活，新生活给老画家带来了一派新生机。记得当时和老舍先生交往甚密的除了齐白石外，经常在迺兹府丰盛胡同10号那个小院里出入的，有于非闇、徐燕荪、王雪涛、胡佩衡及溥雪斋、秦仲文等老画师，这些老先生有的在“文革”前已经作古了，有的在“文革”中批黑画时受到了批判，他们的子孙后人如今有不少已是“北京画院”的中年骨干。每当和这些书画世家子弟新秀们谈到这一段历史时，他们都不胜唏嘘，非常怀念这些画家的至交老舍先生。老舍先生自己不画画但他喜欢画，他有一位画家夫人，耳濡目染他懂得画，并且是一位懂行的收藏家。他的藏品不多，但大都是珍品，记得他案边的瓷缸里经常堆放着一卷卷名画，但书斋的山墙上，却往往只挂上一两幅。朋友来时，一边调换，一边品赏，等于让你看了一个小小的流动展览!他爱养菊，请了一位内行亲友帮他侍弄。每到菊花盛开的季节，他总要把一些朋友邀来赏菊。这些人当中有作家，诗人，有画家，演员，有大学里的学者，教授，也有街头艺人，有三十年代的老同事，也有解放后结识的新战友，大家应邀聚集到他那个小院里，喝喝茶，看看花，聊聊天，评评画。他说说笑笑，幽幽默默的把朋友们之间的友情协调得那么融洽!

大家都认为老舍先生是个很勤奋的作家。解放后短短的时间里，他写了那么多的作品，而且还做了那么多的社会工作。他是不是在写作之余插空应付的?不，他不是把那些该做的社会活动当做可有可无的事来随便应付的。他认为那是他应该严肃对待的政治工作，别看他平时在一些社会活动中和人们聊起来又说又笑，幽默诙谐，但事先安排这些活动时他都是极其严肃认真的。他不像有些作者那样兴之所至废寝忘食，日以继夜，他很古板，每天规规矩矩地给自己规定好写它一个上午，落下四五千字。没有重要会议，决不破例耽误。下午则留出时间来，计划安排一些社会活动。并让秘书提醒他按时进行。晚上则看戏，看稿，和客人们谈话，聊天。日久天长，持之以恒，所以才做到创作、活动两不误。他既是一个多产作家，又是一个认真负责的社会活动家。北京业余艺术学校的讲台上坐着他，国庆节文艺大军头排的行列里走着他，北京人艺的排练厅时常见到他，天桥书场上也可以找到他。在那段时间里，我是他身边的工作人员之一，我曾经陪同他去龙须沟施工现场调查访问，并到市民政局给他找来龙须沟的规划草图。我曾经按照他的嘱咐给于是之写讨介绍信，帮助去找荣钊尘。他曾经让我请出杨荫浏来主持研究京音乐。他曾经派我帮助查阜西组织古琴研究会。在那段时间里市文联的空气异常活跃，霞公府人来客往，熙熙攘攘，老舍先生拄着拐杖的影子在人群中闪来闪去!

隆重纪念老舍百年诞辰

怀念老舍先生

邓友梅

那一年，我在鞍山。有一次斗争会上造反派给我出了新花样。一是除去我胸前挂着写着我的名字、打了×的大牌子外，还叫我手举一个灵牌，灵牌上写着一个才被害死的共产党员的名字；二是突然在这会上追问我和老舍先生有什么勾结。为什么他会送我一幅国画。仿佛那是幅秘密联络图；他们喊灵牌上写的那个人的名字时叫我弯腰低头替他接受斗争；叫喊“打倒反革命分子老舍”时也叫我低头弯腰替他接受批判；我心里一激灵，心想：“为什么要把老舍拉来和死者一块批判?难道他也不在了?”老舍先生去世的消息，我就是这样猜到的!

在这以前，我曾听说过造反派们对他的侮辱。以他的性格，这样的结局并不使我感到意外。他死得很壮烈，使我也不感到太悲伤。只是心里空落落的，有一种无可名状的冷寂。甚至对自己的遭遇也看淡了。心想：“老舍先生的下场都这样了，我之遭受非人待遇还有什么可想不通?”倒是这些年，看到许多绝处逢生的作家又为四化而拼搏，想起他来，由衷的有些悲痛了。我们失去了多好的一个作家，多好的一个老人哪。

认识老舍先生那年，我刚19岁。是在北京市的“大众文艺创研会”里。这个创研会是个团结、改造章回小说作家和旧文人的一个群众性组织，由赵树理、康濯、马烽、苗培时等解放区来的作家担任领导工作。有陈慎言、陶君起(是否有还珠楼主李红，已记不清)等老北京城内的章回、武侠小说作家和记者参加活动。老舍先生刚从美国回来，也参加了创研

纪念●研讨●缅怀

会，并成了解放区来的作家和这些职业文人之间的桥梁。他和这两边都有交情，都能过话。他穿着讲究的西装，说着道地的京白，三天两头在东单三条一间光线极暗的屋子里谈笑风生。为了引用一句唱词他可以一口气背下半段《剑阁闻铃》或是《黛玉焚稿》。碰上对一件事有意见，又不便直谈，他能即兴说一段单口相声式的笑话，让大家哈哈大笑之后，悟出这里另有深意。记得有位正在发红的同志写了个剧本，虽然有不少人奉承叫好，明眼人一看就看出这作品是不行的。可这位同志自视过高，又被捧得昏昏然，听不得一点批评意见。于是讨论这剧本时，大家都缄口不言。老舍说："有闷着这功夫，我给大伙说个笑话吧。"他说有一个唱花脸的演员，专爱唱黑旋风李逵，戏瘾极大，可玩意儿极糟，哪个剧团都不敢约他。他犯了瘾就自个在家里唱，唱了几天，周围的邻居找到派出所，说他再这么唱我们大伙都得搬家。我们情愿捐献一张月票，让他天天上郊区唱去。派出所就以维持治安名义给这人下了个通令，只许他上郊区唱，不许在家里唱。他倒听话，就带着行头，夹着板斧上西山唱去了。这地方虽然没人管他了，可也没人听他的了，唱了几天没有一个听众，实在感到寂寞。

这天正唱在兴头上，远处来了个过路的。他就唱得格外卖力气。那人一看他耍着一对板斧，又唱又叫，以为是个疯子，赶紧绕开想另找条路走。好几天才碰上这么个观众，竟然要跑，这演员急了，追上去抓住过路人的衣领问："你是想死还是想活?"那人说："好好的，我干嘛想死呢?"演员说："要想死你就跑，我一板斧杀了你，要想活你坐下，老老实实听我唱两段黑旋风，唱完放你走！"过路的说："嗨，就这事呀?行，我还就爱听戏，您唱吧，我决不走了！"过路的坐在路边，演员就开唱。唱了一段，舞了一回，正要开始唱第二段，那过路的站起来说："先生，我看您还是杀了我吧!……"

大家听了捧腹大笑，老舍绷着脸坐在一边，等大家笑完，他说："×同志这剧本还是写得好。那么多人买票来看，没一个是被人拿板斧迫着来的……"

那位同志却有所领悟，连说："大家实打实说点不足之处吧……"

老舍对那些来自底层，自强自重的文艺工作者又是极热情的。那一年正修陶然亭，要把它开辟成公园，老舍极高兴。他弄个车把几位作家、画家、曲艺演员拉去参观，参观完有两位曲艺演员说："我们真想写个段子宣传一下这件事，可惜没文化，编不好(记得一个是曹宝禄，另一位可能是魏喜奎)。"老舍先生就说："你们编个草稿就行，剩下是我的事。"过了两天，老舍把一份他自己用毛笔抄好的稿子送到了《说说唱唱》编辑部，上边署着曲艺演员的名字。我们一看，显然是经老舍先生的大手笔重写过的东西。他解释说："意思是他们的，我帮帮忙。艺人们能有这份热心就不错，咱有责任帮他们写出来发表出去。"

北京解放初期，他还不太忙，总招呼我们："你明天带包豆腐干上我家来，我那儿还有点酒。"大家也常去找他讨教和闲聊。

后来他的工作担子越来越重，我就很少再打扰他。但每当我的稿子由编辑部送到他面前去审阅时，他总是详详细细把他的意见批在稿纸边上。有次我在一篇小说里异想天开地说"晨雾升到空中，变成白云"，又说"山谷中的停云夜间停在花瓣上，变成了露水"，他用毛笔批道：“小邓，云是云，雾是雾，霜是霜，露是露，别瞎搅和！”1953年我从单身宿舍搬出去，有了自己的房子。他听到消息，叫林斤澜给我送去一幅松小梦的画，说：“小邓是山东人，松年做过他们那儿的父母官，这画送他挂吧。”并亲自在画上题了几个字：“松年字小梦，为宦山东，以书画名。老舍。”1957年后，我离开了北京，这画随手带着，“文化大革命”，便成了我和他勾结的罪名。其实，我自“加冕”之后，一直躲着不与老舍先生见面的。只有一年我回来探亲，在青年宫剧场偶然碰上他，他抓住我的手看了半天，说道：“还年轻，还年轻，好好干吧！”便叹口气走开了，脸上颇有点凄然的神色。我现在很想还有那幅画挂在自己室内，作为对老舍先生的永远的纪念。可惜东北的造反派把它抄走，至今没还给我。

无我——忆老舍先生

葛翠琳

老舍放弃了国外的一切，冲破各种艰难险阻回到祖国，迎接新中国的诞生，积极投身建设社会主义，他的心情十分激动和振奋。他非常自豪，中国人民从此站起来了，中华民族屈辱的历史已成过去，作为一名作家，老舍自觉肩负重任。他曾花费许多时间和精力，创作通俗文艺作品，包括相声、鼓词、评书和对口词、太平调，还创作了新品种曲剧。有的编辑向他约稿，希望他多写小说和散文，因为大刊物不发表通俗文艺作品，像老舍先生这样世界知名的作家，竟以曲艺段子经常在文坛上亮相，似乎给人才华已尽的感觉，很令一些人慨叹。难道老舍再也写不出精彩的小说来了?甚至还有人对通俗文艺作品报以轻视的眼光。

老舍面对文坛上的种种观点和看法，坚定地说：

“中国还有多少万人是文盲，他们不看报纸和刊物，却听曲艺段子听评书。通俗文艺是老百姓喜闻乐见的形式，文人应该帮助它们提高，以自己的知名度扩大它们的影响。宣传品有什么可指责的?抗日战争中就宣传抗日嘛!新中国翻天覆地的变化就是要宣传，让老百姓心里明白自己的国家呀，万众一心才能建没新社会！再说了，那么多艺人要活下去，要吃饭哪！那些祖辈传下来的旧段子宣传封建迷信不能演了，他们自己又不会写，演什么?”

老舍力排诽议，不但自己积极创作通俗文艺作品，还和赵树理、王亚平等人一起创办了专门发表通俗文艺作品的刊物《说说唱唱》，发表了不少的精彩作品如《石不烂赶车》等。一些没有什么文化的

纪念●研讨●缅怀

人也寄稿来，有人在信封上写：“说说笑笑社”收，老舍幽默地圈了两句话：“不是说说笑笑社，真是马马虎虎人。”

老舍对荣宝斋的发展，宝文堂的出版都积极相助，还支持创办了国画研究会，和赵树理等人筹划创办了“大众文艺研究会，”组织了盲艺人学习班，老舍不仅亲自讲课，还亲自解决戏曲艺人、国画家、盲人的生活困难，帮他们找出路，安排工作，帮国画家卖画，逢年过节，让他们吃上肉，婚丧嫁娶，他都送上份子，自己掏钱给一些穷困之家的孩子交学费，买文具，记得有一次老舍买了两双皮鞋来，要送给什么人，我看了说：“式样不好看，显得老气。”

老舍说：“穷人，首先考虑的是耐穿。真牛皮，可以多穿些时间，遇上什么场合要去，也可以有点儿面子。”

老舍对穷苦人民，是真心的关切，理解他们，尊重他们，爱他们，认为自己就是他们当中的一员，情同手足，他们的困难牵扯他的心。他不是为了写作去接近那些普通人，从他们的生活中去寻找素材，而是认为自己应该为他们尽心尽力，自己就是他们的亲人。他走到哪儿，都有人迎上来亲切地招呼他，磨刀的、修鞋的、理发的、卖肉的、餐馆、食品店，各行业的人等都像邻居亲戚般熟悉他，而他对待这些人，就跟对待大学教授、专家学者、外国的艺术大师一样，同样尊重，同样热情。

曾有记者问老舍：“您在国外已享有盛名，作品的影响越来越大，为什么要丢弃这来之不易的基础回国呢？并不是每一位作家都能够在国外立足的呀！”

老舍毫不犹豫地回答：“作家切断了和祖国、人民的联系，就像空中的飞鸟斩断了两翅。真正的作家，不是以文混饭吃，个人的前途是和祖国的命运血肉相连的。心中没有祖国，怎么能写出好作品来？”

老舍先生深深爱着自己的国家和人民，那感情是真挚的、深沉的、强烈的。但当时的社会思潮，有些人认为老舍旧意识很浓，是资产阶级旧知识分子，属于应该改造的对象。人事科的两位女干事很激进，总提意见：市文联主席办公室，进进出出的都是旧艺人、旧文人、旧画家，这儿成了封建文艺的据点儿了，缺乏革命的气氛，应该加倍警惕。这些反映老舍先生听不到，我任老舍秘书，却感到巨大的压力。

市文联主席办公室的布置，也是让我头疼的事。人事科的女干事让我把一张宣传画贴在办公室里，上边印着马雅柯夫斯基的画像，愤怒的眼光下，伸出手来指问：“你为前线做了什么?”这张宣传画贴了半天，老作家们让我取了下来。挂什么、贴什么、摆什么?老舍先生喜欢国画，可我不敢挂。有朋友送老舍先生福建的漆盒等，也不敢摆。办公桌及柜子上，我只放党报党刊。

老舍先生访问捷克斯洛伐克回来，捷克国家领导人哥特瓦尔德送了一个玻璃雕花大瓶，像水晶雕刻一般，通体透明，有两尺多高，非常漂亮，摆在屋角的硬木茶几上，很是豪华气派。可这是件很惹眼的奢侈品，虽是共产党国家赠送的礼品，但放在市文联办公室里却不会增加革命气氛，与无产阶级情调工农化有距离，不会有什么好效果。恰好勤务员小伙子从哪儿弄来几条金鱼，他就放进了这玻璃雕花大瓶中。有一天，人事科那位女干事来办公室，哼了一声说：

“文联主席办公室，封建的，崇洋的，气

氛可真齐全，就是缺乏革命气氛。”

我心中一惊，辩解说：“勤务员可是贫农，这是他的鱼！”

老舍先生来办公室，看了大花瓶一眼，说：“这是捷克国家领导人送的礼品呀，您就当鱼缸了?”我也不敢讲出心中的顾虑，只说：“没有瓶子，勤务员就把金鱼放里边了。”“我给您带个玻璃瓶子来，好不好？”我无奈地说：“这大雕瓶还是让司机送您家中去吧！摆在您的客厅里多好。”老舍不容分辩地说：“我代表中国作家接受的礼品，怎能放自己家中?不行。”后来，总务科帮忙拿去上交了，才免除我一块心病。当时的社会思潮，把资产阶级情调看得很严重，思想改造，知识分子努力工农化是很重要的课题。人事科女干事的意见，代表着一种强大的社会思潮，因此颇具威胁力。

老舍经常在家中接待外宾，外国作家也很高兴赴老舍的家宴，我作为秘书当然应该协助接待工作。每次，老舍都认真地嘱咐我：“您可别穿一身列宁服，外宾还会以为共产党派了干部监视我呢!您穿花衬衣、花裙子都行，就是别穿制服!”

可穿花衣服不是件小事。当时的思潮严厉批判“衣服是工农兵，灵魂深处还是小资产阶级王国”，如果我连衣服都是资产阶级，那怎么得了?而且我是燕京大学的学生，这已经给了我一个很不利的因素，作为学生出身的干部，我受的教育就是个沉重的包袱，思想改造对我有着难以通过的关口，再穿花衣服，将会是什么后果?我的科长风子，是30年代的著名演员，连她任何场合都只穿干部服。女同志只穿白衬衫，灰制服，没有别的颜色。有的年轻同志把白领子翻在灰制服领外边，还挨批呢，上纲为这是无产阶级跟资产阶级谁改造谁的问题，引得上级团委都来调查，我怎么能在众目睽睽之下穿花衣服、打扮一番呢?每次协助老舍接待外宾，老舍坚持不让我穿制服，而我固执地穿列宁服一身灰，老舍认为我不通情理，我认为老舍强人所难，早晚我要遭殃。

老舍几次不满地说：“不就穿件花衣服吗?就这么难!”

我沉默不语，可就是不改。心想：“哪儿那么简单！这可是谁改造谁的大问题，联系着世界观，联系着青年的方向、是追求革命还是成为资产阶级俘虏的问题!如果我成为思想意识方面的批判对象，谁能救我?”结果老舍对我颇有意见，我呢感到很为难很委屈。

这样的小矛盾不少，我很苦恼，总想离开这岗位，一时又办不到。而人事科那两位女干事(她们只不过是家庭贫穷而已，这成了有利的资本)总盯着我，不断地提意见，似乎她们决心要改造文联办公室，我真是苦不堪言!有一次我气极了，就说：“市文联副主席是长征干部，老革命，还穿白高跟鞋呢，你怎么不敢提意见?”女干事就说我对党员领导干部不满，党外领导干部旧意识很浓影响着我，原因是气味相投。幸而两位老党员人事科长保护我，还有两位从解放区来的女干部李彩云、舒薇都替我讲话，我才免于大难。奇怪的是这四位党员干部后来都调基层去了，而那两位爱整人的女干事，虽然文化不高，后来都提拔到局级部门了。可能她们会迎合社会思潮吧!这和后来“文革”期间掀起的思潮不无联系。

中国作家协会创办中央文学讲习所，全部计划送给老舍先生过目，其中规定各省市文艺单位都可以推荐选送学员，我是燕京大学社会学系的学生，没有系统地学过中文系的课程，调到文艺单位工作，我很希望能补上文学课，这次文学讲习所招生是很好的学习机会，我就向老舍先生提出申请，希望他能介绍我去学习。

老舍毫不犹豫地回答说："我不能!"

"不就是说句话，打个招呼嘛。创办文讲所您也是领导成员之一。"

老舍还是三个字："我不能！"

我说："通知中招收学员规定：各省市文艺单位都可以推荐，我去学习完全符合条件，又不违犯原则和规定……"

"我不能!"老舍口气坚决，一点考虑的余地也没有。

我发牢骚说："您为了盲艺人学习的事，可以亲自去找市长，还让我一遍又一遍地打电话催问。我也是去学习呀，您就不肯帮我说句话！"

老舍先生还是那句话："我不能！"

其实，我去文讲所学习，按照正式推荐手续是完全可以办的，但去人事科找那位女干事办介绍信，令我感到厌烦，只是为了避免和此人打交道而已。但老舍先生却不肯帮忙，我颇有情绪，年轻不懂事，讲话不知轻重，就赌气地说："您比党员还党员！"

老舍听了这话，翻了一下儿白眼，硬邦邦地说："我不是党员，可我把整个儿的心都掏给共产党了！"

后来，我去找马烽同志，不用办人事手续只办了个旁听证，只听大课，不参加讨论。

有一天，老舍先生对我说："明天，我来办公室处理信件。"

我露出为难的神情，却没有讲话。

老舍问："怎么?明天您有别的事吗?"

我犹豫地说："我办好了去文讲所旁听的手续，明天郭老讲课，我想去听。"

老舍先生很爽快地说："那您去听课吧!您只把信件放在我桌子上就行了。"

老人还是支持我去学习的，而且并不计较我的赌气话。

那个时期，各方面的纪律都很严，尤其是党员，凡事都要经过组织批准，像结婚啦，发表作品啦，都要由组织决定。老舍不是党员，但外出参加活动，都以谈话或通信的方式和组织联系。

老舍去抗美援期前线，寄回来的信虽是写给我，实际上是让组织了解他的情况。信后署名，都写舒舍予，有两封信上款写给市文联秘书长，下款署名只写一个"舍"字。秘书长看过信只说："存档吧!"我认为老舍先生从前线的来信，应该让文艺界和北京市的领导看到。作为一名作家，老舍渴望着组织的理解、沟通。高层领导中，只有周总理时而抽空请老舍、曹禺、冰心到家中作客，亲切地聊天儿，给予作家关心和理解。但我不能把老舍从前线的来信送到周总理那儿去呀!

有一次，中国作协办公室主任陈同志来市文联，了解北京作家的思想创作情况，编作家通讯，我就把老舍先生从前线寄来的信拿给他看，并说："老舍先生去了前线，成为工农兵的一员。他的信似乎应该汇报给领导层。"陈同志没有表态，看过了信也没带回去。

这位同志曾做过丁玲的秘书，虽是学生出身的干部却在解放区成长起来，我去文讲所听课时，听不懂讲课人的方言，他常热心地为我翻译。我觉得他待人很真诚，就谈到自己对秘书工作的顾虑。这位同志很诚恳地说："我的体会，秘书工作会遇到各种意想不到的情况，具有很多不知的因素，风险较多。丁玲参加革命那么多年，在延安还成为批判对象呢。你要特别警惕‘衣服是工农兵，灵魂深处还是小资产阶级的王国’，这个问题可轻可重。旧知识分子完全工农化，需要长期的改造过程。你是从燕京大学出来的，更要注意灵魂深处的改造。假如你给市文联那位女副主席当秘书，可能风险还小一些，她毕竟是经过长征的老革命啊！政治方面强。”

我摇摇头，说：“那我可就惨了！”

从此，我更加警惕灵魂深处的小资产阶级王国，努力改造思想，把人事科女干事的意见看得很重，因为那包含着某种预示，不仅是个人提意见反映情况。

那时侯外事纪律很严，老舍总是很自觉地遵守，参予什么外事活动，都向单位详细说明。以老舍和冰心的名义邀请赛珍珠访向中国，信件就是公家发出的。每次老舍向海外写信，都交给我寄，还说：“您看过以后，如果需要存档，就抄一份留下。”那时还没有复印机，重要文字都由我抄写存留。记得老舍曾写过这样一封信：我的名字就是我的姓。以姓作名，舒字拆开来，是舍予，意思是“无我”。我很为自己的姓名骄傲。从姓到名，从头到脚，我把自个儿全贡献出去。关键是一个舍字，舍什么?舍的是“予”。我写书用的笔名老舍，也是保留一个“舍”字，不是老“予”。以姓为名，以名构成姓，都是围绕这个意思，这是我一辈子的信念。虽然我身居外国多年，作品也译成了外文，但我从没给自己起过外文名字，可惜得是：我的姓名译成了外文，只是译音，却译不出它的含意来！我不会起另外的名字，永远不！我至死守着这个“舍”字，我的名字和我这个人，是不可分割的整体！

老舍先生把这封信交给我，说：“您看过后寄出去。需要留底儿就抄一份。”

我看了这信，觉得没什么涉及政治政策的内容，只不过是朋友间的漫谈，说明自己的名字，没有必要存档，也就没抄写，只把原信寄了。

回想起来，那封信简直是一篇宣言。

老舍为了捍卫人的尊严，为了唤起世人的良知，他高举正义的旗帜，将凶恶砸在脚下，把生命结束在一个“舍”字上，何等壮烈！

他的理想、他的追求、他的名字，融为完美的整体，用“舍”字画了一个句号。

二爹与文艺学徒

赵大年

直书老舍二字，在我这个作晚辈儿的来说，是不恭敬的。打从我记事儿的时侯起，就管他叫二爹，这是北京人的称呼，就是二叔。他并不是我的亲叔叔，但这也无妨，反正是挺亲近的。

他虽然离开我们已经多年，可打心眼儿里觉着，二爹还活着哩！

幽默的语言

我本来不大懂得什么是幽默。现在回想起来，二爹日常生活中的谈吐，就是很幽默的语言。1946年，我在重庆南开中学念书的时侯，读了《骆驼祥子》，暑假就领着弟弟从家里步行二十多里路，到北碚来向二爹请教："祥子现在还活着吗？"他认真地告诉我："活着！也逃难到重庆来啦，就是重庆的路不平，他没法拉车，改行抬滑竿啦！"由于他是绷着脸说的，我也就信以为真了。这天午饭，胡絜青二婶捏的是碎子油韭菜馅包子，我走饿了，一口气吃了七八个，二爹怕我撑着，就小声地像说秘密似地告诉我："孩子啊！咱可还有下顿儿哪！"说得满桌子人都笑了。其实，二爹二婶他们家，当时生活也很清苦，并不是经常都能吃上白面的呀。我见过一位作家给二爹题的纪念册里，就有这样两句："换他肉二斤，写稿三千字。"记得有一次，来了客人，二爹就找出来一套旧西装，悄悄地拿到街上去卖了，然后才买了点酒菜，可巧遇上一个卖猫头鹰的，大概因为他爱猫，或者是嫌四川的耗子太多，就把猫头鹰也买回来了，惹得全家大笑，以后都当笑话说。

二爹喜欢说笑话，常用笑话抨击时政，或批评当

时一些拙劣而冗长的文章。那时的重庆，有些个所谓的“作家”，专捧国民党的臭脚，写了些又臭又长的西文章，还登在报刊上，谁也不要看的。一次，我听二爹当着多人的面，讽刺那种所谓的“作家”，讲过一则《王大妈的裹脚布》，大意是：有一位老爷子，岁数越大越怕死，规定家里的人一律不准说“死”字，到了非说不可的时侯，就用“喜”字代替。一天，三个女婿来给他拜寿，在寿筵上逐个说几句吉祥话儿。大女婿先说：“我祝岳父寿比仙鹤，能活千年!”老爷子挺高兴，可是想了一下，问：“那么，一千年后呢?”大女婿答道：“就喜啦。”老爷子生了气。二女婿赶紧说：“我祝岳父寿比仙龟，能活万年!”老爷子转怒为喜，又问：“一万年后呢?”二女婿只好说：“就喜啦。”老爷子还是不满意。轮到三女婿了，他最会奉承，认真地说：“我祝岳父大人长寿，就好比王大妈的裹脚布一样——永远不喜(洗)!”

还有一则《白脱弗来》，他说：英文管蝴蝶叫“白脱弗来”(Butter—F1y)，第一个单词是奶油，第二个单词是飞，形容蝴蝶像奶油飞起来一样好看。可是老蒋一打内战，咱们中国人的“白脱”就全都“弗来”了!

朝鲜“战地大学”

当蒋介石的特务暗杀了闻一多、李公朴之后，老舍同志被迫出国讲学去了。等他回国时，我又参了军，因此有几年音信不通。在朝鲜战场上，当我在平壤附近幽密的松树林里第一次看到电影《龙须沟》的时侯，非常高兴!就连夜给二爹写了一封信，可又不知道地址，灵机一动，就寄给了《人民日报》——请他们代转。信里，我提了一个(当时我感到最迫切的)要求：想得到一本刚刚出版的小说《牛虻》。过了不久，他的大女儿舒济就给我寄来了，真使我和我身边的不少志愿军青年战士们喜出望外!我们在坑道里如饥似渴地轮流着阅读。二婶胡絜青还给我回了信，信里说：“二爹非常关心你!在我们的记忆里，你还是南开中学时侯的小模样，可现在竟然是一名志愿军战士了!……你还在学习的年龄，今后有什么困难，缺什么书刊，随时来信吧。”当时，我只有20岁，把每个月领到的津贴费，全数寄给北京王府井的新华书店邮购部，几乎每月都能收到一两本新书，从此，我的背包里就再也没有棉被了——一块雨布裹的全是书。我热爱文艺，一边行军打仗，一边幻想着战后能够进戏剧学院去学习。于是，我利用战斗间隙，写了一个反映中朝军民战斗友谊的独幕话剧《一家人》，军文工团居然演出了，还得了甲等奖，发给我奖金十万元(旧币)，我全都买了书，而且自认为有戏剧天才了。紧接着我又写了一出反映部队生活的湖南花鼓戏《送背包》，得了战士业余汇演一等奖；写了一首歌词《坑道之歌》，谱曲演出后也得了奖。自此，我骄傲了起来，更想进戏剧学院去“深造”了。这时，我还大胆地向国内杂志投稿，居然登了几篇，包括老舍同志主编的《说说唱唱》也登了我的小作品，画家苗地同志还用我的叙事诗《鸭绿江水为什么碧绿》绘了连环画……我简直有点想搞文艺创作了!就在这时侯，老舍同志来到了朝鲜，狠狠地批评了我一顿，今天回想起来，仍然很有教益。

那是1953年10月，我从报纸上得知老舍同志作为中国人民第三届赴朝慰问团的副总团长，来到了朝鲜战地。我在某师司令部工作，估计见不到他，就写了一封信，委托军文工团的同志转交。在这封信里，我把前面说过的自己在文艺上所谓的“成绩”罗列了不少，然后提出了一个错误的要求——请他设法送我进戏剧学院去学习。虽然当时已经停战，而且组织上也动员参了军的高中学生回国报考大学，但是二爹却回信严肃地批评了我。他信中写的几段话，语重心长，我一直记到了今天！他写道："你要是真的喜爱文艺，想写东西，那就必须打下深厚的生活底子。你正年轻，到底是进戏剧学院好?还是朝鲜战地大学好?对于搞文艺创作的人来讲，哪一个机会更难得呢?……谁想当作家，都好，拿出货色来!这事，只能自己从战斗生活中提炼，别人帮不了忙。"他在结尾写道："大年，我已是55岁的人了，不还是要到朝鲜来，向志愿军同志们学习吗?你应十分珍惜这战斗生活环境啊!"

"文艺学徒"

过了半个月，老舍同志在军政委的陪同下来到了我们师。我们师部驻在五柳洞的一座山上，每个科都住在自己挖的挺宽绰的防空洞里。在一片高大茂密的赤松林中，我们还盖了一个半掘开式木结构的礼堂，有舞台，经常演出文艺节目，台下也铺着光滑的地板，可以跳舞。老舍同志和赴朝慰问团的部分同志，与我们师的营以上干部和宣传队的同志们，就是在这个礼堂里开的联欢会。他们来之前，我就听说，老舍同志虽然患有寒腿，但还是拄着手杖坚持着爬上了我部最前沿阵地马良山，深入到战士们当中去慰问大家，并且进行战地采访，体验生活(回国后，他用这次采访的素材，写了《无名高地的战斗》一文)。因此，我早就渴望见到他了!我在想：志愿军的部队多得很，而他恰巧来到了我们师，也许二爹是想看看我吧？但是，我只是个排级干部，不够资格参加这次师部的联欢会，这可怎么办呢?我正急得抓耳挠腮，军政委派人来叫我了，说："老舍同志在咱们军有个侄子，是你吧?快来!"我欣喜若狂，跑进了礼堂，大家都在跳舞，一名宣传队的女队员，正陪着老舍同志跳慢四步哩，只见他精神奕奕，舞步虽小而慢，却跳得很好、很高兴。一曲舞罢，师宣传队的孙副队长（他也是北京人，是老舍同志许多作品的热情读者）赶紧提议："请老舍同志给咱们说个笑话好吗?"在全场热烈的掌声中，二爹又用他那幽默的地道北京话，一连说了两个笑话，大家的笑声像热浪般的涌来，我也跟着大笑了好一阵子。

军政委拉着我的手来到老舍同志面前，我立正行了个军礼，叫了一声"二爹!"他就从头到脚地打量我，然后把目光停在我的胸前——我左胸佩戴着红边黑字的"中国人民志愿军"符号，上方还有四枚朝鲜人民民主共和国颁发的银质军功章（我真有点不好意思了，这可不是我自己要戴的，而是为了欢迎祖国人民赴朝慰问团的光临，队列科规定我们戴上自己的奖章）。二爹看着点了点头，感慨地说："你就是大年哪!七年没见，长成了大高个儿啦!"他拉我坐在身边，又说："你都长胡子啦!不，还不能算真正的胡子，只能算一层茸毛。"我赶紧说："在二爹面前，我永远是个孩子。"他高兴地笑笑，却又说："哦，是个孩子，不是个作家!"我窘得脸上发烧，低下了头，只听他亲切地说着："我给你回的信，是请你们政委看过的，他也表示同意我对你的批评。不知道你想得通吗?怕你想不通，所以老惦着来瞧瞧你呀！"我立刻说："想通啦!"又把自己的思想，详细地报告了一番，听得军政委都笑了。最后，二爹与我达成了个"协议"——我还是要坚持业余习作；他则是不论多么忙也一定帮我看稿子。然后，我才高高兴兴地回去睡了个香甜的觉。

1959年，我从部队复员回到北京，还念念不忘地想搞戏剧工作，二爹说："好吧，我介绍你到人艺去，帮着搬搬布景，当个文艺学徒吧！"说实话，这一次我可真的想不通了——怎么熬到现在还要当"文艺学徒"呢?于是我干别的工作去了，间或也写些诗文，送给二爹看，他都百忙分神，一一指教。一次，经他介绍，《新港》杂志发表了我的一首五百行的长诗，我很得意，没想到二爹却对我说："你没有诗才，以后别写诗了。你的工作经常下厂、下乡，这很有利!就挤业余时间，学着写点短篇吧。"

一转眼几十年过去了!打倒"四人帮"之后，我又拿起笔来从事业余文艺习作，当写了一点东西时，才痛感大有再当"文艺学徒"之必要!

（作者注：本文是几年前的一个话题，今天旧话重提）

隆重纪念老舍百年诞辰

给老舍先生退剧本的故事

苏 民

老舍先生和北京人艺的合作称得上是“知音”的合作，这在中国话剧历史上是不会被人们忽略的。从50年代初到“文革”以前，北京人艺先后演出了老舍先生六个剧本，《龙须沟》、《春华秋实》、《青年突击队》、《茶馆》、《红大院》和《女店员》。这期间还演出了梅阡先生根据老舍的同名小说改编的《骆驼祥子》，应该算七个戏。在十四五年的时间里，连续上演七出戏，平均两年一出，这个密度在中国戏剧界是破纪录的。老舍先生不仅仅为剧院提供了剧本，更重要的是以他那独一无二的具有北京特色的文学风格，深深地影响和培养了北京人艺，使北京人艺所演出的“京味戏”不但赢得北京观众的喜爱，也在全国受到赞誉。从1980年起，《茶馆》到西欧、北美、东南亚以及日本等许多国家演出，被称为“东方话剧的奇迹”，在国际上受到赞誉。

北京人艺1953年重新排练《龙须沟》时，曾明确提出了一个响亮的口号，要通过这出戏的排练统一剧院的现实主义的创作思想和创作方法，以此基本奠定剧院的现实主义的风格基础。北京人艺说到也做到了，这一风格特色的余脉历经四十年，至今仍然绵延不绝，可以说这和老舍先生留给剧院的宝贵财富分不开。

我还要说，老舍先生不但以他的现实主义的文学风格影响了北京人艺，还以他真诚、正直、坦荡的品德胸怀和人格魅力影响了曾和他共同工作过的许多导演和演员。说到人格魅力，我是这样理解的，一个人的人格魅力，不是靠别人的赞誉形成的，它

纪念●研讨●缅怀

是本人的品德、良知、思想作风和艺术追求的境界被人感知的结果，而这种个人品德和个人的艺术高境界的追求，还一定在本人严格自律精神的约束下才能形成。通俗一点说，人格魅力中必然包含着自我牺牲的精神。

我给大家讲一个给老舍先生退剧本的故事。50年代中期，老舍先生写了一个剧本，他把初稿拿给剧院。剧院党委联席会读了以后，决定不排演这个戏，要把剧本退还给老舍先生，谁去呢？于是之。为什么几位院长不亲自去呢？我现在不便推测。总之，老舍先生特别喜爱于是之，让他去最合适。那年代于是之还不满三十岁，当然是领导叫干什么就干什么，没二话。于是之提了个书包装好剧本到了老舍先生家，见面寒暄了几句，于是之就不知道该怎么开口了。几次提起书包又放下。其实挺简单，“您这个剧本，剧院不打算排演了，让我给您送回来。”如实说不就完了，可就是这么一句话，就不好意思直接说出来。

老舍先生早就看出他有话不好说，也不催问。看看快到中午了，老舍先生说：“走，跟我吃饭去。”于是之连忙推辞说：“我还是回剧院吃去吧。”“不是我请客，是别人请客，你跟我一块儿去，不吃白不吃，走！”于是之就提起书包，跟先生走到翠华楼（就是灯市西口往南现在天伦王朝饭店那个位置）。于是之这顿饭大概也没吃好，心里有事，任务还没完成哪。吃完饭又跟着老舍先生出了翠华楼，没几步就到了十字路口，老舍先生要往西进迺兹府（现在叫灯市西街）回家，而于是之要直接往北回剧院。这时侯，老舍先生指着书包开腔了：“拿出来吧！”于是之算是找着台阶，把剧本掏了出来。老舍先生没等于是之张嘴就笑着说：“剧本，哪有写一个成一个的”，说罢道了一声“再见”，便往西回家去了。于是之这次没说话就完成了任务。于是之提起这件事就说：“老舍先生不但眼睛是一面透心镜子，胸怀敞亮，那思想境界连带他的语言，真得说是‘返朴归真’到家了！”此后，老舍先生再写了剧本，一如既往，仍然送到剧院请大家讨论，修改。这是老舍先生垂爱北京人艺的情有独钟的表现。

应当在更大的时空范围内研究老舍

赵园

纪念老舍百年诞辰，回顾与检讨老舍研究工作很有必要。老舍是说不尽的，可研究的问题是说不尽的，呼唤能有新的研究视野、新的人。最近，我接到上海一位研究生的信，他把老舍与但丁作比较；王晓琴出了一本书，收入了有些国外华人的研究文章，读起来很有意思，很有启发。比如老舍与现代性的研究，对市民生活空间的描写，《正红旗下》前五章的研究等等。我有个朋友是研究京派和海派的，就提出现在京味小说盛况不在了，这是怎么发生的？都可以探讨。现在，不像1982年、1983年那样，集中推出一批京味作品，这是为什么？我没见过老舍，但老舍对我的影响很大。我对北京的感觉方式，受老舍作品影响，受制于老舍作品的感觉和我从老舍作品感觉的东西。我们京味小说是否也有这种情况？既受益于老舍作品，又受制于老舍作品，难以开拓。北京不限于胡同，应当在更大的时空范围内研究老舍，研究京味。

我最喜欢老舍读剧本

林连昆

我有幸能演老舍先生的5个剧本，而且，能亲自听到老舍先生的当面教诲。我最喜欢老舍读剧本，那是一种享受。老舍先生不仅亲自读剧本，还手把手地教我们练台词儿。拍《茶馆》第二幕时，“两个灰大褂”有5个“是吧”台词，我们俩琢磨，这怎么念呀!能不能把它删掉?导演同意了。有一次老舍来看戏，看完了，冲我们说：“那位，你们俩留一会儿。”大家走了，老舍跟我们说：“你们俩的词儿没念全吧?”说罢，拿起剧本，给我们念这段台词儿，还说：“你们别着急。你们不是被逮的，是逮人的，着什么急呀!”又说：“你们没看见猫逮耗子吧，逮了放，放了逮，玩儿够了才吃，你们二位别着急，要沉住气。”听了这些，我们如获至宝，深感把“是吧”二字一删，一点味道也没有了。我们这一代人很幸运，老舍先生不仅给我们写剧本，还教会了我们怎样演戏，怎样塑造人物。

我很关心如何全面评价老舍先生。前不久我看到俄罗斯纪念契柯夫诞辰130周年的文章，一派认为他是现实主义奠基人之一，一派认为他一百多年前就有现代派意识。我想，对老舍先生也会有不同评价。再过许多年，对老舍先生是什么态度?不好说。就剧本来讲，既有《茶馆》一类精品，也有所谓“红”字戏。就是对《茶馆》，也有不同时期的不同评价，并不像今天这样。1958年刚上演时文化局给它定了三条罪状：①没写党的领导；②怎么能让王利发这个小业主成为主角呢?②这个戏表现了作者作为旗人对满清王朝的眷恋，表现了作者的怀旧情绪。有了

这三条，只演十几场就停演了。直到“新侨会议”，周总理问道：“你们有个‘茶馆’，为什么不演呀!”这才出现了“加红线”。人艺一边演《霓虹灯下的哨兵》；一边成立一个三人小组，给《茶馆》加“红线”，加演讲，加学生游行，还加了一个体育教师是共产党员，号召学生罢课。1965年，它又被扼杀了。到了“文革”，那就不仅是三条罪状了。这个戏活起来，还是党的十一届三中全会以后，出了国，拍了电影。即或是“文革”以后，文化局一位副局长还在会上说它：“牛鬼蛇神实在太多，有点正不压邪。”由此，我想到它还会不会受到不同对待?再一个是“红”字戏，如《青年突击队》、《红大院》、《女店员》等。我认为只要不是违心的、投机的，不是假的，就应该区别于所谓的“政治戏”。要警惕把某些现代思潮与老舍挂起钩来，正确地评价老舍。

老舍先生关心盲艺人

杜 彭

老舍关注的角度非常人能想得到的。北京市文联在霞公府办公，对面的迺兹府是座庙，住着三五十个盲人，每天早上出去晚上回来。老舍竟然关注到这些人，问他们怎么样，他们说，社会变了，警察不赶了，小孩不砍了。问到他们生活怎么样，他们不言语了。老舍在文联的会上提出来帮助他们。李伯钊、王亚平没思想准备，说，文联怎么关心这些事啊！向彭真同志汇报，彭真同志说，这好啊！于是，老舍叫我们看他们演出。说他们还是演《王二姐思夫》呢。你们几个就不能给他们写点新东西？后来，老舍在劳动人民文化宫把他们组织起来，上午讲辩证法，下午吹拉弹唱练基本功。那时侯我们写东西没地方，老舍就与北海公园联系，给我们青年创作者找了个写字的地方。老舍关心的事情可多了。新凤霞说生活困难，把齐白石给写的对联都卖了。老舍先生在琉璃厂见到这副对联就买了回来，交给了吴祖光。新凤霞感动得直哭。

皇帝都是儿童的皇帝

方掬芬

我是个演员，热爱老舍先生。老舍先生的儿童剧非常有北京味道和儿童情趣。皇帝都是儿童的皇帝，一天到晚要吃葱花饼。作品中的人物也都有地方特色、民间特色和儿童情趣，非常好看，孩子们都非常愿意看。老舍爱人民，更爱孩子，尤其是对低幼儿童。我们要学习他，更希望好好研究他的《宝船》。

有思想家风度的作家

苏叔阳

我写《太平湖》，读了大量老舍先生的作品，与舒乙、舒济、伯母谈了许多。下面我谈一些对老舍先生的看法：老舍先生不是马克思主义者，但作为现实主义作家，他热爱祖国，热爱乡土，是有思想家风度的作家。“共产党是穷人党，是为穷人谋解放的，我就是穷人，咱们是一家。”就是出于这样一种感情，他热情地赞颂新社会，热爱新中国之情跃然纸上，像孩子一样天真。《猫城记》中所说的实际上都是共产党当时“左”倾的做法，如飞行集会、保卫苏维埃等，不能说他清醒地反“左”倾，也不能说他反对共产主义，只是透出来一个基督徒宽以待人，非常仁慈，非常宽厚的心态。从老舍先生的作品看到，他认为人生完整的三界应是神、鬼、人，多数作家写神都不行，写鬼活灵活现。老舍写神、鬼、人都非常幽默，耐人咀嚼。他认为地狱是公平的，天堂是可怕的。老舍先生是非常清醒地爱祖国、爱乡土的执着的知识分子，是给后世以深刻影响的作家。我们应该认真地研究他，学习他，拂去政治风云蒙在他身上的灰尘，看看赤裸裸的老舍。研究他是个长久的课题，将对我们为文为人大有好处。

纪念老舍百年诞辰

我们大家都爱你

舒 乙

各位同志、各位朋友:

在纪念我们的父亲老舍先生百年诞辰的此时此刻，我代表母亲胡絜青老人，以及姐妹们，首先对与会的各位嘉宾，各位朋友，以及纪念座谈会的主办单位，表示衷心的感谢，感谢大家说的热情真挚的话，这些话一定会使老舍先生在天之灵感到安慰，感到宽心。55年前，周恩来副主席为首的南方局曾经发动在大后方的朋友们为老舍先生庆祝45岁生日，大家对他说了许多称赞他的好话，称他是“中国当代文坛的一座丰碑”。轮到他讲话时他已泣不成声，只喃喃地说了一句话：“我要跟车夫和木匠一样，写下去，写下去。”或许，今天诸位的话，又要使他落泪了，一种欣慰的百感交加的泪。

面对今天各位对老舍先生做出的评价，作为家属，我们也想谈谈我们眼中的先生，或许是对各位的一点小补充，如果说得得体，也算是我们的一点孝心吧。

在我们的眼中，他是一位极端负责的人，他非常敬业，非常主动，不干则已，干就干好，甚至尽善尽美，全心身地投入。早在他19岁的时侯，他刚师范毕业，担任小学校长，就因工作刻苦努力，成绩卓著，由一个完全默默无闻的小人物，很快被公推为北京教职员联合会的小学部委员，并被提升为收入相当丰厚的劝学员，还担任由教育部直接任命的只有政府官员能担任的北京通俗教育会会员。当他到齐鲁大学和山东大学当教授的时侯，他已是知名的小说家，可是他却整天坐在图书馆里认真地准

纪念•研讨•缅怀

备教材，写讲义，只是到了寒暑假才赶写小说，基本上一个假期写一部长篇小说，连年如此。抗战爆发后，他被推为“中华全国文艺界抗敌协会”的总负责人，一开始他坚决推辞不就，说自己爱清静，怕见生人，可是，一旦他答应了，立刻不辞劳苦地到处奔走，受了委屈往肚里咽，忍辱负重，苦苦地扛着“文协”的大旗，坚持团结抗战，坚持走普及文艺的路，当一名尽职的文艺小兵。正像他在入会誓词中所说：“我是文艺界中的一名小卒，十几年来日日操练在书桌和小凳之间，笔是枪，把热血洒在纸上。可以自傲的地方，只是我的勤苦，小卒心中没有大将的韬略，可是小卒该作的一切，我确实作到了，以前如是，现在如是，希望将来也如是。在我入墓的那一天，我愿有人给我一块短碑，刻上：文艺界尽责的小卒，睡在这里。”

在我们的眼中，他是一位待人极端热忱的人，他眼睛永远向下，正像他为自己起的名字“舍予”一样，恨不得把自己的一切都给了别人，他愿意和别人分享他拥有的一切，包括他的钱，他的衣裳，他的知识，他的喜怒哀乐。在他当北京市文联主席期间，他干了许多不是分配给他的，而是他自己“找”来的事。看见国画家过不去年，他把钱分成一个个小红包让夫人挨家送上门去。看见街上的盲艺人混不上饭吃，他建议市长为他们办学习班，他自己带头为他们上课，然后分配他们去当伴奏员或者进工厂当工人。他甚至建议一时找不到房子办公的“民研会”上他家，那个他自己买的小院子里去办公。他在小说《离婚》中头一句话说“张大哥是一切人的大哥”，而他自己却不愧是“一切普通人的朋友”。

在我们的眼中，他是一名永不知疲倦的探索者，他非常自谦，老说自己没有写出什么了不起的东西，他说自己这不到家，那不成功，永远在不断地总结经验教训，他写了小说，又去推动曲艺改革，再去写话剧，最后又去推动歌剧，老在那里移植、杂交、发明、创新，几乎没有一种文学形式他没碰过，一会儿大土若洋，一会儿大洋若土，总在折腾，总在攀登，在真诚的谦虚精神下，有一种语不惊人誓不休的大雄心和大胆识。他爱国、爱民族大家庭、爱家、爱孩子、爱故乡、爱新社会、爱一切传统中优秀的东西，而且几乎样样“门儿清”，文武双全。他外表幽默诙谐，内心极为严肃；他外表随和热情，内心却有严格的界限；他一方面能吃苦受怨，什么都可以将就，另一方面性格倔犟正直，敢做敢当，宁折不弯，关键时刻把骨气看得比什么都重。这一切，在我们看来，和他的穷人出身特别有关系，他的清贫的童年常常使他在生涯前50年冷眼看世界，有一种忧郁的冷静和一种疾恶如恨的悲愤，在生涯的后17年则有一种翻身的狂喜和一种当家做主人的责任。

当老舍先生离开人世的时候，他最后的一句话是他向可爱的三岁的小孙女说的：“和爷爷说再——见——”这句话或许表明了他对未来的寄托和希望。今天，我们真的可以用这句话回应他，我们真的在他的书里、在他的戏里再见到他，他一直活在我们大家的心里。老舍先生，我们一齐对你说：我们大家都爱你！

纪念老舍百年诞辰

论 文

沿着老舍开创的道路

——纪念老舍诞辰100周年

马玉田

今年2月3日，是老舍先生诞辰100周年。

老舍是一位伟大的爱国主义者，一位文学巨人。他以他的人格，他的优秀作品，铸造了他“人民艺术家”的崇高形象。他不是稍纵即逝的历史过客。他所塑造的成百上千的艺术形象，活灵活现地镌刻在人们的心底，因此，老舍的英名，不会因肉体的消亡而消失，他将和他笔下的人物永远活在人们的心中。

党的十一届三中全会以后，北京一些作家，步老舍的后尘，创作出一批“京味”浓郁、地域色彩鲜明的文艺作品。而北京地域文学的奠基者，正是老舍，因此，选取这个侧面，论述老舍对北京地域文学的一些重要主张，或许对繁荣、发展乃至提高北京文学的品味，将有现实意义，也不失为对老舍的一种最好纪念。

一

老舍说：“真实的地方色彩，必须与人物的性格或地方的事实有关系。”性格与事实相比较，性格更占重要地位。因此，创作有北京地域特色的作品，需对北京人特有的心态，独特的性格，有所了解。

作为某一地域人们较为普遍的独特心态和性格，和人们所处的自然环境有关，但主要还是人们所处的社会环境造成的。所谓社会环境，不光指人们生活着、实践着的现实环境，也指以往的社会环境所积淀下来的思想观念、风俗习惯、思维方式、价值标准等，有人把这称之为文化无意识，就像固定资本，一点一滴地，连续不断地把它的价值转到新产品上来一样，现今北京人的心态和性格，除了受制于现实的社会环境，也受制于以往的社会环境。

老舍对《二马》中的老马是这样评述的："他不好，也不怎么坏；他对过去的文化负责，所以自尊自傲，对将来他茫然，所以无从努力，也不想努力。……他背后有几千年的文化，面前只有个儿子。他不大爱思想，因为事事已有了准则。这使他很可爱，也很可恨；很安祥，也很无聊。"如果我们把老马的心态、性格，看作北京人的心态、性格的重要方面，似乎没有什么不恰当的地方。

是什么造成北京人这种特有的心态、性格呢?便不能不提到北京在中国漫长历史发展中的特殊地位。

自元代忽必烈建都之后的七百余年，北京一直是中国的首都。这块封建社会几朝统治者居住、它那庞大的政治机器设置的地方，以儒家思想为核心的传统文化思想的影响，无疑比别处更为深广。像首都这种特殊地位造成人们的优越感，像清末那种视大清为天朝，视他国为番邦小国、化外夷狄的闭关锁国政策，夜郎自大的心态，都极易使北京人自尊自傲。就近代来说，清王朝的覆灭，国都南迁，使北京人的自尊自傲深深地掩藏着八旗子弟、一代天骄在失去了昔日荣华、体面以后的悲凉。

犹如一个富家豪门的弃儿，形成了极为复杂的心态：当他"遥想公瑾当年"时，便得意洋洋，自满自足，自尊自傲；当他面对现实时，便忿忿不平、灰心丧气、自轻自贱。这种自尊自傲与自轻自贱相生相克所形成的亦亢亦卑、亦刚亦柔的独特气质，犹如老马那样，既可爱，亦可恨，既安祥，也无聊。

北京也是多民族的汇集地。同时，作为国都，绝对免不了和异国打交道。这样就产生了汉族和异族、中国和外国的文化相互渗透、互相撞击的问题。这种由于互相渗透和撞击所带来的思想乃至政治的斗争，使北京人开阔了眼界，增长了应变环境的能力，养成了多角度思考问题的习惯。这就形成了他们心态和性格的另一个重要特征：稳重。老舍在《离婚》中提到张大哥这一形象时说："他永远使我羡慕他的气度与服装，而且时时发现他的小小变化：这一天他提着根很讲究的手杖，那一天他骑上自行车——稳稳的溜着马路边儿，永远碰不了行人，也好似永远走不到目的地，太稳，稳的几乎像在他身上都是一种生活趣味的展示。"稳，表面看是一种清闲自在，得意洋洋，甚至是一种懒散，守旧，但深一步探究，它其实也是一种由于见多识广，处变不惊，心底瓷实的表现。

北京人那种自尊自傲，悠闲自得，从容稳重，不到时侯不揭锅的心态，确实给人以一种因循守旧，玩世不恭，缺乏锐意进取，开拓革新的印象。但是，作为都城的人们，毕竟见多识广，文化素质较高。他们背负着传统文化的沉重包袱，慑于统治者的强大威力，凡事总要进行多角度多侧面的思考，对自己行动的利害得失作反复的对比。这是缺点，也是长处。北京人几近麻木的表象，那只是地壳，而心里却翻腾着岩浆，总能在适当的时侯喷涌而出；他们不大愿意去白白地冒险，但一到了非掉脑袋不可的时侯，又个顶个地把生死置之度外。远的不说，单就本世纪初到粉碎"四人帮"这七八十年间，1900年的义和团运动，1919年的"五四"运动，1935年的"一二·九"运动，直到1976年的"四五"运动，每次都震惊全国，对中国革命有着划时代意义。这就足以证明，北京人是有高度文化素养的成熟的人群。

二

幽默，是老舍文艺作品的一个重要特征，也是北京人的重要特点之一。关于幽默，老舍有许多精辟的论述。他说：“幽默者的心是热的，讽刺家的心是冷的”；“幽默者的心态较为温厚”；“讽刺……则要显出个人思想的优越”；“幽默作家的幽默感使他既不饶恕坏人坏事，同时他的心地是宽大爽朗，会体谅人的。假如他自己有短处，他也会幽默地说出来，决不偏袒自己”。

幽默，和作家的心态有关，也和他观察和分析事物的能力有关。老舍说：“幽默是出自事实本身的可笑，而不是由文字里硬挤出来的。”又说：“所谓幽默感就是看出事物的可笑之处，而用可笑的话来解释它，或用幽默的办法解决问题。”可见，与其把幽默看作一种运用语言的技巧，还不如把它看作一种观察和分析问题的能力和方法。这就要求作家须有较强的观察力与想象力。因为观察力强，才能把生活中一切可笑的事，相互矛盾的事看出来；因为想象力强，才能在抓住事物本质的基础上，加以夸张，使人发笑，惊异、反省，受到教育。

以上，老舍是从作家对事物(包括人物)的心态和观察事物的能力方面来论述幽默的。令人惊奇的是，凡“京味”较浓的作家，为什么他们的作品都散发着浓厚的幽默气息呢?这单单从作家的心态和表现技巧，能够解释清楚吗?为什么相声这种公认的幽默艺术，偏偏发源于北京呢?这些问题，促使我们不能不从另一个角度思考，即北京的生活是否特具幽默的素质?北京的生活是否十分容易培养北京人的幽默感?

上边说过，作为数百年封建王朝的首都，北京受传统文化和礼教的影响，要比别处更为深广；并且，这种影响渗透到各个领域，涉及到每个阶层，这是一方面，另一方面，作为首都，北京生活变化之大、之快、之深，也是任何边远地区无法相比的。这样，一方面封建的传统影响深而且广，形成十分牢固的势态；另一方面生活在急速变化，这就在事实上、心理上造成极大的反差，把人们推向进退两难的境地。这使我想到英国启蒙主义时期小说家菲尔丁的一段话：“真正可笑的事物的惟一源泉(在我看来)是造作。……造作的产生有两个原因：虚荣和虚伪。虚荣促使我们装扮成不是我们本来的面目以赢得别人的赞许，虚伪却鼓励我们把我们的罪恶用美德的外衣掩盖起来，企图避免别人的责备。”想想北京人在巨大反差面前的心态和表现吧!即以民国初年的情况说，当时的人们不向新时代靠近，有如孔乙己一般的心态，身着长衫，满口之、乎、者、也，拖着长辫，行三拜九叩大礼，显得可笑，因为时代毕竟变样了；倘若西服革履，却在礼帽下边暗藏着一条大辫子，就更显其可笑。历史给予了北京人深重的传统包袱，又不时地给予他们最先进的文明，这种矛盾的状况，无情地嘲弄他们，使他们有意无意地“造作”，形成了取之不尽的幽默材料，足供作家选取。

如果仅以上述的理由来解释北京人的幽默，怕是污辱了北京人，因为幽默也是有文化的表现。幽默，不光得有幽默的材料，还必须有幽默感、会幽默的人群。这样的人群得具有这样一些品格：第一，对生活中的灾难、不幸，须有一种乐观、自信的态度，和较强的应变能力。第二，得有广博的知识和丰富的经验；不光了解北京，还得了解中国的其他地方，甚至对外国的生活也有相当的阅历（老舍便是这样）。这样便以广博的知识和丰富的经验作基础，在对比中敏锐地、准确地看出事物矛盾可笑之处。第三，有幽默的手段和才能，能将可笑的事物艺术地表现出来，而这种表现既不庸俗，也不过分冷峻。第四，有较高的趣旨，通过幽默的表现，不光让人哈哈一笑，笑完之后，尚能叫人悟出点深刻的道理，或反省，或奋进。所有这些，没有较高的思想文化素质，是做不到的。

幽默和油腔滑调是不易区分却又不能不加以区分的。老舍对二者的区别是做了一些很好的说明的，他说，“抓住幽默的一点原理与技巧而充分的发展下去，不管别的，只管逗笑”，如“仗着身体的摔打乱闹”，这是“最下级的幽默”，势必滑入油腔滑调而令人讨厌。相反，幽默固然也引人发笑，但它“通于深奥”；“有弦外之音”，有深刻的“思想性和艺术性”，对于塑造人物的性格，揭示人物的心态，起着重要作用。《茶馆》里的唐铁嘴说：“已断了大烟改抽白面了……大英帝国的香烟，日本的白面，两大强国伺候我一个人，福气不小吧？”——这自然是够幽默的，但它却不光逗笑，而是用几句逗笑的话，活脱脱勾勒出一个无耻之徒的嘴脸，并还会让人联想到，帝国主义是多么狠毒！既拿走中国人的钱，还要中国人的命，因而具有了形象之外更深的趣旨，使人感到这个人物麻木、可耻，却也是一位受害者。令人痛心的是，被人称做幽默艺术的相声，其中的不少段子如今是越来越不能令人满意了。它们的作者和表演者似乎根本就忘记了人物形象的塑造，语言的生动有趣，每每以七大姑八大姨之辈作为取笑的对象。这种情况，确实是离幽默日远，而与恶俗相近，为数不少的相声创作和表演人员，实在应该向老舍、侯宝林这些严肃的艺术家学习，不要满足于观众的掌声和笑声，而应寓教于乐，使人在笑声中尚能领悟点什么，让这种艺术发射出更大的光彩。

三

在作家与生活及作品的人物塑造这些至关紧要的问题上，老舍不寻常的地方，在于他特别注重“人生经验”，主张作家要“参与生活”，而不仅仅是“观察生活”。在《〈老舍选集〉自序》中，他谈了对参与生活的看法：“我的职业虽使我在知识分子的圈子里转，可是我的朋友并不都是教授与学者。打拳的、卖唱的、洋车夫，也是我的朋友。与苦人们来往，我并不只和他们坐坐茶馆，偷偷的把他们的动作与谈论用小本儿记下来。我没做过那样的事。反之，在我与他们的来往的时候，我并没有‘处心积虑’的要观察什么的念头，而只是要交朋友”。正因为他参与了并同群众一道推进了生活，第一，就比较深入地领会了各种人物的心态和性格；第二，能真正认识生活发生、发展的轨迹，在复杂的生活中“找出必然的一贯的道理”和准确的“主观判断”；第三，和生活中的人们同生死、共命运，便能培养出饱满的感情。老舍的许多作品写得真切感人，有着浓郁的“京味”，是和作家这种自觉地参与生活的意识和态度分不开的。

作家进行文学创作，常常是生活中的一件事或几个人。触发了他的创作激情。但仅仅有这些，并不能保证创作的成功。因为这人或事，无论如何生动，也不过如一粒种子。要使它发芽、生长、开花、结果，还需要水分、温度、阳光、肥料。这就需要作家有丰富的生活积累和真挚的感情体验，水份、温度、阳光、肥料一应俱全，该用什么便用什么，恰如老舍所说：“艺术作品是用作家的整个生命、生活写出来的，不是随便给某事某物照了个四寸或八寸的像片。”“一个小说家是人生经验的百货店，货越充实，生意才越兴旺。”激发老舍创作《骆驼祥子》的，原来是一位朋友告诉他两件不相连贯的故事，在一般人看来，凭着那么一点事儿能写成长篇巨著，实在不可想象，但老舍对北平太熟悉了。他说：“那里的人、事、风景、味道和卖酸梅汤、杏儿茶的吆喝的声音，我全熟悉，一闭眼我的北平就完整的，像一张色彩鲜明的图画浮立于我的心中。我敢放胆的描绘它。它是条清溪，我每一探手，就摸上条活泼泼的鱼儿来……”“我能描写洋车夫，是因为我有许多朋友是以拉车为生的。”正因为老舍对北京的人、事、生活习性有丰富的生活积累和感情体验，成了他生活和生命的有机组成部分，凭着朋友给他提供的那么一点点素材而写成长篇名著《骆驼祥子》，就毫不足怪了。

写出典型环境中的典型人物，可以说是现实主义的最高要求。这一点，老舍是反复强调、身体力行的。他说：“创作的中心是人物”，“没有人物，不算创作”。“把一件复杂热闹的事写得很清楚，而没有创造出人物来，那至多也不过是一篇优秀的报告，并不能成为小说。”

如果说创作的中心是人物的话，那么要使人物立得住的关键，便是把性格树立起来。怎样才能使性格树立起来呢?在老舍看来，第一，让人与事相遇，因为，只有人与事相遇，他才有用武之地；这中间，人物怎么做事比做什么事更为重要，怎么做事是与性格密切相关的。第二，小说是感情的记录，不是事实的重述。这就要求作家看出事实中的真实而深刻的意义，而后给人与事赋予一定的感情，使事实成为爱、恶、仇、恨等等的结果或引导物；情节发展，迭宕与顶点，常常是人物感情冲突的结果，要把握住这些关节处，以使人物的个性突出，情感真挚。第三，“语言是心之声”。人物讲话，要显示出理智、感情、性格三者的有机统一，表达出人格之美，生活之美。并且，语言是作家和读者、观众交流思想、感情的工具，要力求简朴、易懂、含蓄、生动，符合人物所处的环境和身份。第四，注重考察人物性格内在的矛盾，从多方面揭示人物的性格。

老舍说：“我力求人物不为我说话，而我为人物说话。”作家为人物说话，而不是人物为作家说话，在文艺创作中是个极为重要的问题。一些文学作品，常有人物的话，是作家硬让他说出来的，因而显得生硬、概念化。这在作者来说，也许是为了向人们传播某种思想，但效果却正好相反。当然，文学作品要体现某种思想是毋庸置疑的，但这种思想的体现，常常通过感情、情绪这样一些非理性因素为中介，极其自然地、不露声色地传达给读者和观众。这里的关键还是作家要对“小说中的人物十分熟识，要说什么必与时机相合，怎么说必与人格相合。顶聪明的句子用在不适当的时节，或出于不相合的人物口中，便是作者自己的话。顶普遍的句子用在合适的地方，便足以显示出人格来。什么人说什么话，什么时侯说什么话，是最应该注意的。老看着你的人物，记住他们的性格，好使他们有他们自己的话。”这些似乎是老生常谈，但既然我们的创作中作家代人物说话的现象仍然经常存在，即便是老生常谈，也决非多余。

我们上边谈到老舍对北京文学的地域特色这一问题的一些论述，很可能挂一漏万，但老舍是北京地域文学的开创者，是毫无疑问的。当然，时代变化了，作为现实生活反映的文学艺术，不可能也不必要固守老舍的传统而一成不变，但万变不离其宗，比如，上文论述到的几个问题，是繁荣、发展北京地域文学的重要因素。老舍，是北京文学的一块巨大的丰碑，他的影响超出北京，超出中国，但他不会是不可企及的高峰。后来居上，这恐怕也是老舍先生的意愿。我们等待着，等待着有超过老舍的大作家在北京这块神圣的土地上出现。

老舍与二十世纪中国文学

杨 义

老舍是二十世纪中国文学界一位饱含阅历和充满智慧的大师级作家，他的作品属于文化味最浓、而又最经得起时间考验的大手笔之列。十年前，我从一篇文章中看到，日本学者认为，老舍的《四世同堂》是全日本人必读的书。六年前，我在英国牛津大学当客座研究员，那里的东方研究所的所长对我说，他过去教学生学中国语文，选的教材是老舍的《我这一辈子》和朱自清的《经典常谈》。这就是说，无论东方还是西方，都有真正的有识之士把老舍作品当作认识中国语言的魅力，认识文化人生和历史教训的必读书来对待。这种空间的跨度是可以兑换成时间的跨度的，老舍作品在超越国度的同时，超越了自己的时代。

毫无疑问，老舍属于二十世纪，他也属于未来的世纪。他的《离婚》、《骆驼祥子》、《四世同堂》、《茶馆》等杰作，以及像《断魂枪》、《我这一辈子》等短篇和中篇《月牙儿》，代表着二十世纪中国文学的光荣，也将给新世纪中国文学的发展留下耐人寻味的启迪。

一个作家能够为他的世纪贡献如此多的杰作，已经是非常了不起了。更何况他连同这些杰作，贡献了一系列具有大家风范的艺术法则：

老舍的作品蕴含着一套属于他自己的文化学。不妨回顾一下他进入文坛的最初的见面礼。他旅居英伦，写的却是北京，一出手就在《小说月报》和商务印书馆发表了《老张的哲学》、《赵子曰》和

《二马》，为中国现代小说尽了开拓之功。他自述是受了狄更斯小说的影响，使自己落笔之时敢于“大胆放野”。其实这种泼墨成文的大胆作风，更多地表现了他对北京市民众生相的熟悉，以及对这种众生相烂熟于心的自信，他把众生相摆在东西方文化比较的大视野中进行解剖，为本民族性格中那些庸俗、怯懦和苟且偷安的习气而焦虑不已，以启蒙主义的智者的眼光热切地关注着民族性格的健康。他的纵声大笑中包含着忧郁的人文关怀。直到写《四世同堂》时期，他仍锲而不舍地剖析着存在于小胡同大杂院中的层次丰富的文化“千层糕”，强调“一个文化的生存，必赖它有自我的批判”，警诫“泥古则失今，执今则阻来”，始终关注着整个民族古往今来的文化生命。北京平民生活，是带着老舍的胎记的生活，他从胎记人生中剖析着民族文化的生命基因，这就是老舍小说的文化学。

老舍的作品又蕴含着一套属于他自己的小说学。他的作品不是设色浓重、油彩重叠的油画，也不甚追求巴黎圣母院那种宏伟苍劲的结构框架，而往往是轻松落笔，信马由缰，以醇厚本色的漫画笔触，勾勒出一幅幅滋味十足的燕京百态图，字里行间弥漫着小胡同大杂院的喧声笑语和煤烟气。若用画来打比方，他提供的是具有现代意味的《货郎图》或《清明上河图》。若用画风来打比方，它令人联想到丁聪的漫画风格，笔致丑而不恶，丑得可爱，味道俗而不滥，俗得有味。凡是大作家都会给人物画廊提供多姿多彩的形象系列，但我们总感到茅盾小说最大的主人公是政治，巴金小说最大的主人公是激情，老舍小说最大的主人公是习俗。读《离婚》，读《骆驼祥子》，读《四世同堂》，读《茶馆》，读《正红旗下》，也就是说读那些“最老舍”的老舍作品，都令人感到，习俗是老舍小说中几乎无所不在的非主人公的主人公。或者说，把习俗人格化，把人格习俗化，乃是老舍小说学的一大绝招。

老舍作品还有一个绝活，就是它蕴含着属于他自己的语言学。白话取代文言是“五四”新文学运动的伟大贡献，但初期的白话文既来自口语，也来自话本，掺杂着欧化的翻译腔，以及书卷气的文言词。老舍的大本事，就是一下子把文学语言的根子扎到北京的老百姓的舌头根子上，散发着浓郁的京味魅力。他以京味的语言，写带着他的胎记的京味人生习俗。使二者浑融一体，语言也是习俗，习俗也是语言，达到新文学的语言学的新境界。最令人难忘的是老舍式的幽默，那是一种脱口而出、毫无修饰、本色自然的智慧。他开始写小说时，带着“写着玩，当笑话写”的轻松心态，其后追求当一种“笑的哲人”，“笑里带着同情，而幽默乃通于深奥”。由于他把文化思考渗入幽默，遂使俗趣中包含深思，调侃中洋溢着诗情。老舍的幽默使用到精彩的地方，是荡漾着诗意的魅力的，是一种“非诗化的诗”。

老舍的文学世界是具有开放性的。它向世界开放，在伦敦开始了写作；它向多民族开放，本人来自满族下层。同时他的文学世界又是具有主体性的，脚踏实地地扎根于带有自己胎记的北京平凡人生，从中升华出属于自己的不抱残守缺也不随波逐流的文化学、小说学和语言学。他给二十世纪留下的艺术法则和文学杰作一样重要。

在纪念老舍诞生百周年而面向新世纪的时候，他的文学杰作和艺术法则都会启迪我们，如何涵养文学的大家风度，如向创造文学的大国气象。作为一种精神财富，让我们相信，老舍不老，它将滋养着我们文学的青春。

隆重纪念老舍百年诞辰

论老舍创作的文学史地位

温儒敏

老舍在中国现代文学史上的独特地位与价值在于他对文化批判与民族性问题的格外关注，他的作品承受着对转型期中国文化尤其是俗文化的冷静的审视，其中既有批判，又有眷恋，而这一切又都是通过对北京市民日常生活全景式的风俗描写来达到的。他第一个把“乡土”中国社会现代性变革过程中小市民阶层的命运、思想与心理通过文学表现出来并获得了巨大成功。老舍的作品注重文化，铺写世态，是那么真实而又有世俗的品位，加上其表现形式又适应并能提高市民阶层的欣赏趣味，所以能为现代文学赢得知识分子之外的众多读者。北京文化孕育了老舍的创作，而老舍笔下的市民世界又是最能体现北京文化的人文景观，甚至成为一种文化史象征，一说到北京文化，就不能不联想到老舍的文学世界。

老舍的作品在中国现代小说艺术发展中有十分突出的地位，与茅盾、巴金的长篇创作一起，构成现代长篇小说艺术的三大高峰。老舍的贡献不在于长篇小说的结构方面，而在于其独特的文体风格。老舍远离二三十年代的“新文艺腔”，他的作品的“北京味儿”、幽默风，以及以北京话为基础的俗白、凝练、纯净的语言，在现代作家中独具一格。老舍是“京味小说”的源头。老舍创作的成功，标志着我国现代小说（主要是长篇小说）在民族化与个性化的追求中所取得的巨大突破。

一、文化批判视野中的“市民世界”

在现代文学史上，很少有作家像老舍这样执着

隆重纪念老舍百年诞辰

地描写“城与人”的关系，他用众多小说构筑了一个广大的“市民世界”，几乎包罗了现代市民阶层生活的所有方面，显示了老舍对这一阶层百科全书式的知识。而老舍在观察表现市民社会时所采取的角度是独特的。和二三十年代主流文学通常对现实社会作阶级剖析的方法不同，老舍始终用“文化”来分割人的世界，他关注特定文化背景下人的命运，以及在文化制约中的世态人情，作为“城”的生活方式与精神因素的“文化”的蜕变。对老舍来说，市民社会中阶段的划分或者上流下层的划分都不是最重要的，重要的是“文化”对于人性以及人伦关系的影响。这个视点决定了老舍的作品在二三十年代不能得到主流派文学阅读时尚的欢迎，但这并不妨碍老舍艺术上的成就：在文化批判视野中所展开的市民生活的图卷是独创性的，其对中国传统文化的反思以及对国民性的探讨也是独特的，在他的那些最优秀的作品中，老舍还格外注重为现代文明探索病源。

老舍用“文化”来分割他的市民世界，其中不同类型的市民形象分割体现着老舍对传统文化不同层面的分析与批判。他的市民世界中，活跃着老派市民、新派市民以及正派市民等几种不同的人物系列，各式人物的性格构成往往都在阐释着某种文化内涵，老舍写“人”的关节点是写“文化”。

老舍写得最好的是老派市民形象，他们虽然是城里人，但仍是“乡土”中国的子民。身上负载着沉重的封建宗法思想的包袱，他们的人生态度与生活方式都是很“旧派”，很保守、闭塞的。老舍常常通过戏剧性的夸张，揭示这些人物的精神病态，从而实现他对北京文化乃至传统文化中消极落后方面的批判。

早在1929年于英国写成的长篇《二马》中，老舍就塑造了一个迷信、中庸、马虎、懒散的奴才式人物老马，他的生活信条就是得过且过，这样一个角色，容易使人联想到鲁迅笔下的阿Q。因为都是为落后的国民勾画灵魂，两者颇有相似之处，所不同的是，阿Q生活在“老中国”的乡村，老马则是华侨，旅居国外，老舍有意把老马放到异国情景中去刻画，试图从中西文化比较的背景中更明显地突现落后国民性的悖谬之处。另一部写于1936年的长篇《猫城记》反映了作者当时反主流思想情绪，其政治观点是不适合历史主潮的，然而其作为一部寓言体小说所构设的荒诞世界中那些“猫民”的种种保守、愚昧、非人性的性格，分明也映射着“老中国儿女”落后的国民性。这两部小说艺术上都比较粗糙，而且并非直接写市民生活，但其写作旨意很能代表老舍创作中所显示的“文化批判”的指向。

老舍非常注重将市民生活方式中所体现的人生观及其文化根蒂加以展示。在他塑造的老派市民形象系列中，除了《二马》中的老马，还有《牛天赐传》里的牛老四，《四世同堂》里的祁老太爷、祁天佑，《离婚》里的张大哥等等。最引人注目的还是《离婚》中的张大哥。这是一个知足认命、墨守陈规的市民，他小心翼翼要保住自己的小康生活，害怕一切“变”。小说一开头就用夸张的笔墨介绍：“张大哥一生所要完成的神圣使命：作媒人和反对离婚”。对张大哥来说，“离婚”意味着既成秩序的破坏，而他一生的“事业”正是要调和矛盾，“凑合”着过日子。张大哥这一套由婚嫁观念为基点推衍的人生哲学，体现了传统文化封闭、自足的一面，《离婚》所描写的张大哥的家庭纷争及其危机，可视为传统的民族生存方式的危机。小说辛辣地揭示了张大哥的“哲学困境”。这位张大哥对待人事的准则是：“凡是经小筛子一筛，永不会走到极端上去；走极端是使生命失去平衡，而要平地摔跟头的。张大哥最不喜欢摔跟头。他的衣裳、帽子、手套、烟斗、手杖，全是摩登人用过半年多，而顽固佬还要再思索三两个月才敢用的时侯的样式的风格”。连小说中另一位“马虎”先生都嘲笑张大哥的生活态度就是敷衍，而且是郑重其事的敷衍。作者以现实主义的严峻态度，写出了这种受传统知足认命的人生观支配的旧派小市民的生活态度在“乡土”中国往现代性转换的历史过程中所受到的巨大冲击。在遭到不幸时张大哥竟至毫无所为，因为他的“硬气只限于狠命的请客，骂一句人他都觉得有负于礼教”。张大哥成了悲剧角色，只会绝望地哀吧：“我得罪过谁？招惹过谁？”老舍以幽默的笔法，真实地写出了张大哥这类市民社会“老中国的儿女”因循保守的庸人哲学的破产，以及他们欲顺应天命而不可得的悲剧。

《四世同堂》里的祁家老太爷也是北京老派市民的典型，在他身上集中了北京市民文化的“精髓”。他怯懦在回避政治与一切纷争，甚至当日本人打到北京时，在他看来只消准备一些粮食与咸菜，堵上自家院门，就可以万事大吉。都快当亡国奴了，他还想着自己的生日。“别管天下怎么乱，咱们北平人绝不能忘了礼节！”虽然自己不过是平头百姓，可心里总忘不了把人严格地分了尊卑贵贱，忠实而真诚地按照祖传的礼教习俗办事，处处讲究体面与排场。他奉行着“和气生财”的人生哲学，“善良”到了逆来顺受的地步。他向来抄家的便衣微笑、鞠躬，和蔼地领受“训示”；他非常同情邻居钱默吟受日军凌辱的遭遇，但怕连累自己而不敢去探望一下这个老朋友。他的性格特征就是懦弱、拘谨、苟安，这是作者最熟悉的一种性格，是老马先生、张大哥那一类型的延续。不同的是，作家在批判祁老太爷这种保守苟安的生活哲学的同时，没忘记时代环境的变化。当祁老人发现了自己的一套行不通，被逼到“想作奴隶而不得”的绝境时，也终于勇敢地起来捍卫人的尊严，民族的尊严。祁老人的孙子祁瑞宣大致也属于老派市民系列，不过他是比较年轻的一代，在他身上集中了更加深刻尖锐的矛盾。他受过现代的教育，有爱国心，甚至也不无某些现代意识，但他毕竟又是北京文化熏陶出来的祁氏大家族的长孙，他身上体现着衰老的北京文化在现代新思潮冲击下产生的矛盾与困扰。在民族危难的时刻，祁瑞宣虽然终于“找到了自己在战争中的地位”，然而小说所着力表现的是他的性格矛盾和无穷的精神苦恼，其中显然也在表现传统文化的负面影响。小说正是通过祁老人、祁瑞宣思想、性格的刻画，深刻地反映了北京市民乃至整个民族的“国民性弱点”，以及这些弱点在社会变革中被改造的历史过程。

老舍和许多同时代的作家不同的是，在批判传统文明落后面的同时，对外来的西方资本主义文明也持非常谨慎甚至排拒的态度。这种态度表现在他对“新派市民”形象的漫画式描写上。在《离婚》、《牛天赐传》和《四世同堂》等作品中，都出现过那种一味逐“新”，一味追求“洋式”的生活情调而丧失了人格的堕落人物。其中既有兰小山、丁约翰之类西崽，也有张天真、祁瑞丰、冠招娣等一类胡同纨绔子弟。老舍一写到此类角色就使用几乎是刻薄的手法，不忘记给他们描画可笑的漫画式肖像。《离婚》里的张天真就是这种“德性”：“高身量，细腰，长腿，穿西装。爱‘看’跳舞，假装有理想，皱着眉照镜子，整天吃蜜柑。拿着冰鞋上东安市场，穿上运动衣睡觉。每天看三份小报，不知道国事，专记影戏园的广告。”总之，这是一种新潮而又浅薄的角色。《四世同堂》里的祁瑞丰也是这一类被嘲讽的“洋派青年”，不过更令人恶心的是其“洋”味中又带有汉奸味。老舍笔下的这些角色因为嘲讽的意味太浓，刻画却不算深入，有类型化的倾向。老舍所写的老派市民显然带有悲剧意味，而在给新派市民画漫画时，鄙夷不屑之情便溢于言表。就所描写的道德失范、价值混乱而言，老舍的批判是有其现实针对性的，然而这种比较浮浅的嘲讽或批评里头，又包含着对西方文明的反思。老舍作品中的思想内涵是比较复杂的，批判传统文明时的失落感和对“新潮”的愤激之情常常交织在一起，并贯穿在他的多数小说中。

值得注意的是，在一些表现底层市民命运的作品里，也贯穿着批判排拒资本主义文明的主题。中篇小说《月牙儿》便表现了这主题的特色。这篇小说写母女两代烟花女子的故事，在两代人生活道路的离散与相聚背后，隐伏着精神上的离散与合一。小说展示了母亲从生活中得来的“肚子饿是最大的真理”这一带有原始残酷性的生活经验，与女儿从“新潮”中接受的“恋爱神圣”、“婚姻自由”等新观念之间的矛盾。耐人寻味的是，在老舍的笔下，矛盾的解决方式，不是母亲的生活真理向女儿的新思潮靠拢，而是相反；老舍力图向读者指明：正是母亲的生活真理能够通向真正的觉醒。这样，老舍就对西方资产阶段个性解放思潮作出了自己的独特的判断。他站在挣扎在饥饿线上的下层城市贫民的立场上，尖锐地指出，在大多数穷人连基本的生存权都没有，处于饥饿状态的时侯，爱情就只能是买卖，“自由婚烟”、“爱情神圣”云云，不过是骗人的“空梦”（老舍在《骆驼祥子》里也说过类似的话：“爱与不爱，穷人得在金钱上决定，‘精神’只生在大富人家”）。老舍对于西方个性解放思潮的质疑与批判，在《月牙儿》所描写的范围内，无疑是深刻的；然而，在老舍全部作品的描写中，这种批判或多或少地表现为避免西方资本主义文明的弊病，而将封建宗法社会东方文明美化的民粹主义倾向。这种民粹主义的思潮，在中国这样的具有悠久的文化传统、小生产方式与闭锁的生活方式占优势的文明古国，是特别有其土壤的。

与老派的和新派的市民形象系列相比照，老舍的笔下又出现正派的或理想的市民形象。显然，老舍在描绘城市资本主义化过程所产生的文化变迁与分裂的图景时，还没有放弃对理想的追求，况且老舍的创作很注重社会的教化功能，他写理想的市民是为了探索文化转型的出路，使作品变得更有思想启发意义。不过，老舍常常带着比较传统的道德观去构思他的理想市民性格。老舍早期作品中的理想市民——无论是《老张的哲学》里的赵四，《赵子曰》里的赵景纯，还是《二马》里的李子荣，《离婚》里的丁二爷，都是侠客兼实干家，这自然是反映了中国传统小市民的理想的。这些小说大都以“理想市民”的侠义行动为善良的平民百姓锄奸，从而获得“大团圆”式的戏剧结居。这不仅显示出老舍的真诚，天真，也暴露了老舍思想的平庸面：中国的现代作家在对现实的批判方面时时显示出思想的深刻性，而一写到理想，却常常表现出思想的贫弱，这个现象颇发人深省。随着生活的发展，老舍的生活也在深化。特别是抗战时期所写的《四世同堂》里，自觉地从对传统文化、民族性格潜在的力量的挖掘中，去寻找民族振兴的理想之路。老舍在小说中明确地指出，传统文化“是应当用筛子筛一下的”，筛去了“灰土”，“剩下的是几块真金”，这种“真金”就是“真正中国文化的真实的力量”，虽然也是“旧的”，但“正是一种可以革新的基础”。在小说中，天佑太太、韵梅这两个普通的家庭主妇，平时成天操心老人孩子、油盐酱醋，民族危难一旦降临，她们就挺身而出，坚毅沉着，而又忘我地成为独立支撑的大柱。在战时生活的艰难磨难中，她们看到了四面是墙的院子外面的世界，把自己的无私的关怀与爱由家庭扩展到整个国家与民族。诗人钱默吟战前“闭门饮酒栽花”，“以苟安懒散为和平”，残酷的战争打破了他生活的平静，儿子的壮烈牺牲与自己的被捕使他成为另外一个人，他身上爆发出了中国传统文化中的道德力量，杀身成仁的民族骨气与操守。在老舍看来，为神圣的民族解放战争所唤起的这种坚韧不屈、勇于自我牺牲的民族精神是可以成为建设新民族、新国家的精神力量的，这瞩望于未来的眼光，标志着老舍的创作随着时代的发展达到了一个新的高度。

二、《骆驼祥子》：对城市文明病与人性关系的探讨在老舍笔下除了老派、新派与理想市民几种形象系列，还有一种属于城市底层的贫民形象系列，在老舍的市民世界中占着显著的位置。这里有洋车夫祥子、老马、小崔、老巡警、拳师沙子龙、剃头匠孙七、妓女小福子、艺人方宝庆、小文夫妇，等等。这个形象系列集中体现了老舍与下层人民深刻的精神联系。如果说在对旧式市民与新派市民的描写中，喜剧的色彩往往构成主调，那么刻画城市贫民形象的作品就更具有浓重的悲剧性。《骆驼祥子》就是写城市贫民悲剧命运的代表作，这部小说在老舍全部创作中是一座高峰。通常认为这部小说的成功在于其真实反映了旧中国城市底层人民的苦难生活，揭示了一个破产了的农民如何市民化，又如何被社会抛入流氓无产者行列的过程，以及这一过程中所经历的精神毁灭的悲剧。作品描写的生活情状及主要人物的典型性而言，这部作品的确有助于人们认识二三十年代中国城市社会的黑暗图景。然而如果更进一步探究，会发现这部小说还有更深入的意蕴，那就是对城市文明病与人性关系的思考。这部作品所写的主要是一个来自农村的纯朴的农民与现代城市文明对立所产生的道德堕落与心灵腐蚀的故事。

祥子从农村来到城市谋生，“带着乡间小伙子的足壮与诚实，凡是卖力气能吃饭的事儿几乎全做过了”。他把买一辆自己的车作为生活目标，幻想着有了车就如同在乡间有了地一样，能凭着自己的勤劳换取安稳的生活。经过三年的艰辛，祥子终于买下一辆新车，不料才半年就被匪兵抢去。他虎口逃生，路上捡到三匹骆驼，卖了三十元钱，准备积攒着买第二部车，不久又被孙侦探抢走。车厂老板刘四爷的女儿虎妞喜欢祥子，祥子虽然讨厌她又老又丑，却也防不住性诱惑的陷井，不得不与她结婚，并用她的私房钱买下第三部车。不久虎妞因难产死去，祥子只得卖掉车子料理丧事。老舍以极大的同情描写祥子的不幸遭遇，

“一个拉车的吞的是粗粮，冒出来的是血；他要卖最大的力气，得最低的报酬；要立在人间的最低处，等着一切人一切法一切困苦的击打”。祥子“作一个独立的劳动者”的善良愿望的毁灭，是有社会原因的，小说所写的“逃匪”、“侦探”等的欺压，都印现出二三十年代那个动荡的社会背景，使得祥子的悲剧有了社会批判的内涵。但作家同时揭示和批判了祥子自身的固有的缺陷。他不合群，别扭，自私，死命要赚钱，“不得哥儿们”。“在没有公道的世界里，穷人仗着狠心维持个人的自由，哪怕很小很小的一点自由”。这就决定了他的孤独、脆弱，最终完全向命运屈服，一步步走向堕落深渊。小说最后写祥子完全变了个人，他变得懒惰、贪婪、麻木、缺德，他打架，使坏，逛窑子……“为个人努力的也知道怎么毁灭个人”，他真正成了“个人主义的末路鬼”。这正是对祥子小生产者个人奋斗的思想、性格悲剧的深刻刻画。老舍在下层城市贫民身上所发现的不敢正视现实、自欺欺人的幻想，以及人与人之间的冷漠，个人奋斗道路破灭以后的苟且忍让，他认为这是“老中国的儿女”的弱点，是落后的经济文化的产物。这样，《骆驼祥子》中对城市贫民性格弱点的批判，就纳入了老舍小说“批判国民性弱点”这一总主题中。

祥子似乎注定被腐败的环境锁住而不得不堕落，他想向命运搏斗而终于向命运屈服，他的一切幻想和努力都成为泡影，恶劣的社会毁灭了一个人的全部人性。这种表现是出于对城市文明病如何和人性冲突的问题的思考。老舍说他写《骆驼祥子》很重要的一点便是“由车夫的内心状态观察地狱是什么样子”。这个“地狱”是那个在城市化过程中产生的道德沦落的社会，也是因为金钱所腐蚀了的畸形的人伦关系。像虎妞的变态情欲，二强子逼女卖淫的病态行为，以及小福子自杀的悲剧，等等，对祥子来说，都是锁住他的“心狱”。小说写的祥子的一个个不幸遭遇，蕴含着一个不断向自我的和人类的内心探究的旅程结构：祥子从农村来到城市，幻想当一个有稳固生活的劳动者，他的人生旅途每经过一站，他都更沉沦堕落一层，也愈来愈接近最黑暗的地狱层。无论是祥子刚来乍到就看到的那个无恶不作的人和车厂，还是在他结婚后搬进去的杂乱肮脏的大杂院，或者他最后走向那如同“无底的深坑”的妓院白房子。小说都是通过祥子内心的感觉来写丑恶的环境如何扭曲人性，写他在环境的驱促下如何层层给自己的灵魂上涂污，从洁身自好到心中的“污浊仿佛永远也洗不掉”，最后破罐子破摔，彻底沉沦。祥子被物欲横流的城市所吞噬，自己也成为那城市丑恶风景的一部分。小说直接解剖构成环境的各式人的心灵，揭示文明失落如何引发“人心所藏的污浊与兽性”。老舍对城市中“欲”（情欲、财产贪欲等）的嫌恶，对城市人伦关系中“丑”的反感，都是出于道德的审视，人们从《骆驼祥子》阴暗龌龊的图景中能感触到老舍对病态的城市文明给人性带来伤害的深深的忧虑，在三十年代，像《骆驼祥子》这样在批判现实的同时又试图探索现代文明病源的作品是独标一帜的。

三、老舍作品的“京味”与幽默

老舍作品中最引人注目的是“京味”。“京味”作为一种风格现象，包括作家对北京特有风韵、特具的人文景观的展示及展示中所注入的文化趣味。因此“京味”首先表现为取材的特色。老舍聚集其北京的生活经验写大小杂院、四合院和胡同，与市民凡俗生活中所呈现的场景风致，与已经斑驳破败仍不失雍容气度的文化情趣，还有那构成古城景观的各种职业活动和寻常世相，为读者提供了丰富多彩的北京画卷。这画卷所充溢着的北京味儿有浓郁的地域文化特色，具有很高的民俗学价值。"京味"作为小说的风格氛围，又体现在作家描写北京市民庸常人生时对北京文化心理结构的揭示方面。北京长期作为皇都，形成了帝辇之下特有的传统生活方式和文化心理习惯，以及与之相应的审美追求，迥异于有更浓厚的商业气息的"上海文化"。老舍用"官样"一语来概括北京文化特征，包括讲究体面、排场、气派，追求精巧的"生活艺术"；讲究礼仪，固守养老抚幼的老"规矩"，生活态度的懒散、苟安、谦和、温厚等等。这类"北京文化"的"精魂"渗透于老舍作品的人物刻画、习俗的描绘、气氛的渲染之中。老舍作品处处写到礼仪，礼仪既是北京人的风习，亦是北京人的气质，"连走卒小贩全另有风度"。北京人多礼，《二马》中老马赔本送礼；《离婚》中老李的家眷从乡下来同事们要送礼，张大哥儿子从监狱里放出来也要送礼；《骆驼祥子》中虎妞要祥子讨好刘四爷更需送礼；《四世同堂》则直接详尽描写祁老人"自幼长在北京，耳习目染跟旗籍人学习了许多规矩礼路"。这不仅是一种习俗，更表现了一种"文化性格"。《四世同堂》第一章就写到：无论战事如何紧张，祁家人也不能不为祁老人祝寿："别管天下怎么乱，咱们北平人绝不能忘了礼节"。就连大字不识一二的车夫小崔也熏染了这种北京"礼节"：他敢于打一个不给车钱的日本兵，可是当女流氓大赤包打了他一记耳光时，却不敢还手，因为他不能违反"好男不与女斗"的"礼"！这种"北京文化"甚至影响到中国的市民知识分子，《四世同堂》里的祁瑞宣就是这样一个衰老的北京文化在新思潮冲击下产生的矛盾性格。小说写了一个细节，当台儿庄大捷的消息传到北京后，作为一个"当代中国人"，他十分振奋，但他没有"高呼狂喊"："即使有机会，他也不会高呼狂喊，他是北平人。他的声音似乎是专当吟咏用的，北平的庄严肃穆不允许狂喊乱闹，所以他的声音必须温柔和善，好去配合北平的静穆与雍容"。祁瑞宣因此而感叹自己缺乏那种新兴民族的英武好动，说打就打，说笑就笑，敢为一件事，不论是为保护国家，还是为试验飞机或汽车的速度去牺牲了性命。老舍对"北京文化"的描写，是牵动了他的全部复杂情感的：这里既充满了对"北京文化"所蕴含的特有的高雅、舒展、含蓄、精致的美的不由自主的欣赏、陶醉，以及因这种美的丧失毁灭油然而生的感伤、悲哀，以至若有所失的怅惘，同时也时时为"文化过熟"导致的柔弱、衰败而惋叹不已。对北京文化的沉痛批判和由其现代命运引发的挽歌情调交织在一起，使老舍作品呈现出比同时代许多主流派创作更复杂的审美特征。老舍作品中的"京味"正是这种种主观情愫与北京市民社会文化心理结构的客观描绘的统一。

老舍性情温厚，其写作姿态也比较平和，常常处于非激情状态，更像是中年的艺术，他的作品追求幽默，一方面来自狄更斯等英国文学的影响，同时也深深地打上"北京市民文化"的烙印，形成了更具内蕴的"京味"。老舍说"北平人，正像别处的中国人，只会吵闹，而不懂什么叫严肃"，"北平人，不论是看着一个绿脸的大王打跑一个白脸的大王，还是八

隆重纪念老舍百年诞辰

国联军把皇帝赶出去，都只会咪嘻咪嘻的假笑，而不会落真的眼泪”。老舍的幽默带有北京市民特有的“打哈哈”性质，既是对现实不满的一种以“笑”代“愤”的发泄，又是对自身不满的一种自我解嘲，总之，是借笑声来使艰辛的人生变得好过一些。用老舍自己的话来说，就是把幽默看成是生命的润滑剂。这样，老舍作品中的幽默就具有了两重性 当过分迎合市民的趣味时，就流入了为幽默而幽默的“油滑”（说得严重一点，有点类似北京“京油子”的“耍贫”）——这主要表现在老舍的早期作品中，老舍曾为此而深深苦恼，以致一度“故意的停止幽默”；经过反复思索、总结，从《离婚》开始，老舍为得之于北京市民趣味的幽默找到了健康的发展方向：追求更加生活化，在庸常的人性矛盾中领略喜剧意味，谑而不虐，使幽默“出自事实本身的可笑，可不是从文字里硬挤出来的”；追求更高的视点，更深厚的思想底蕴，使幽默成为含有温情的自我批判，而又追求艺术表现上的节制与分寸感。老舍创作逐渐失去了初期的单纯性质，产生了喜剧与悲剧、讽刺与抒情的渗透、结合，获得了一种丰厚的内在艺术力量，读其小说往往不仅使人忍俊不禁，更令人掩卷深思。

老舍的语言艺术也得力于他对北京市民语言及民间文艺的热爱与熟悉。他大量加工运用北京市民俗白浅易的口语，用老舍自己的话来说，就是“把顶平凡的话调动得生动有力”，烧出白话的“原味儿”来；同时又在俗白中追求讲究精制的美（这也是北京文化的特征），写出“简单的、有力的、可读的而且美好的文章”。老舍成功地把语言的通俗性与文学性统一起来，做到了干净利落，鲜活纯熟，平易而不粗俗，精制而不雕琢。其所使用的语词、句式、语气以至说话的神态气韵，都有他独特的体味和创造，又隐约渗透着北京文化。这也是“京味”的重要表现。老舍称得上“语言大师”，他在现代白话文学语言的创造与发展上，有着突出的贡献。

老舍与京剧

秦华生

一、前期的抗战京剧

老舍先生的京剧创作，按时间和特点可分为前后两个时期。前期创作是在1938年3月至6月，连续创作了四个抗战京剧剧本。《新刺虎》表现康氏机智刺杀日将的英勇。《忠烈图》反映乡绅陈自修，山大王赵虎奋起抗日，丈夫牺牲在抗日前方的陈寡妇，为夫报仇，促其抗日杀敌，自愿改嫁赵虎之事。《薛二娘》描写薛二娘反对丈夫认贼作父，充当汉奸，欺兄卖嫂，英勇不屈而被烧死。《王家镇》描述教师薛成义，说服王家镇的大户王万发出钱，王老三父子出力，齐心抗日，保家卫国。这四出戏都是依照京剧折子戏的短剧，在当时情况下，日寇入侵，兵荒马乱，短剧易于排演，便捷宣传。也由于老舍先生初涉剧坛，"要写得整，不敢多和角色，"他计划"等练习稍勤，有些把握，"再写大戏。这四个抗战京剧，艺术上很有特点，人物较少，事件简明，矛盾集中，颇似话剧独幕剧，"在简单中求生动"；"略用小说写法，如陈自修嘱仆人刘忠去预备扫墓的酒果，仆答以市面慌乱，无处买酒果；如在墓前，陈先生问侄，谁杀你父，答以日本人……都是用对话引起更多的图象。"(老舍《〈忠烈图〉小引》)他在国难当头之日，运用老百姓喜欢的京剧形式，创作出四出抗战京剧，虽然伧促间艺术上不太成熟，但旧瓶装新酒，并试图改造"旧瓶"外观的尝试，写有缺点的正面人物，如《忠烈图》里的山大王赵虎，《王家镇》中的大财主王万发。并号召各类人物团结抗战，反映出民众抗日的热潮，认识到全民抵抗的重要性，值得大书特书。

二、后期的改编与创作

1956年，老舍先生根据同名昆曲改编为京剧《十五贯》。1963年，改编传统剧目《王宝钏》。1959年，新编历史剧《青霞丹雪》。

老舍先生的改编，力求“与原本大致相同”，并加以创造。昆曲《十五贯》“在人物性格上，原本似乎没有能加意描写，改编本稍加润色，使人物略较生动。”“删去了旧剧本里的自报家门，定场诗等不必要的东西，而且尽可能地减少上场下场，出来进去的繁琐。”(老舍《〈十五贯〉改编说明》)《王宝钏》的改编删去了原剧中不近情理的枝蔓，如大雁口吐人言等荒诞传说，王宝钏后来既希望做娘娘，又等于与代战公主妥协，共侍一夫等情节，突出了女主人公敢于反抗，为真挚爱情不畏艰难，含辛茹苦，使王宝钏的形象更加光彩照人。

新编十三场京剧《青霞丹雪》，描述明代严嵩父子专权，顺者昌逆者亡，任用宵小，迫害忠良的故事。剧名取自忠臣冯青霞和冯丹雪二人之名。剧中忠奸斗争，紧张激烈、跌宕起伏，扣人心弦。此剧明显地受话剧影响，对白多唱词少，情节紧凑，节奏加快，是适应年轻一代观众的审美心态的。

以专写现实题材到改编老戏，写历史题材，不仅反映他创作视野开阔，蕴藏丰富，而且也透露他思维以现代向传统回归，对传统艺术的眷恋，对民众接受的关注。

三、剧论的理论建树

作为学贯中西，又有创作实践的艺术大师，老舍先生有关京剧的论述，有许多真知灼见。首先，他在肯定京剧形式美的同时，指出“好多旧戏的一个大毛病是写得粗枝大叶，”强调必须根据时代发展不断加工，反对老戏老演：“要用很大的力量整理剧本，先把不通的去掉，慢慢地再让词句精彩。演出的剧目需要不断的加工，一丝不苟地加工，尽管是保留剧目也得加工。戏是不改的，一个戏在不同的历史时期演出总有所改动”(老舍《戏剧漫谈》)。

其次，他提出戏改的目的是为新观众，即推陈出新的目的基点是思想感情上打动观众，尤其是新一代观众：“我们的传统戏要是改编得好，能够让它和今人的思想感情挂上钩，还是颇有可为的。假如完全在我们思想感情之外，无论技巧多么好，恐怕也打动不了后一代；假如后一代都不爱它，那就很危险”(《戏剧漫谈》)。

第三，形式上他也要求大胆革新，反对卖弄技巧“我们要大胆一些，不要过于保守，以为什么东西都改不得。有的东西，以前看着很好，现在看着就不那么好了……老是认为老技巧不可以去掉，但是那个老技巧是由那个老生活、老思想出来的，摆在今天的舞台上，便会令人不太适合。”他特别反对老套式，早在抗战初期就指出：“近来时行的‘本儿戏’，目的在求穿插热闹，多占工夫，而又须省力气，往往是红脸的进去，白脸的却出来；你两句散板，我两句道白；又臭又长，病在一个字——‘碎’。这样的戏，尽管行动漂亮，布景讲究，只能热闹眼睛，而不能往人家心里去”(《〈忠烈图〉小引》)。

仅从笔者所见的资料，老舍先生对京剧的论述是多方面的，他思考了今天大家仍在思考的许多话题，理论建树卓越，对世纪之交的今天仍有现实意义，闪烁着熠熠的智慧光芒，烛照在振兴京剧的思维空间。

老舍创作的文化批判精神（提要）

王晓琴

老舍是个非激情状态的文化型作家。他认为文化乃民族的命脉，是立国之本，提出“有文化的自由生存，才有历史的繁荣与延续——人存而文化亡，必系奴隶”，因此，总是从文化视角探讨民族的命运。文化批判成为贯穿老舍创作的精神纲领。

老舍创作中的文化批判精神，主要特征为：

其一，以全球眼光，通过文化比较，进行多元文化的互识互证。他一方面反对封建复古派的中国中心论，以充满竞争活力的西方现代文明为参照，深刻批判中国传统文化中因循守旧的反进化倾向。他以笔下的“老民族中的老分子”，揭示中国传统文化使中国人一生下来就是“出窝老”，走出国门，就只能“给外国人当笑话用”，遇到危险，便只会闭目受死，“就像三期梅毒似的，一下子溃烂到底”。另一方面，他又反对全盘西化派的西方中心论，以追求和合圆融的东方文明为参照，敏锐指出西方资本主义文化体系金钱至上，物欲横流的弊端。他通过作品中“没人性”的洋鬼子和“失了根”的假洋鬼子，卑鄙自私，散发铜臭的灵魂，指出西方文化的偏狭冷漠，倚强凌弱，“强国的人是‘人’，弱国的呢？狗”，痛感这样的文化模式正使人异化为商品，变成金钱的奴隶。

这样经过多元文化的互识互证，老舍提出文化具有精神与物质的双重内涵。中国传统文化特重精神，便忽略了物质，造成民族的落后挨打，西方资本主义文明崇尚物质，而失其精神，则导致人的异化。两种文化各有偏至，都存在危机。因此，他在创作中，以双向逆反心态，进行双重批判，既反传统，又反西方现代文明弊端。

其二，以人类意识，通过多元文化的互补相融合，预见世界“和而不同”的发展前景。老舍在考察中外历史文化过程中，深刻认识到“不同文化之间的交流过去已被多次证明是人类文明发展的里程碑”，能激发人类的灵感和创造性。因此，他在20年代，通过一个新加坡华侨儿童小坡的梦境，预言了多民族和谐发展的花园城市远景。在40年代初创作的戏剧《大地龙蛇》中，又进一步勾画了实现中国文化创造性转化的蓝图。那就是人类消灭法西斯毒蛇后，将西方的“注重科学”，与东方的印度的“佛法”，西域的“可兰”，中国的“老庄”、“孔孟”、“总理的大同”等文化精华，“道理相融，渗入人生”，把古老的中国建设成繁荣昌盛的现代“乐土”。他笔下的理想人物，也都是将“东方的义气，西方的爽直，农民的厚道，士兵的纪律，掺到一块儿不太偏”。

由此可见，老舍是以开放的眼光，博大的胸怀，超越封闭的文化体系，构筑起多元文化互识、互证、互补，“和而不同”的发展模式。他的这种独特的文化批判精神，在多元化多中心发展的21世纪，必将为世界的发展、人类的进步提供宝贵的镜与灯。

首届
老舍文学创作奖

V

北京青年报
BEIJING YOUTH DAILY

老舍先生今日百年

“老舍文学创作奖”将在年内推出

■2月1日，位于北京灯市口丰富胡同的老舍纪念馆正式开馆。这是老舍夫人（左）和长女舒济在纪念馆内老舍遗像前。

■摄影/新华社记者武巍

首届老舍文学创作奖

老舍百年诞辰推出首届老舍文学创作奖

设立以老舍命名的北京市文学艺术奖是北京文学艺术界的心愿，一直得到北京市委宣传部和北京市文联的关注。

早在1985年10月，设立“老舍文艺奖”就提到了北京市委宣传部议事日程。

1986年1月31日，北京市委宣传部部务会议又专题研究设立“老舍文艺奖”的事宜，明确“老舍文学艺术奖”应成为北京市文学艺术的最高奖。

1986年8月22日，在北京市老舍研究会成立大会上，设立“老舍文学艺术奖”的消息首次公诸于世。据《北京日报》报道：记者从成立大会上获悉，北京市将设立一项本市文学艺术方面的最高奖励：“老舍文学艺术奖”。

自1988年“北京老舍文艺基金会”成立以来，即进行“老舍文艺奖”的筹备工作。

1999年1月，北京市文联、北京老舍文艺基金会议定，在老舍先生百年诞辰之际，正式启动这一奖项，并定名为“老舍文学创作奖”。

1999年2月2日，北京市委、市政府举行纪念老舍先生百年诞辰座谈会。会上北京市委副书记、北京老舍文艺基金会顾问李志坚在致辞中宣布：由北京市文联和北京老舍文艺基金会设立的“老舍文学创作奖”今年将作为北京市文学艺术界最重要的奖项之一隆重推出。至此，“老舍文学创作奖”拉开帷幕。

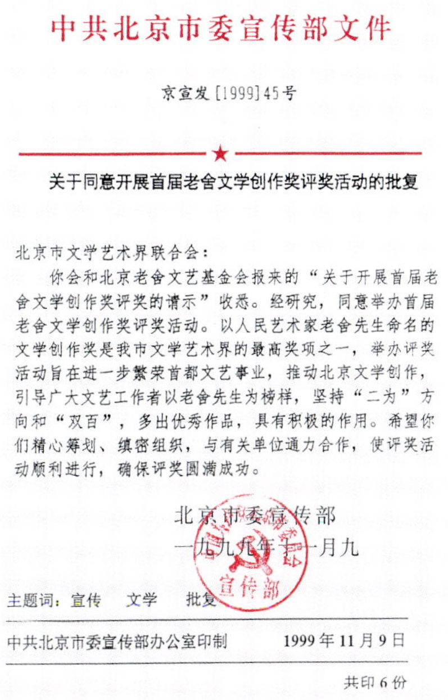

中共北京市委宣传部文件

京宣发[1999]45号

关于同意开展首届老舍文学创作奖评奖活动的批复

北京市文学艺术界联合会：

你会和北京老舍文艺基金会报来的“关于开展首届老舍文学创作奖评奖的请示”收悉。经研究，同意举办首届老舍文学创作奖评奖活动。以人民艺术家老舍先生命名的文学创作奖是我市文学艺术界的最高奖项之一，举办评奖活动旨在进一步繁荣首都文艺事业，推动北京文学创作，引导广大文艺工作者以老舍先生为榜样，坚持“二为”方向和“双百”，多出优秀作品，具有积极的作用。希望你们精心筹划、缜密组织，与有关单位通力合作，使评奖活动顺利进行，确保评奖圆满成功。

北京市委宣传部

一九九九年十一月九

主题词：宣传　文学　批复

中共北京市委宣传部办公室印制　1999年11月9日

共印6份

首届老舍文学创作奖

首届老舍文学创作奖

关于共同举办首届老舍文学创作奖评选活动的决定

京文联联发（1999）第66号

签发：崔恩卿

老舍文学创作奖是为纪念人民艺术家老舍先生，推动中华民族文艺事业的繁荣发展，经中共北京市委、北京市人民政府批准，依据北京老舍文艺基金会章程，由北京老舍文艺基金会设立的。老舍文学创作奖是北京具有最高荣誉和权威的文学大奖。

为使老舍文学创作组织评选工作顺畅进行，扩大影响，公平、公正开展，确保成功，在中共北京市委宣传部指导下，北京市文学艺术界联合会、北京老舍文艺基金会、北京作家协会、北京戏剧家协会、北京市电视艺术家协会、北京电视台、北京市有线广播电视台、北京人民广播电台、北京日报社、北京晚报、北京青年报社、北京晨报社、北京广播电视报社、戏剧电影报社、《新剧本》杂志社、《北京文学》月刊社、北京出版社出版集团、十月文艺出版社、《十月》杂志社、中国文化报、文艺报等单位共同组成老舍文学创作奖组织委员会。由文学界具有影响的作家、文学评论家、文艺理论家组成具有权威的老舍文学创作奖评选委员会，开展组织评奖工作。

老舍文学创作奖组织和评选工作，将以全面贯彻党的文艺方针，鼓励作家树立精品意识，关注现实生活，体现时代精神，遵循文艺“为人民服务、为社会主义服务”的方向，创作出更多的优秀文学艺术作品为宗旨，每两年评选一次

附：首届老舍文学创作奖组织方案

首届老舍文学创作奖评奖办法

老舍文学创作奖组织委员会

一九九九年十一月三日

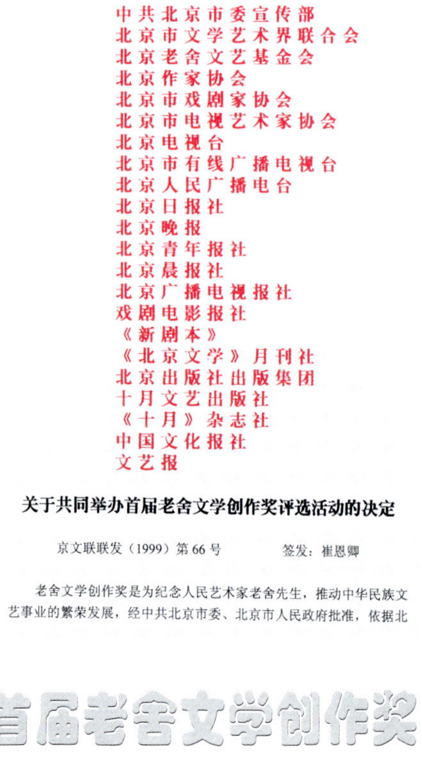
中共北京市委宣传部
北京市文学艺术界联合会
北京老舍文艺基金会
北京作家协会
北京市戏剧家协会
北京市电视艺术家协会
北京电视台
北京市有线广播电视台
北京人民广播电台
北京日报社
北京晚报
北京青年报社
北京晨报社
北京广播电视报社
戏剧电影报社
《新剧本》
《北京文学》月刊社
北京出版社出版集团
十月文艺出版社
《十月》杂志社
中国文化报社
文艺报

关于共同举办首届老舍文学创作奖评选活动的决定

京文联联发（1999）第66号　　签发：崔恩卿

老舍文学创作奖是为纪念人民艺术家老舍先生，推动中华民族文艺事业的繁荣发展，经中共北京市委、北京市人民政府批准，依据北

首届老舍文学创作奖

首届老舍文学创作奖

关于同意开展首届老舍文学创作奖评奖活动的批复

北京市文学艺术界联合会:

你会和北京老舍文艺基金会报来的“关于开展首届老舍文学创作奖评奖的请示”收悉。经研究，同意举办首届老舍文学创作奖评奖活动。以人民艺术家老舍先生命名的文学创作奖是我市文学艺术界的最高奖项之一。举办评奖活动旨在进一步繁荣首都文艺事业，推动北京文学创作，引导广大文艺工作者以老舍先生为榜样，坚持“二为”方向和“双百”方针，多出优秀作品。希望你们精心筹划、认真组织，与有关单位通力合作，使评奖活动顺利进行，确保评奖圆满成功。

北京市委宣传部

一九九九年十一月九日

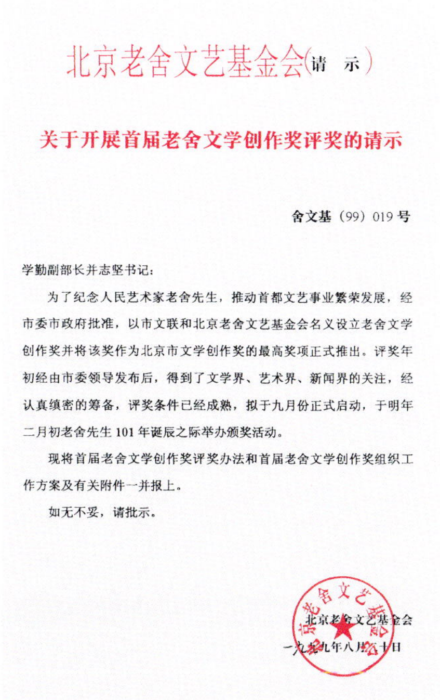

北京老舍文艺基金会（请　示）

关于开展首届老舍文学创作奖评奖的请示

舍文基（99）019号

学勤副部长并志坚书记：

为了纪念人民艺术家老舍先生，推动首都文艺事业繁荣发展，经市委市政府批准，以市文联和北京老舍文艺基金会名义设立老舍文学创作奖并将该奖作为北京市文学创作奖的最高奖项正式推出。评奖年初经由市委领导发布后，得到了文学界、艺术界、新闻界的关注，经认真缜密的筹备，评奖条件已经成熟，拟于九月份正式启动，于明年二月初老舍先生101年诞辰之际举办颁奖活动。

现将首届老舍文学创作奖评奖办法和首届老舍文学创作奖组织工作方案及有关附件一并报上。

如无不妥，请批示。

北京老舍文艺基金会

一九九九年八月三十日

首届老舍文学创作奖

首届老舍文学创作奖主办单位名单

指导单位：

中共北京市委宣传部

主办单位：

北京市文学艺术界联合会
北京老舍文艺基金会

协办单位：

北京作家协会
北京市戏剧家协会
北京市电视艺术家协会
北京市老舍研究会
北京电视台
北京市有线广播电视台
北京人民广播电台
北京日报社
北京晚报
北京青年报社
北京晨报社
北京广播电视报社
戏剧电影报社
中国文化报社
文艺报
《新剧本》编辑部
《北京文学》月刊社
北京出版社出版集团
北京十月文艺出版社
《十月》杂志社

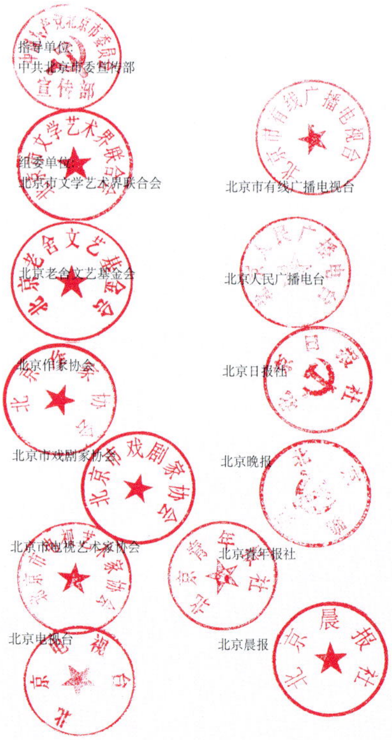

首届老舍文学创作奖

首届老舍文学创作奖

首届老舍文学创作奖组委会名单

顾　问：

李志坚（中共北京市委副书记）
龙新民（中共北京市委常委、宣传部部长）
刘敬民（北京市人民政府副市长）
沈仁道（市政协副主席、中共北京市委统战部部长）
管　桦（北京市文联主席、北京老舍文艺基金会会长）
马玉田（北京市政协常委、北京市文联副主席）
李廷芝（北京市广播电视局局长）
张和平（北京市文化局局长）
舒　乙（中国现代文学馆常务副馆长、北京老舍文艺基金会副会长）

主　任：

吕浩材（北京市文联常务副主席、党组书记）

副主任：

王学勤（中共北京市委宣传部副部长）
秦德海（北京市政府办公厅副主任）
梁　倩（中共北京市委宣传部副局级巡视员）
黄　强（北京市人事局副局长）
赵金九（北京市文联副主席兼秘书长、党组副书记、北京作协副主席）
陈世崇（北京市文联党组副书记、文联副秘书长）
崔恩卿（北京市文联党组副书记、文联副秘书长、北京老舍文艺基金会常务副会长）
孙若风（中国文化报副总编辑）
李兴叶（文艺报常务副总编辑）
陆　莹（北京电视台总编辑）
于知峰（北京市有线广播电视台台长）
降巩民（北京人民广播电台总编辑）
林浩基（北京日报社副总编辑）
李凤祥（北京晚报副总编辑）
张延平（北京青年报社总编辑兼党委副书记）

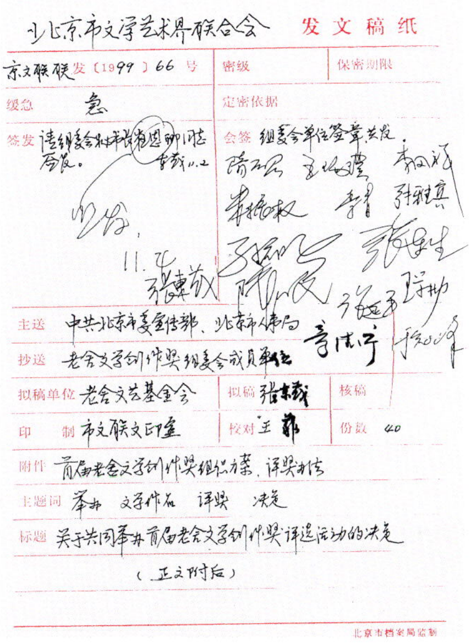
北京市文学艺术界联合会　发文稿纸

京文联发〔1999〕66 号　密级　保密期限

缓急　急　定密依据

签发　会签　组委会单位签章共发

主送　中共北京市委宣传部、北京市人事局

抄送　老舍文学创作奖组委会成员单位

拟稿单位　老舍文艺基金会　拟稿　核稿

印　制　市文联文印室　校对　份数　40

附件　首届老舍文学创作奖组织方案、评奖办法

主题词　举办　文学作品　评奖　决定

标题　关于共同举办首届老舍文学创作奖评选活动的决定

（正文附后）

北京市档案局监制

首届老舍文学创作奖

首届老舍文学创作奖

张雅宾（北京晨报总编辑）
黎瑞祥（北京广播电视报总编辑）
孟芊芊（戏剧电影报社总编辑）
徐恒进（《新剧本》杂志社主编）
章德宁（《北京文学》社长兼执行副主编）
朱述新（北京出版社出版集团管委会主任）
隋丽君（北京十月文艺出版社副总编辑）
王占军（《十月》杂志社主编）

秘书长：

崔恩卿(兼)

副秘书长：

王文光（中共北京市委宣传部文化处处长）
孙　瑛（中共北京市委宣传部新闻处处长）
杨惠时（中共北京市委统战部外联处处长）
李　青（北京作协秘书长）
张东茂（北京老舍文艺基金会常务副秘书长）
王瑞璞（北京市文联组织联络部副主任）
张连生（北京市电视艺术家协会副秘书长）
杨乾武（北京市戏剧家协会）
王友芝（北京市人事局考核任免处副处长）
花　青（北京老舍文艺基金会副秘书长）

首届老舍文学创作奖

首届老舍文学创作奖评委名单

●中长篇小说组

雷　达（中国作协创研部副主任、研究员）

王文平（作家出版社副总编、编审）

郑万隆（《十月》杂志副主编、副编审）

陶东风（首都师范大学中文系教授）

张　恬（北京市文联研究部副研究员）

●戏剧组

林连昆（北京人艺一级演员、北京剧协主席）

龚和德（中国艺术研究院研究员、中国戏曲学会副会长）

罗锦鳞（中央戏剧学院教授）

廖　奔（《剧本》杂志主编、研究员）

周传家（北京联合大学教授）

●广播影视组

李廷芝（北京视协主席、北京市广播电视局局长）

于知峰（北京视协副主席、北京市有线广播电视台台长）

刘　敏（北京人民广播电台台长）

闫于京（北京视协理事、北京市广播电视局艺术处处长）

张连生（北京视协副秘书长）

首届老舍文学创作奖

首届老舍文学创作奖

首届老舍文学创作奖评奖办法

（一九九九年十一月）

老舍文学创作奖是为纪念人民艺术家老舍先生，推动中华民族文艺事业的繁荣发展，由北京老舍文艺基金会依据章程设立的。

老舍文学创作奖由中共北京市委、北京市人民政府批准。是北京具有最高荣誉和权威的文学大奖。

老舍文学创作奖由北京市文学艺术界联合会、北京老舍文艺基金会主办。

一、评奖的宗旨

老舍文学创作奖的评选工作，将全面贯彻党的文艺方针，以马列主义、毛泽东思想和邓小平文艺理论为指针，鼓励作家树立精品意识，关注现实生活，体现时代精神，遵循文艺“为人民服务、为社会主义服务”的方向，创作出更多的优秀文学艺术作品。

二、评奖范围

(1)体裁：中篇小说、长篇小说和戏剧剧本(话剧、戏曲)、

影视广播剧(电视、广播为长篇)。

(2)作品：北京市作家的作品，在北京市属出版社和文学刊物上发表、出版及在京上演的外地作家的作品。

三、奖项和奖金

老舍文学创作奖设：长篇小说奖、中篇小说奖、戏剧剧本奖和广播影视剧奖；

长篇小说奖两部，各奖励 30000 元；

中篇小说奖两部，各奖励 10000 元；

戏剧剧本奖两部，各奖励 20000 元；

首届老舍文学创作奖

影视剧奖各一部，各奖励20000元；

广播剧奖两部，各奖励10000元。

另设群众参与奖：获奖者名单在新闻媒体上公布，奖励另定。

老舍文学创作奖各奖项奖金全部由北京老舍文艺基金会给付。

四、征集作品时限

老舍文学创作奖每两年评选一次。首届老舍文学创作奖的征集作品时限为：凡1994年10月1日至1999年9月30日发表、出版、上演或播出的作品均可参加评奖。

五、评选标准

(1)获奖作品应体现爱国主义、集体主义、社会主义的思想和精神；体现民族团结、社会进步、人民幸福的思想和精神；应具有深刻思想内涵、丰厚审美意蕴、鲜明地域文化色彩，是雅俗共赏、无愧于时代的优秀文学作品；

(2)要兼顾题材、主题、风格的多样化，鼓励在继承我国优秀传统文化和借鉴外国优秀文化基础上的探索和创新，鼓励那些具有中国作风和中国气派的佳作。

六、评奖机构

(1)老舍文学创作奖选评工作由“老舍文学创作奖评选委员会”承担；

(2)“老舍文学创作奖评选委员会”由老舍文学创作奖组委会聘请我国文学界具有影响的作家、文学评论家、文艺理论家组成。

七、征集办法

首届老舍文学创作奖参评作品在北京市文联、北京市文化局等单位联合举办的“北京市庆祝建国50周年文艺作品征集评奖活动”的基础上，由北京作家协会、北京市戏剧家协会和北京市电视艺术家协会推荐相应门类的作品给老舍文学创作奖评委会。推荐时送样书(样稿、剧本、演出录像带)若干份，推荐函一式两份。

八、评奖程序

评奖工作分“三步”，即：由北京作家协会、北京市戏剧家协会和北京市电视艺术家协会推荐，群众投票和评委会评定三步进行，产生最终获奖作品。

作品推荐：由北京作家协会、北京市戏剧家协会和北京市电视艺术家协会组成推荐委员会，每种体裁推荐3—5部。经推委会确定侯选作品。

群众投票：由组委会将评选委员会确定的侯选作品名录，通过新闻媒体刊登群众推荐选票，由群众投票。投票结果由有关部门计票。

评委评定：在推委会推荐基础上，由评选委员会评定老舍文学创作奖的获奖作品。

九、评奖揭晓及颁奖仪式

2000年5月，在北京隆重举行首届老舍文学创作奖颁奖仪式，向获奖者颁发获奖证书、奖杯和奖金。

北京老舍文艺基金会

首届老舍文学创作奖组织委员会

首届老舍文学创作奖

首届老舍文学创作奖

首届老舍文学创作奖组委会第一次会议

首届老舍文学创作奖组委会第一次会议纪要

11月18日下午3时，在市文联331会议室，召开了首届老舍文学创作奖组委会第一次会议。市委宣传部副部长王学勤，老舍文艺基金会副会长(本次活动顾问)舒乙和组委会成员出席。会议由市文联党组副书记兼秘书长、组委会副主任赵金九主持，崔恩卿做筹备工作情况汇报和议题报告。

会议审议了首届老舍文学创作奖组织工作方案和评奖办法，同意评奖活动的五个阶段的安排，同意组委会成员的相应分工。大家一致认为，这是期待已久的事，是北京市的一件大事，是文学艺术界的一件大事，"如果老舍本人还在，他一定会高兴，他一定会赞成，因为这是繁荣首都文学艺术的一项好措施"(舒乙语)。大家都表示，尽心尽力尽责，把首届老舍文学奖评选工作搞好，为今后的评奖工作打一个好的基础。北京市有线广播电视台的台长于知峰、北京晨报总编辑张雅宾、北京晚报副总编李凤祥、北京青年报总编辑张延平均表示："全力配合，精心操作"。

会上，还提出了若干建议。舒乙先生提议：关于老舍文学创作奖名称，建议增加"文艺"二字，为"老舍文学艺术奖"(老舍文艺奖)，这样能更全面地涵盖老舍先生的艺术追求；关于评奖范围，建议增加曲艺内容，这一次如果来不及，可在下一届增加；关于主办单位，建议增加"中国老舍研究会、北京老舍研究会和北京老舍纪念馆"等，除奖励作品外，建议设立"终身成就奖"等。于知峰同志建议，元月份开展"老舍与北京"知识竞赛活动，时间已经很紧，要尽快组织班子进入工作，以保播出的水平和质量。张延平同志则直接提议，北京青年报将和中央美院、中央工艺美院等合作，迅速投入征集奖杯设计方案的活动。

会议肯定上述建议，有些可以直接进入具体工作的操作，有的拟在今后的评奖活动当中予以考虑，以完善老舍文学奖评奖工作。

会议决定12月初召开新闻发布会，首届老舍文学创作奖奖杯设计方案征集活动也将同时在《北京青年报》上拉开序幕。

首届老舍文学创作奖

首届老舍文学创作奖工作程序（计划）

第一阶段　筹备（1999年2月—11月）

1.策划
2.报批

第二阶段　启动（1999年11月—2000年3月）

1.成立组委会（第一次会议：11月18日）
2.新闻发布会（12月7日）
3."冠杯"活动（2000年3月）

第三阶段　推动（2000年1月—3月）

1."征杯"活动（北京青年报）
2.报纸知识竞赛（戏剧电影报）
3.电视知识竞赛（北京市有线广播电视台）

第四阶段　评选（2000年2月—4月）

1.初评推荐（三个协会　2月底）
2.报纸刊登选票（六家报纸　3月初）
3.专家评定（4月）

第五阶段　颁奖（2000年5月）

1.颁奖仪式
2.纪念册

首届老舍文学创作奖

新闻宣传集锦

● 12月7日，在首都大酒店召开“首届老舍文学创作奖”首次新闻说明会，宣布评奖活动开始。

● 12月7日，《北京青年报》推出“首届老舍文学创作奖征集奖杯设计方案”活动，面向社会征集奖杯设计方案。

● 12月24日，《戏剧电影报》推出“老舍与老舍文学创作奖”有奖知识竞赛活动。

● 12月底，北京市有线广播电视台“人民艺术家老舍”专题电视知识竞赛进入筹备阶段。

戏剧电影报
MOVIE & DRAMA WEEKLY

万元特等奖 百人幸运奖
本报隆重推出
“老舍与老舍文学创作奖”
有奖知识问答活动

老舍的艺术人生

老舍与首届老舍文学创作奖知识竞赛题

老舍的艺术人生

老舍文学大奖和老舍基金会

老舍知识点滴

老舍的艺术人生

首届老舍文学创作奖

1999年12月7日 星期二 农历己卯年十月三十 天气消息
北京晚报
BEIJING EVENING NEWS http://www.ben.com.cn 第10083期 今日24版 ¥0.40

北京要重赏文学创作
“老舍”今天开始征佳作

本报讯 (记者沈文愉)“以老舍先生名字命名的北京市具有最高荣誉和权威的文学大奖从今天开始全面展开!”今天上午,首届老舍文学创作奖组委会主任吕浩材向新闻界、文学艺术界宣布了这条消息。

老舍文学创作奖评奖活动得到北京市委、市政府的批准和支持,由北京老舍文艺基金会依据章程设立;北京市文联和北京老舍文艺基金会主办;北京日报、北京晚报、北京青年报、北京晨报、《北京文学》、《新剧本》、北京出版社出版集团、《十月》杂志社等16家新闻出版单位共同协办。李志坚、龙新民、刘敬民、沈仁道等领导任顾问。该奖两年评选一次。

首届老舍文学创作奖将评出长篇小说奖两部,各奖励3万元人民币;中篇小说奖两部,各奖励1万元;戏剧剧本奖两部,各奖励2万元;影视剧奖两部,各奖励2万元;广播剧(连续剧)奖两部,各奖励1万元。评奖范围为凡1994年10月1日至1999年9月30日刊发、上演或播出的北京市作家的作品以及在市属出版社和文学刊物上发表、出版及在京上演的外地作家的作品。

评奖活动首先将由北京作家协会、北京市戏剧家协会和北京市电视艺术家协会分别推荐候评作品;其次将在北京市属报刊以选票形式刊登候评作品进行群众投票参评;最后由评委会进行总评。评奖活动还将开展以《北京青年报》为载体的延续3个月的公开征集奖杯设计方案的活动,将开展“老舍与北京”知识竞答活动和群众投票参评活动。评奖过程明年4月结束。

以已故人民艺术家、一代文学巨匠老舍先生名字命名的“首届老舍文学创作奖”评奖活动近日起全面展开。

老舍文学创作奖是由北京老舍文艺基金会依据章程设立,由北京市文联和北京老舍文艺基金会主办的,是北京市具有最高荣誉和权威的文学大奖。

作为艺术家的老舍先生,首先是伟大的爱国主义者,一生坚持弘扬中华民族文化,他的创作具有浓郁的北京地方特色,形成了独特的艺术流派。他创作的《四世同堂》、《骆驼祥子》、《茶馆》、《龙须沟》等一大批文学作品受到广大群众的喜爱,在中国和世界文坛上产生了重大的影响。为此,老舍先生被北京市政府授予“人民艺术家”荣誉称号。

“首届老舍文学创作奖”设:长篇小说奖、中篇小说奖、戏剧剧本奖、影视剧奖和广播剧(连续剧)奖等五个奖项,另设奖杯设计奖、群众参与奖等。其中:

长篇小说奖两部,各奖励30000元;
中篇小说奖两部,各奖励10000元;
戏剧剧本奖两部,各奖励20000元;
影视剧奖两部,各奖励20000元;
广播剧(连续剧)奖两部,各奖励10000元。

首届老舍文学创作奖评奖范围为:北京市作家的作品;以及在北京市属出版社和文学刊物上发表、出版和在京上演的外地作家的作品。凡1994年10月1日至1999年9月30日刊发、上演或播出的上述作品均可参评。

北京市属报刊将刊登候评作品篇目让群众投票参评;最后由专家组成的评委会进行总评。评奖过程于明年4月份结束,5月上旬进行颁奖表彰。 (耿)

☆文化季风

首届老舍文学创作奖评奖活动展开

光明日报
GUANGMING DAILY

首届老舍文学创作奖拉开序幕

本报北京12月7日电 (记者宋喜群)以人民艺术家、一代文学巨匠老舍名字命名的“首届老舍文学创作奖”评奖活动即日起全面展开。首届老舍文学创作奖设长篇小说奖、中篇小说奖、戏剧剧本奖、影视剧本奖、广播剧(连续剧)奖、“首届老舍文学创作奖奖杯设计奖”和“群众参与奖”。

据悉,老舍文学创作奖是今年2月3日在“老舍先生百年诞辰纪念会”上宣布设立的。该奖是由北京市文联和北京老舍文艺基金会主办,北京市委、市政府批准的北京市具有最高荣誉和权威的文学大奖。该奖项两年评奖一次,旨在鼓励作家树立精品意识,关注现实生活,体现时代精神,创作出更多的优秀文学艺术作品。

中国文化报
中华人民共和国文化部主办 ZHONGGUO WENHUA BAO
1999年12月9日 星期四 第287期(总第2093期) 每周一至六出版 国内统一刊号CN11-0089 邮发代号1-115

北京市最高荣誉的文学大奖

首届老舍文学创作奖开始评奖

本报讯 (记者高向阳)为繁荣社会主义文学艺术事业,以已故人民艺术家、一代文学巨匠——老舍先生名字命名的“首届老舍文学创作奖”评奖活动日前全面展开。

老舍文学创作奖是由北京老舍文艺基金会设立的,由北京市文联和北京老舍文艺基金会主办,北京市委、市政府批准的北京市具有最高荣誉和权威的文学大奖。该奖项每两年评选一次,旨在鼓励作家树立精品意识,关注现实生活,体现时代精神,创作出更多的优秀文学艺术作品,以繁荣中华民族文学艺术事业,适应人民大众对优秀文学作品的渴求。

首届老舍文学创作奖得到了北京市委、市政府的大力支持,由本报、文艺报和北京市属新闻出版单位等16家共同协办。此次评奖设长篇小说奖、中篇小说奖、戏剧剧本奖和广播影视剧奖。各奖项的奖金从3万元到1万元不等。评奖范围确定为:北京市作家的作品;在北京市属出版社和文学刊物上发表、出版及在京上演的外地作家的作品。凡1994年10月1日至今年9月30日刊发、上演或播出的上述作品均可参评。

首届老舍文学创作奖评奖程序将分三步进行:首先由北京作家协会、北京市戏剧家协会和北京市电视艺术协会分别推荐候评作品;然后由北京市属报刊以选票形式刊登候评作品进行群众投票参评;最后由专家组成的评委会进行总评。整个评奖活动将贯穿三项群众参与的活动,即持续3个月的公开征集奖杯设计方案的活动;以纪念老舍101周年诞辰为主题的“老舍与北京”知识问答活动;群众性的投票活动。为反映社会各届对评奖活动的关注和参与,特设立“首届老舍文学创作奖奖杯设计奖”和“群众参与奖”。

评奖活动将于明年4月结束,5月上旬进行颁奖表彰。

中国音协第五次全代会开幕

福建表彰“五个一工程”获奖作品

新闻
PRESS AND

福建人民社订《新闻

北京青年报
BEIJING YOUTH DAILY
新闻周刊
第7版 1999年12月8日

老舍文学创作奖昨日启动

本报讯 以文学大师老舍先生名字命名的“老舍文学创作奖”已正式启动。该奖项于今年年初老舍先生诞辰100周年之际筹备设立,由北京市文联和北京老舍文艺基金会主办,每两年评选一次,是首都文艺界的最高荣誉奖项,12月7日“首届老舍文学创作奖”评奖说明会在京召开。

首届老舍文学创作奖设长篇小说奖、中篇小说奖、戏剧剧本奖和广播影视剧奖,奖金1万元至3万元不等。北京市作家的作品,在市属出版社和刊物上出版、发表及在京上演的外地作家作品可以参评,刊发时限为1994年10月1日至1999年9月30日,奖项将通过专家评议和群众参评相结合的方式产生。

老舍先生是“人民艺术家”,所以老舍文学创作奖特别重视群众参与,为此专门设立了“首届老舍文学创作奖奖杯设计奖”和“群众参与奖”,并与各媒体联合举办奖杯设计征集、知识竞答、群众投票参评等各项活动,整个评选过程将持续半年,于2000年9月召开颁奖大会。

文/本报记者 尚晓岚

中国青年报
XUE 学
本刊编辑:徐虹 Tel:64032233—2462 1999年12月13日 星期一 7

☆是蓬勃青年的人生起点与心灵家园
☆是参与社会的鲜明旗帜和精神牵引

们现在很难再被一篇小说感动或为之陶醉。

一些批评家则指出,小说家们过于注重个人体验,忽视对现实生活的感悟和对未来生活的想象,致使他们难以创作出具有影响力的小说。最近文坛出现的几部有影响的长篇小说如《羊的门》、《国画》、《四面埋伏》等,则充分反映了作者对现实生活的把握和领悟。

老舍文学奖重奖作家

本报讯(记者邓璇璇)“首届老舍文学创作奖”评奖活动日前在京启动。组委会主任、北京市文联副主席吕浩材在新闻发布会上公布了这一消息。首届老舍文学创作奖设长篇小说奖两部,中篇小说奖两部,戏剧剧本奖两部,影视剧奖两部和广播剧奖(包括连续剧)两部。

北京作家及在北京市属出版社和文学刊物上发表的外地作家的作品,1994年10月1日至1999年9月30日刊发、上演或播出的,均可参评。获奖的长篇小说奖励3万元,中篇小说奖励1万元,戏剧剧本奖励2万元,影视剧奖励2万元,广播剧(连续剧)奖励1万元。

评选标准应体现爱国主义、集体主义、社会主义和民族团结、社会进步、人民幸福的思想和精神,思想内涵深刻,审美意蕴丰厚,地域文化色彩鲜明,雅俗共赏,无愧于时代等特点。并兼顾题材、主题、风格的多样化,鼓励在继承传统文化和借鉴外国优秀文化基础上的探索和创新,鼓励具有中国作风和中国气派的佳作。

参赛作品由北京市作家协会、戏剧家协会和电视艺术家协会分别推荐候评,市属报刊以选票形式刊登候评作品,群众投票参评,专家评委会进行最后总评。

这次评奖还设立了“群众参与奖”和“奖杯设计奖”。评奖将于明年4月结束,5月上旬在北京进行颁奖。

此奖今后将每两年评选一次。奖金由北京老舍文艺基金会给付。北京市文联和基金会共同主办。

首届老舍文学创作奖

首届老舍文学创作奖

首届老舍文学创作奖

首届老舍文学创作奖奖杯设计方案征集

老舍文学创作奖组织委员会征稿启事

一、奖杯的设计要求:

1.整体创意和设计上要有新意，打破传统模式;

2.突出北京色彩，亦可在总体中应用老舍先生形象;

3.奖杯要求三维立体且便于制作和应用;

4.在材质上以铜镀金为主，石材、木材为辅;

5.造型可由面、线、点结合一体，杯座标有奖项名称、指导主办单位等;

6.设计稿要求大16开，墨稿彩稿各一幅。创意说明一般500字以内，要求打印，注明创意、设计者姓名或单位名称、联系电话、联系址，设计者身份证号。

二、评选办法

设计方案征集工作由北京老舍文艺基金会和《北京青年报》共同负责。所征集方案经评审组初评确定入选范围，作品在《北京青年报》上分组刊出，由群众投票推选，并由组委会聘请专家组评定（公布获奖设计方案时同时公布专家姓名）。

三、选定方案的荣誉回报

(1)奖杯设计方案一经采用，即获“首届老舍文学创作奖奖杯设计奖”，并将选定方案和设计者简介在《北京青年报》上公布;(2)按获文学创作大奖奖杯设计，加制奖杯一座，专赠设计者珍存留念;(3)奖杯设计者参加首届老舍文学创作奖颁奖仪式;(4)由主办单位赠送奖杯设计奖获得者精装老舍文集一套，文

首届老舍文学创作奖

首届老舍文学创作奖

集首册扉页由老舍夫人签名，加盖“老舍之作”和大奖组委会、评委会印章；⑤征稿过程中，奖杯征集设提名奖，凡获提名奖与设计方案见报刊载者或单位，在《北京青年报》对作者或单位刊登简介，同时，作者获稿酬，并获纪念证书以及首届老舍文学创作奖纪念卡、书等。

四、截稿日期和联系方法：

奖杯创意设计方案征集工作自即日起始截止到2000年2月底止。报纸刊登设计方案由群众投票，评选工作自2000年3月1日始，至3月15日止（以寄稿邮戳日期为准），最后由评委会认定。

2000月3月底公布评选结果。

首届老舍文学创作奖组委会
1999年12月7日

首届老舍文学创作奖

首届老舍文学创作奖

奖杯设计与艺术表现(摘要)

张 昌

奖杯的特点可以概括为

一 、标志性 即奖杯本身是以特定的题材,特定的造型铸定于特定的材料形成限定的实体语言,以表现事物自身的特征,标示事物意义以及与此相联系的有关进程中的内容 。

二 、观赏性 奖杯的设计与制作随着科技、文化、艺术的发展,也在渐进地发展。凡经过设计的奖杯,都非自然的模拟,而是既符合传递信息的功能,又符合美学原则。应能给人以美的愉悦,体现时代审美心理和美学特征,具有观赏性。

三 、多样性 奖杯有着多种样式 。其形式有具象写实形、意象抽象形、构成团块形;其材料有木、石、金属、玻璃以及综合材料 ;从其雕塑语言上不仅有圆雕式,也有浮雕圆雕结合的形式,总之奖杯是以多种表现语言更直观、更形象地传递视觉欣赏信息。

奖杯既然有着上述特点,奖杯的设计就必然是一件艺术造型设计,一定要遵循奖杯的设计规律而运作。即随着设计主体的目的性、意向性,而择取设计的主题,选取设计素材,确定设计的构思与表现等。

具体掌握的方法是:

1、 实形实体构造法。即在具象形的基础上,对物象的原形进行艺术地概括,使其组合构造成更具理想化的造型,但是这应以不改变原设定目的为原则 。

2、 意向构造法。即采取某种抽象的符号或图形组合延伸,构成立体造型,以此寓意奖杯的目的性。

3、象征构造法。即采用物象的自然特性,作为构造形体的范本依据。

(据《北京青年报》1999 年 12 月 7 日报道)

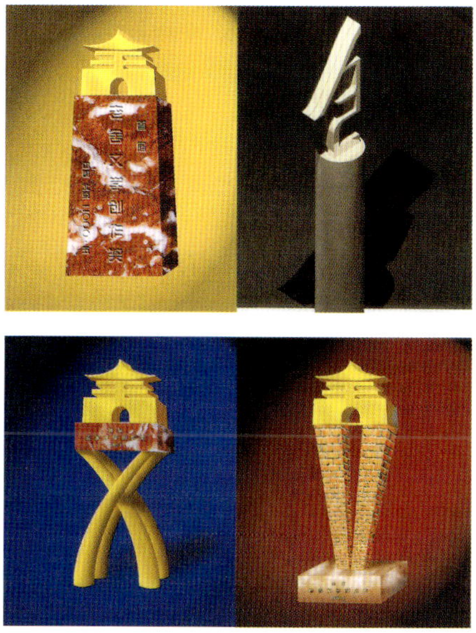

首届老舍文学创作奖

首届老舍文学创作奖

首届老舍文学创作奖候选作品名录

经北京作家协会、北京市戏剧家协会、北京市电视艺术家协会分别组成的推荐委员会推荐产生首届老舍文学创作奖候选作品，名录如下：

长篇小说

- 红瓦
- 梦断关河
- 皇城旧事
- 红处方

中篇小说

- 贫嘴张大民的幸福生活
- 梦也何曾到谢桥
- 永远有多远
- 屈体翻腾三周半
- 羊耳镇

戏剧剧本

- 风雨同仁堂（京剧）
- 烟壶（曲剧）
- 司马相如（昆曲）
- 正红旗下（话剧）

电视连续剧

- 一年又一年
- 共和国往事
- 宰相刘罗锅
- 年轮
- 第三军团

电影

- 离开雷锋的日子
- 不见不散
- 背起爸爸上学

广播剧

- 红河东去
- 脊梁
- 千古流芳

"中华民族园杯"首届老舍文学创作奖群众推荐选票

类别	推荐作品名录	推选意见
长篇小说（获奖数额2部）	红瓦 梦断关河 皇城旧事 红处方	
中篇小说（获奖数额2部）	贫嘴张大民的幸福生活 梦也何曾到谢桥 永远有多远 屈体翻腾三周半 羊耳镇	
戏剧剧本（获奖数额2部）	风雨同仁堂（京剧） 烟壶（曲剧） 司马相如（昆曲） 正红旗下（话剧）	
电视连续剧（获奖数额1部）	一年又一年 共和国往事 宰相刘罗锅 年轮 第三军团	
电影（获奖数额1部）	离开雷锋的日子 不见不散 背起爸爸上学	
广播剧（获奖数额2部）	红河东去 脊梁 千古流芳	

说明：1.推选意见栏内划"√"表示赞同意见 2.赞同意见不得超过规定获奖数额

北京晨报

首届老舍文学创作奖

首届老舍文学创作奖

中长篇小说候选作品图照

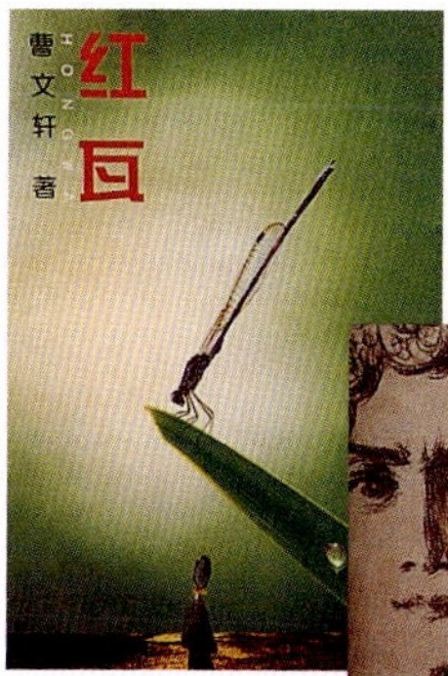

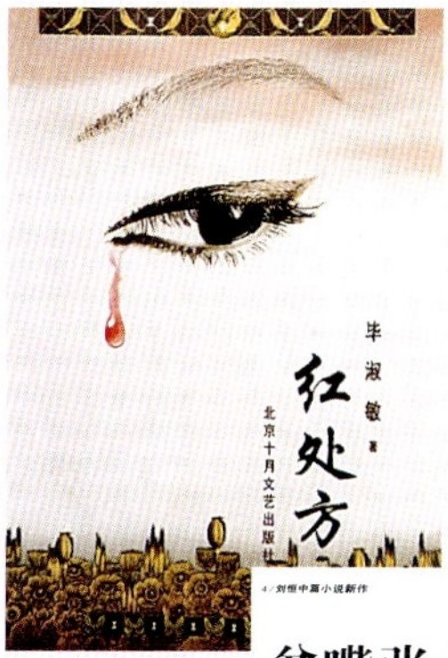

首届老舍文学创作奖

首届老舍文学创作奖

高潮在 2000 年

首届老舍文学创作奖评奖活动是一个跨年度的工作。从1999年2月宣布推出，9月正式启动，2000年5月进行颁奖。从这个意义上讲，1999年的工作只是拉开序幕，真正的高潮在2000年。2000年3月将宣布冠杯，群众推荐活动开始；4月底评出获奖作品同时评出首届老舍文学创作奖奖杯设计方案并产生群众参与幸运奖；5月，举行隆重的颁奖仪式。

2000

首届老舍文学创作奖

祝贺胡絜青
95 华诞

VI

胡絜青老人95华诞茶话会

笔墨丹青　鹤寿松情

——本会和北京画院同贺胡絜青95华诞

12月23日是老舍夫人、著名画家胡絜青老人95华诞，上午，中央统战部副部长刘延东、北京市领导张建民、李志坚、陈广文等前往家中探望。下午，首都大酒店锦云厅内宾朋满座，鲜花满堂，辉生四壁。北京老舍文艺基金会和北京画院在这里为胡老举办了95华诞茶话会。

全国政协主席李瑞环送的花篮摆放在锦云厅中央，巴金、雷洁琼、何鲁丽等也都派人送来了花篮。全国政协秘书长郑万通、中宣部副部长刘鹏、文化部部长孙家正、中国作协副主席张锲、邓友梅、北京市民委主任李宝群、北京市政协常委马玉田等领导到会祝贺。

参加茶话会共贺胡老95华诞的文化界人士还有：甘英、王松声、刘春华、丁聪、方成、吴素秋、刘继英、赵金九、赵大年、许麟芦、王世襄、靳尚宜、常君实、张开济、林汝为、姜德明、李滨声、李燕、张廉云、陈大章、苏民、郑榕、林连昆等。

茶话会充满了亲情、友情，喜气融融。

胡老95华诞

胡絜青老人95华诞茶话会

胡絜青老人95华诞，全国政协主席李瑞环同志送来花篮表示祝贺

摄影：张九卿

胡老95华诞

胡絜青老人95华诞茶话会

中央统战部和北京市领导看望胡絜青老人

胡絜青小传

胡絜青 女，原名玉贞，笔名燕岸，胡春，生于1905年12月23日，北京人，满族。北京画院画师，一级美术师。北京文联顾问，中国画研究会顾问，长白书画研究会及满族书画研究会会长。第二至四届全国文代会代表，第二至五届北京市政协委员，第五至七届全国政协委员。曾就读于北京师范大学国文系，随著名画家汪孔祁(采白)学美术四年。大学期间还选修杨仲子、孙涌昭等教授的书画课。1931年同著名作家老舍结婚。曾于济南、青岛、重庆任教。1951年拜齐白石为师，深得真传。1957年与陈半丁、于非闇、孙涌昭举办联合画展。1958年起为北京画院画师。与北京老画家一起为民族文化宫、北京饭店合作多幅大型壁画。和几位画家一起创作的一套《菊花》特种邮票，在建国30年最佳邮票评选中获奖。创作的工笔大画《姹紫嫣红》作为国礼赠送给越南的胡志明主席。1980年在香港举办个人画展。1998年在北京美术馆及1999年在美国办个人画展。现已出版的美术作品有《月季》、《银星海棠》、《菊花》、《苍松》、《凌云直上》、《傲霜画》、《玉羽春光》等，并被收入《中国妇女画选》、《中国女画家作品选》、《中国画》和《当代中国画名家精粹》等画册。还是一位有深厚功底的书法家。编写出版过老舍的有关书籍。她的名字收入《中国当代画家辞典》、《中国美术家名人辞典》、《华夏妇女名人辞典》等辞书。出版有《胡絜青画册初集》、《胡絜青画集》、《胡絜青百菊图》等画集，和《散记老舍》、《铁血东流》等文集。

她擅长花卉翎毛，能工能写，笔下花卉仪态万方，情趣各异，具有独特的个人风格。其花鸟画有的严整工致，造型逼真，设色艳丽；有的笔简意深，充满蓬勃生机；有的把泼墨写意花卉与重彩工笔草虫巧妙地结合在一起，给人画外丰富的联想。

中共中央统战部副部长刘延东到家中看望胡老

中共北京市委副书记李志坚到家中看望胡老

中共北京市委副书记李志坚（左一）、市人大主任张健民（中）、市政协主席陈广文（右一）到家中看望胡老

摄影：张东茂

胡老95华诞

胡絜青老人95华诞茶话会

胡絜青老人95华诞茶话会（部分图片）

北京市文联党组副书记、北京老舍文艺基金会常务副会长兼秘书长崔恩卿主持茶话会

北京老舍文艺基金会副会长舒乙主持茶话会

文化部部长孙家正、中国作协副主席张锲在茶话会上

全国政协秘书长郑万通在茶话会上

中宣部副部长刘鹏（前右一）市文联党组书记吕浩材（前右二）在茶话会上

中国作协副主席邓友梅在茶话会上

胡絜青老人 95 华诞茶话会（部分图片）

胡絜青老人 95 华诞茶话会

胡絜青老人 95 华诞茶话会（部分图片）

胡絜青老人 95 华诞茶话会（部分图片）

胡絜青老人95华诞茶话会

胡絜青老人95华诞茶话会（媒介报道）

[illegible]

（中国妇女报）

（中国文化报）

胡絜青老人95岁华诞

郑万通代表李瑞环祝寿并送花篮

本报记者 常绮

12月23日首都大酒店锦云厅里鲜花簇簇，乐曲悠扬。笔墨丹青相伴，老友新朋欢聚，在一派浓浓的亲情、友情环绕之中，七届全国政协委员、著名画家、老舍夫人胡絜青老人度过了95岁华诞。

全国政协李瑞环主席的祝贺花篮摆放在大厅正中，秘书长郑万通代表李瑞环主席将祝福与问候送给胡絜青老人。胡絜青老人1951年拜齐白石为师，深得真传。她擅长花卉翎毛，能工能写，笔下花卉仪态万方，情趣各异，具有独特的个人风格。其花鸟画有的严整工致，造型逼真，设色艳丽；有的笔简意深，充满蓬勃生机；有的把泼墨写意与重彩工笔草虫巧妙地结合在一起，给人画外丰富的联想。

从1958年起她为北京画院画师，与北京老画家一起为民族文化宫、北京饭店合作多幅大型壁画。与几位画家一起创作一套《菊花》特种邮票，在建国30年最佳邮票评选中获奖。创作的工笔大画《姹紫嫣红》作为国礼送给越南的胡志民主席。1980年在香港举办个人画展。1998年在北京美术馆及1999年在美国举办个人画展。现已出版的美术作品有《月季》、《银星海棠》、《菊花》、《苍松》、《凌云直上》、《傲霜图》、《玉羽春光》等。同时胡絜青还是一位有深厚功底的书法家。她编写出版过老舍的有关书籍。他的名字收入《中国当代画家辞典》、《中国美术家名人辞典》、《华夏妇女名人辞典》等辞书。出版有《胡絜青画集》、《胡絜青画册初集》、《胡絜青百菊图》等画集，和《散记老舍》、《铁血东流》等文集。

（文艺报）

为胡絜青九十五寿辰举行茶话会

本报讯 （实习记者　马　平）　12月23日是著名画家、老舍夫人胡絜青先生95华诞，有关部门在京为老人的寿辰举行茶话会。上百名作家、艺术家以及各界人士前来为胡先生祝寿。茶话会由北京老舍文艺基金会副会长、老舍先生的儿子舒乙主持。

李瑞环、雷洁琼、何鲁丽等领导同志和中国作协主席巴金送来了花篮。送来花篮的还有中华文学基金会、北京市民族事务委员会等。茶话会上，一些著名书画家即席泼墨挥毫为胡先生贺寿，茶话会还展示了胡先生平生得意书画。北京人艺的艺术家郑榕、苏民、濮存昕等即席朗诵了老舍和胡絜青先生的诗文作品。

老舍夫人昨日喜迎95寿诞

本报讯　著名书画家、老舍先生的夫人胡絜青昨日在新朋老友的庆贺中度过了她95岁的生日。茶话会上，胡絜青的家人不仅向来宾展示了这位书画家从50年代至90年代颇具代表性的画作，而且还特邀北京人民艺术剧院老艺术家郑榕、苏民等朗诵了胡絜青和老舍先生的诗文。

昨天上午，市领导张健民、陈广文、李志坚代表北京市委书记贾庆林、北京市市长刘淇等北京市领导来到胡絜青家中探望，祝贺老人95华诞，并祝身体健康。

（北京青年报）

寿字挂中堂　鲜花满庭芳

著名画家老舍夫人胡絜青喜度95华诞

本报讯（记者徐雪梅）12月23日是著名画家、老舍夫人胡絜青95华诞。昨天上午，中央统战部常务副部长刘延东代表李瑞环同志，市领导张健民、陈广文、李志坚并代表贾庆林、刘淇同志到胡老家中看望了她，送上了花篮。下午，郑万通、刘鹏、孙家正、张锲、邓友梅等与文化界知名人士200余人欢聚首都大酒店锦云厅，以茶话会的方式为胡老祝寿。巴金、雷洁琼、何鲁丽、刘忠德等老朋友还派人送来了花篮。

[illegible]握住胡老的手，祝她健康长寿。胡老穿着红坎肩，透着喜庆，她不住地说："知道你们忙，还来。"刘延东说："胡老是国宝啊！"张健民、陈广文对胡老说："您思维这么敏捷，哪像90多岁的人啊。希望您创北京长寿老人记录，创全国长寿老人记录。"胡老年事虽高，但腰板硬朗，精神矍铄，曾被评为全国健康老人。据胡老的儿子舒乙介绍，胡先生生活非常规律，她每天还要做做自创的体操，借助放大镜看书报，也看看电视，有时还去看画展。胡老的社会活动也不少，总有人请她题字，她自己也说："我的字还有刻在石碑上的。"当记者问她"最爱画什么"？她说："我爱养花，每天都要浇浇花，所以也最爱画花。"

胡老一生钻研艺术，着意丹青，她擅长花卉翎毛，能工能写，笔下花卉仪态万方，具有独特个人风格。她以高洁的人品和精湛的画艺书法在中国和世界艺术界享有很高的声誉，赢得人们的尊敬和爱戴。胡老和已故"人民艺术家"老舍先生更是一对笔墨丹青、琴瑟和鸣的人间佳偶。

昨天下午，锦云厅花团锦簇宾朋满座，一派喜气，正可谓"寿字挂中堂，鲜花满庭芳，贺词舒心愿，四座飘茶香"。一个一米高的大蛋糕摆放中央，上书"贺著名画家、老舍夫人胡絜青95华诞"。茶话会上，胡絜青同乡老友、著名诗人臧克家委托夫人郑曼祝胡大姐"健步度过百年关"，表演艺术家郑榕朗诵了胡絜青回忆老舍先生的诗，著名演员濮存昕朗诵了胡絜青写的散文《豆汁》，表演艺术家苏民则朗诵了老舍1958年写给胡絜青的信。

昨天下午参加茶话会的文化界人士还有：甘英、刘春华、丁聪、方成、吴素秋、刘继英、赵大年、许麟庐、王世襄、靳尚谊、常君实、张开济、林放为、姜德明、李燕、张庚云、陈大章、林连昆等。　R.3714

（北京日报）

胡絜青迎来九十五华诞

李瑞环等表示祝贺

本报北京12月23日讯　记者李辉报道：今天是老舍夫人、画家胡絜青的95岁生日，百余位各界知名人士和友人下午在北京举办茶话会，簇拥着这位世纪老人，为她祝寿。

全国政协主席李瑞环委托全国政协秘书长郑万通为老人送来花篮。中共中央政治局委员、书记处书记、中宣部部长丁关根委托中宣部副部长刘鹏到会向老人表示祝贺。上午，中共中央政治局委员、北京市市委书记贾庆林委托北京市市委副书记李志坚前往胡絜青家中表示祝贺。送来花篮的还有何鲁丽、雷洁琼、巴金等。

茶话会上，胡絜青老人的家人向来宾展示了她在不同年代创作的绘画作品。来自以演出老舍剧作而著称的北京人民艺术剧院的几位艺术家，先后朗诵老人的诗文和老舍先生的家书，为茶话会增添了生动、感人的气氛。

（人民日报·海外版）

胡絜青笑在新千年

[illegible]

（人民日报）

胡絜清95岁大寿

昨天是老舍夫人胡絜清95岁大寿的日子，刘延东、张健民、陈广文、李志坚等领导同志代表中央统战部、人大、政协、市政府到住地看望了絜清先生，并向她祝寿。巴金先生专门托人从上海送来了具有象征意义的95朵玫瑰。

95岁的絜清先生精神矍铄，虽然年事已高，听力有所下降，但思维依然活跃，据絜清先生的家人介绍，近年来老人虽偶有小疾，但身体状况良好，并一直保持作画习惯，今年美国还举办了一次她的个人画展。吴勇　DH1

（北京晚报）

胡絜青欢度九十五华诞

本报讯　（记者周向阳）一代文学大师老舍先生的夫人、著名画家胡絜青老人九十五华诞茶话会12月23日在京举行。

全国政协主席李瑞环派人送来了花篮。巴金、何鲁丽、雷洁琼等也送了花篮。中宣部副部长刘鹏带来了丁关根同志的问候。

文化部部长孙家正到会并向胡老祝贺生日。中国文联、中国作协的领导也把声声祝福送给老人。

茶话会前，北京市委副书记李志坚等也代表市委书记贾庆林、市长刘淇到胡老家中看望。

在首都大酒店会议室里，胡老在鲜花和众人的簇拥下显得神采奕奕，她不时同与会的同志打招呼。

胡絜青生于1905年，1931年同老舍结婚，1951年拜齐白石为师，深得真传。她擅长花卉翎毛，其花鸟画有的严整工致，造型逼真，设色艳丽；有的笔简意深，充满蓬勃生机；有的把泼墨写意花卉与重彩工笔草虫巧妙地结合在一起，给人丰富的联想。茶话会上展示了老人50至90年代的5幅画作，令人叹为观止。

在轻松愉快的气氛中，郑榕、苏民、濮存昕等即兴表演了精彩的节目，歌声、笑声、祝福声把茶话会推向高潮。

（中国文化报）

历　史
回　眸

Ⅶ

老舍文学艺术奖基金会

老舍家属胡絜青及子女愿将出版《老舍文集》所得稿费捐献给你会，其中已出版的1—11卷的稿酬贰万五仟叁百元，在你会成立之际，即可捐出，其余各卷将随出随捐，特此奉告

胡絜青

北京老舍文艺基金会成立

- 1988 年 4 月 5 日
  北京市民政局批复，同意成立北京市老舍文艺基金会
- 1988 年 5 月 16 日
  北京市老舍文艺基金会成立大会在新侨饭店召开。市委、市政府主要负责同志及曹禺、白介夫、胡絜青、端木蕻良等人出席会议并讲话

老舍文艺基金会成立

历史回眸

曹禺在北京老舍文艺基金会成立大会上的讲话

今天，我们大家欢聚一堂，庆祝北京市老舍文艺基金会成立。我代表北京市老舍文艺基金会，向到会的文艺界、企业界、新闻界以及其他社会各界的朋友们表示热烈的欢迎和衷心的感谢。

老舍文艺基金会是以著名的人民艺术家老舍先生的光辉名字命名的。

老舍先生是一位深受广大人民群众爱戴，在国内外享有崇高声誉的作家。他于1899年出生于北京市一个满族的城市贫民家庭。抗日战争时期，老舍先生曾主持中华全国文艺界抗敌协会，在周总理直接关怀和帮助下，为团结和组织广大文艺工作者参加抗日宣传等方面的工作，作出了积极的贡献。后来到美国进行讲学并进行创作。1949年应召回国后，他就热情地投入新中国的文艺建设事业。曾任政务院文教委员会委员，全国人民代表大会代表，政协全国委员会常务委员，中国文联副主席，中国作家协会副主席，北京人民委员会委员，北京市文联主席等职。

老舍先生是著名爱国作家。他把自己的一生都奉献给了祖国的文学艺术事业，他在创作上勤奋努力，著作丰富。解放前，他写了《骆驼祥子》、《四世同堂》等许多优秀文学作品，对旧社会和日本侵略者进行了揭露和批判。新中国成立后，他以高度的创作热情，夜以继日的工作，创作了举世闻名的话剧《龙须沟》、《茶馆》和其他多种形式的文艺作品，受到了广大人民群众的热烈欢迎和喜爱。1951年12月23日，北京市人民政府授予老舍先生"人民艺术家"的光荣称号。

请柬

Invitation Card

订于五月十六日 星期一 下午二时三十分，在新桥饭店召开北京市老舍文艺基金会成立大会。

敬请光临

北京市老舍文艺基金会

一九八八年五月一三日

老舍文艺基金会成立

历史回眸

老舍先生早年曾去过英国、美国等国家进行讲学。抗战期间他以中华全国文艺界抗敌协会的名义接待了美国的著名作家斯诺、史沫特莱和英国的奥文、伊修任特，日本的绿川英子等朋友。解放以后，他又多次率团出访，并热情接待了大批国际友人，为增进中国人民和世界人民的友谊，为中国和世界文化的交流，做出了重大的贡献。他是一位享有世界声誉的著名作家，现在许多国家都有研究他的作品的专家。

老舍先生拥护毛主席、热爱周总理、拥护共产党、热爱社会主义和我们的人民。他热心参加社会活动，严于律已，作风简朴，平易近人，在党的领导下，他以博大的胸怀团结了广大的作家、艺术家，为贯彻党的文艺方针，培养文学艺术人才，繁荣社会主义创作，作出了卓越的贡献。

老舍先生虽然离开了我们，但是，他留给我们的作品将流芳百世；他一生的为人，将成为激励我们的榜样。我们成立老舍文艺基金会的目的，就是要广泛地团结关心文学艺术事业发展的各界人士，为繁荣和发展我们的社会主义文艺而共同努力。我们认为，这是对老舍先生最好的纪念。

老舍文艺基金会将设立“老舍文艺奖”，这是北京文学艺术界的最高奖励，它将本着坚持高标准，严要求，少而精，宁缺勿滥的原则，奖励北京市作家、艺术家所创作的优秀作品。同时，还将用部分资金资助北京市老舍研究会的工作。老舍文艺基金会的成立，受到了中共北京市委和北京市人民政府的高度重视，在北京市财政还比较困难的情况下，慨然拨出巨款，资助老舍文艺基金会的活动。这对老舍文艺基金会是个有力的支持。我们相信，老舍文艺基金会还必将会得到全国企业界、文艺界和社会各界关心文学艺术事业的有识之士的积极支持，也必将会得到熟悉老舍先生，热心文学艺术事业的国际朋友，海外侨胞的积极支持。我们相信，老舍文艺基金会的成立，一定会为北京市文学艺术事业的繁荣和发展做出积极的贡献。

1988年5月16日

北京新侨饭店

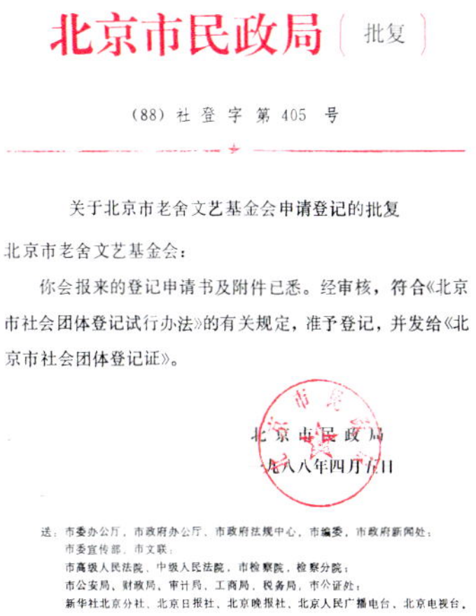
北京市民政局（批复）

（88）社登字第405号

关于北京市老舍文艺基金会申请登记的批复

北京市老舍文艺基金会：

你会报来的登记申请书及附件已悉。经审核，符合《北京市社会团体登记试行办法》的有关规定，准予登记，并发给《北京市社会团体登记证》。

北京市民政局

一九八八年四月五日

送：市委办公厅，市政府办公厅、市政府法规中心，市编委，市政府新闻处；
市委宣传部、市文联；
市高级人民法院、中级人民法院，市检察院，检察分院；
市公安局、财政局、审计局，工商局，税务局，市公证处；
新华社北京分社、北京日报社、北京晚报社、北京人民广播电台、北京电视台。

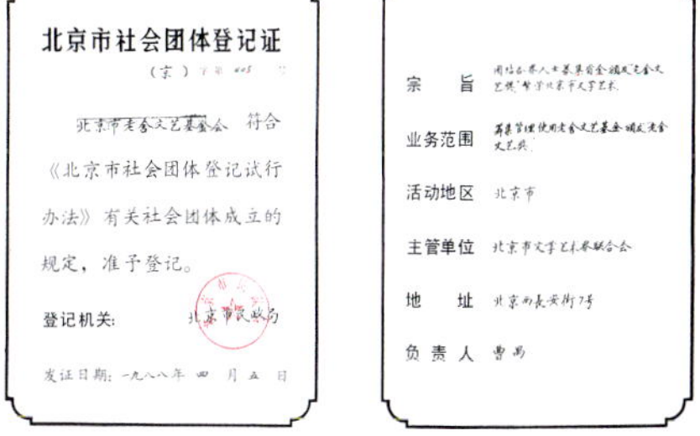
北京市社会团体登记证

（宗）字第405号

北京市老舍文艺基金会 符合《北京市社会团体登记试行办法》有关社会团体成立的规定，准予登记。

登记机关：北京市民政局

发证日期：一九八八年四月五日

宗旨 [illegible]

业务范围 筹集管理使用老舍文艺基金 颁发老舍文艺奖

活动地区 北京市

主管单位 北京市文学艺术界联合会

地址 北京西長安街7号

负责人 曹禺

老舍文艺基金会成立

历史回眸

北京市老舍研究会成立

1986年8月22日，北京市老舍研究会成立。市委副书记徐惟诚，市委常委、宣传部部长王立行，北京市副市长陈昊苏，以及老舍生前友好、老舍研究者百余人参加了成立大会。大会推举曹禺同志为会长，李筠、宋汎、王松声、于是之等为副会长。会上宣布，北京市将设立一项本市文学艺术方面的最高奖励："老舍文学艺术奖"。

北京日報

北京市老舍研究会成立

本报讯（记者张新亭）北京市老舍研究会昨天成立，第一任会长曹禺同志从上海发来贺电，并建议早日树立老舍全身塑像，以让人们瞻仰。

北京市老舍研究会是群众性的学术团体，该会以促进老舍研究，提高老舍研究的学术水平，繁荣北京文学艺术创作为宗旨。

记者从成立会上获悉，北京市将设立一项本市文学艺术方面的最高奖励："老舍文学艺术奖"，目前正在积极筹备老舍文学艺术基金会。老舍夫人胡絜青在昨天的会上表示，她将把老舍的部分稿费捐献给老舍文学艺术基金会。她还希望北京市老舍研究会，多干实事，多出成果，多团结人。

市委、市政府有关负责同志以及老舍生前好友、学生和老舍研究者百余人参加了成立大会。

北京市社会团体管理办公室（批复）

京社登字〔1992〕1241号

关于北京市老舍研究会申请登记的批复

北京市老舍研究会：

你会报来的登记申请书及附件已悉。经审核，你会符合国家关于社会团体登记的法律规定，准予社会团体法人注册登记，发给〈北京市社会团体法人登记证〉，请按照核定内容依法开展活动。

此复

一九九二年[illegible]月三十一日

抄送：市委宣传部、市文联；
西城区社会团体管理办公室

老舍研究会成立

历 史 回 眸

曹禺在北京市老舍研究会成立大会上的讲话（书面）

同志们，朋友们：

今天，我们大家汇聚一堂，举行北京市老舍研究会的成立大会，我们大家的心情，都会感到特别的高兴和激动。我自己，作为老舍先生的莫逆于心的朋友，高兴和激动的心情更是不能自抑。我感谢大家推举我做这个研究会的会长。为北京老舍研究会做点工作，是我所期冀并自感义不容辞的。

在老舍先生以死向邪恶抗争、离开我们二十年之后的今天，我们在座者，包括先生生前的学生和朋友，包括先生著作的热爱者和研究者，大家坐在一起，以足下为万里之行的起点，纪念学习先生的精神，研讨先生的著作，缅怀先生光辉的一生，是非常有意义的。

老舍先生像老黄牛一样，笔耕一生，贡献出了近千万字的洋洋巨作，受到广大人民群众的崇敬和爱戴。他的影响，不仅在北京，也不仅在中国，他是一位有着世界影响的文学大家。他的影响是跨越地域和时代的。

老舍先生是中国人民的光荣，更是我们首都人民的光荣。现在，学习和研究老舍蔚为风气，老舍作品越来越多地被人们所喜爱。在老舍的故乡，我们占有天时、地利和人和的全面优势，资料丰富，人才济济。对老舍的研究工作，我们应该也必须走在全国的前列。

少说空话、多做实事，这是老舍的性格。我与老舍的交往，更多的是看到他这种质朴、求实、不图虚荣的进取精神。我愿它也成为我们研究会的宗旨。我盼望着能从我们诸位的腕底现出更多更好的研究成果。

谢谢大家。

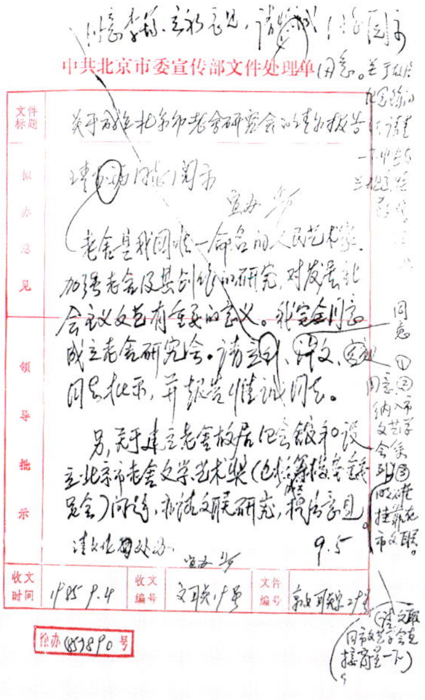
中共北京市委宣传部文件处理单

文件标题	关于成立北京市老舍研究会的请示报告
拟办意见	
领导批示	
收文时间 1985.9.4	收文编号	文件编号

老舍研究会成立

历史回眸

北京市老舍研究会首届理论年会辑录

北京市老舍研究会首届理论年会综述

北京市老舍研究会首届理论年会于1990年8月28日至30日召开。近30名专家学者出席了年会。北京市老舍研究会副会长宋汎在开幕式上致辞。他说，老舍先生从解放初期到“文革”浩劫中不幸去世，一直担任北京市文联主席，为北京市文联和文艺界作了大量卓有成效的工作。他留给我们的文化遗产是十分丰富的，我们今天研究如何继承发扬他所取得的杰出成就，对于增强作家的创作责任感，对于弘扬优秀的民族文化，对于更好地坚持党的“二为”方向和“双百”方针，推动社会主义文艺事业的繁荣和发展都会产生积极的作用和影响。他希望这次会议以马列主义为指导，提倡一种好的学风，坚持百家争鸣的方针，各抒己见，畅所欲言，不同观点也能够开展有理有据、心平气和的讨论和争鸣。

孙钧政副会长代表中国老舍研究会祝贺理论年会的召开。

北京市老舍研究会副会长王松声转达了因病住院的曹禺会长对大会的良好祝愿。曹禺同志说：“老舍先生是伟大的爱国主义者，是一位非常了不起的人。我和他在一起工作过近一年的时间，那是1946年，在美国。现在开这个会非常好，太应该了，关于老舍先生是研究不尽的，可以有许多题目。”

出席会议的专家学者围绕“老舍创作的民族精神和地域特色”这一主题进行了认真探讨。他们在发言中，以《老舍的忧患意识》、《老舍与京味小说》、《老舍与北京文化》、《老舍的文化观》及《从人艺风格的形成看老舍的民族精神和地域特色》等为题，阐述了自己的观点。

关于老舍的“忧患意识”，有的学者认为，它的核心是爱，是对乡土、对文化、对民众、对民族深挚的爱；是憎爱分明的爱。老舍先生的“忧患”焕发的是奋发感、奋起感。因此，老舍先生不愧为伟大的爱国主义者，不愧为伟大的人民艺术家。

关于“老舍与京味小说”，是理论年会争论比较激烈的一个课题。来自北京师范学院的许自强认为老舍先生的小说具有开创性，老舍之前，还没有一个人把京味小说表现得如此深刻、如此有特点。比较起同时代一些描写北京生活的作家，老舍先生创作的京味小说是正宗的，味纯，不是靠一些猎奇、落后意识哗众取宠，而是实实在在的表现北京人的生活；北京文坛已经形成了一个以老舍先生为旗手的“京味小说”流派。

而来自北京师范大学的刘锡庆等人则认为，京味小说是否形成了一个流派不敢断言，即使有这样一个流派，发展前景也不是美妙的。随着改革开放，高楼大厦代替了小四合院，北京作为国际交往的一座名城，已经从原来的古都变为现代化的开放城市，因此“京味小说”这一提法是否妥当，还有待商榷。

也有学者认为，把老舍先生说成是“京味小说”的创始人或代表，无疑会贬低其作品深刻的历史意义和伟大作用。

这次理论年会正如副会长李筠在总结中所谈到的：讨论的课题有一定的深度；对老舍民族精神内涵的探讨有所深化；有些课题具有现实意义。整个年会开得生动活泼，讨论中充满学术民主。

北京市委宣传部副部长马玉田到会并讲了话。他希望对老舍的研究能够推动北京市创作繁荣和发展。

出席首届理论年会的专家学者和作家还有王行之、赵园、舒乙、舒济、康式昭、黄会林、王德宽、蔡渝嘉、杨聚臣、王晓琴、甘海岚、吕智敏、张东明、蒋瑞、李志强、邵毓奎、曹菲亚以及蓝荫海、韩少华、赵大年、陈建功等同志。北京市老舍研究会副秘书长高玉琨、苗稼全也出席了会议。

（晓雯）

历史回眸

曹禺会长谈老舍研究

1990年8月26日下午4点，北京市文联副主席、党组书记、老舍研究会副会长宋汎、北京市文联顾问、老舍研究会副会长王松声以及老舍研究会副秘书长高玉琨、苗稼全等四同志去北京医院探望北京市文联名誉主席、老舍研究会会长曹禺同志，向他简要汇报了首届老舍理论年会的筹备情况。曹禺同志认真地听取了汇报，并谈了以下一些意见。

当汇报到准备召开北京市老舍研究理论年会时，曹禺会长说：老舍先生是伟大的爱国主义者，是一位非常了不起的人。我和他在一起呆了差不多有一年。那是1946年，在美国。现在开这个会非常好，太应该了。

当汇报到这次会议的讨论题目是“老舍先生创作的民族精神和地域特色”时，曹禺会长说：关于老舍先生，是研究不尽的，可以有许多题目。这个题目非常好，目前也很有现实意义。

当汇报到这次会议将采取讨论座谈的形式时，曹禺会长说：这个办法很好。

曹禺会长还兴奋地谈起了老舍先生的作品，他说：老舍先生的《茶馆》，明年要在苏联演出，这已经定了。我们原来计划，由原来的老同志组成的班子演出，但有些人年纪大，自然规律嘛，不得不换人，准备培养新人来接班。苏联相当于我们剧协的那个组织的领导人坚持要求是之同志去，我们国家也同意了。《茶馆》欧洲去过了，日本去过了，这次苏联也要去了，在全世界都有影响。《茶馆》这个戏咱们要一代一代地演下去。老舍先生的作品，包括他的小说，在全世界都是很有影响的。

曹禺会长关心地问起胡絜青先生身体如何？当听取了汇报后，曹禺会长说：她的画现在非常好了。她天天画画，会休养，对身体也好。

曹禺会长十分关心地问起了北京市文学家艺术家活动中心进展情况，他说：我想起来了，文联那个新楼盖得怎么样了？这件事非常重要，市委懂得，这是给北京市添光彩的建筑，北京恰恰缺少这么一个建筑。

曹禺会长又谈起了理论年会，他说：非常感谢你们召开这个会，我参加不了啦。这个会开好了，不仅对北京市文艺界，而且对全国文化界都很有影响。尽管只开三天，意义很重大。种子撒下去了，必然会长出茂盛的树，开出茂盛的花。全世界都很重视对老舍先生的研究，好多国家都在做这方面的工作，我们应当比他们搞得好。有胡老太太健在，有舒乙他们在，我们的研究工作，应当搞得比他们好。我们有这个条件，也有这个能力。希望我们这个研究会是个很有力量的组织，很有成就的组织。老舍先生是北京市文联第一任主席，他那么全心全意地组织北京市的创作，几乎每天都上班。我们北京市文联有一个好传统，那就是团结，这个传统非常重要，要保持下去。

（雨田）

宋汎副会长在北京市老舍研究会首届理论年会开幕式上的致辞

老舍先生是一位成就卓著、驰名中外的大作家，一位伟大的“人民艺术家”；老舍先生生前长期在北京市工作，自解放初期一直到“十年浩劫”中不幸去世为止，他一直担任着北京市文联主席，为北京市文联、北京市文艺界做了大量卓有成效的工作；在创作上，老舍先生的许多作品都是取材于北京，他的作品的艺术风格，也充满了浓郁的北京地区的地方特色。

因此，无论纪念老舍还是研究老舍，北京市文联北京市文艺界都应该多做工作，应该走在全国的前列。这是责无旁贷的。在这个问题上，应该说几年来，我们做了一些工作。但也应该说，我们的工作还做得很不够。虽然成立了老舍研究会和老舍文艺基金会，也开展了一些学术活动和纪念活动，但活动开展得不多，尤其是关于老舍的学术研讨活动，没有有计划地开展起来。因此，我们想从这次理论年会开始，把工作加强起来，经常地、有计划地开展一些学术活动，使它取得应有的成果，产生较大的影响。

老舍先生在创作上取得了很高的成就，他留给我们的文学艺术遗产是十分丰富的。如何更好地研究、继承和发扬这些宝贵遗产，这是我们所面临着的一个重大课题。由于老舍先生的成就是多方面的，而一次学术讨论会又不可能讨论许多问题，因此在这次理论年会之前我们征求了一些同志的意见，决定这次年会集中讨论“老舍作品的民族精

神和地域特色”这样一个专题。

大家知道，老舍先生是一位杰出的爱国主义者，他始终关心国家和民族的命运。这一点在他的作品中有着充分的体现。老舍先生在《五四给了我什么》一文中曾经明确地谈到他写作的基本思想。他说：“看到了五四运动，我才懂得了‘天下兴亡，匹夫有责’。这次运动使我看见了爱国主义的具体体现，明白了一些救亡图存的初步办法。反封建使我体会到人的尊严，人不应该做礼教的奴隶；反帝国主义使我们感到中国人的尊严，中国人不应该再作洋奴。这两种认识，就是我后来写作的基本思想和情感。”正是在这样的基本思想与情感的指引下，老舍先生的作品中贯穿着强烈的爱国主义思想和民族精神，国家的前途，民族的命运，人民的疾苦，成了他作品的一个鲜明的、一贯的主题。

在艺术上，老舍先生坚持民族风格和地方特色。并取得了自己独特的成就，受到广大人民群众的喜爱，也影响了一大批中青年作家。

我们今天来研究和探讨老舍先生作品的“民族精神和地域特色”，研究如何继承和发扬他所取得的杰出成就，对于增强作家的创作责任感，对于弘扬优秀民族文化，对于更好地坚持“二为”方向和“双百”方针，推动社会主义创作的繁荣和发展，都会产生积极的作用和影响。

我们这次会议是一次理论年会，是老舍研究会的一项带有经常性的学术活动。我们希望这次会议能够提倡一种好的学风，这就是以马列主义文艺理论为指导，坚持“百家争鸣”的方针，各抒己见，畅所欲言，不同意见也能够开展有理、有据、心平气和的讨论和争鸣，使会议能够开得生动活泼，取得更好的效果。

最后，祝会议开得圆满成功。

老舍的忧患意识

王晓琴

老舍的创作，初看引人发笑，反复看后却使人沉郁，仿佛在作品的后面总站着一个含泪的老舍。正如他所说的："你看我挺爱笑不是?因为我悲观。"他的创作，从处女作《小铃儿》到压卷之作《正红旗下》，无不贯穿着对国家、民族、人格的忧思，可称为是一部宏大的"神圣忧思录"。

一

心理学认为，忧患意识属于人类自我防卫的心理机制，其因不同的民族文化传统，被涂抹上不同的色彩，具有不同的内涵。

中国传统的忧患意识，其内核取自儒家文化。按照儒家思想，"修身、齐家、治国、平天下"是最高理想，做忠臣孝子是最完美的人格，个人与国家紧密维系在一起。因而每当国　遭受不幸，人们便在伦理情感范畴内，产生一种极为强烈的沉痛感和道义感。正是这种情感，成为中华民族的凝聚力，也形成中国文学源远流长的忧国传统。

中国传统的忧患意识，在审美形态上是乐感的。正如王国维所指出的："吾国人之精神，世间的也，乐天的也。故代表其精神之戏曲小说，无往而不著此乐天之色彩，……非是而欲厌阅者之心，难矣。"

而西方的忧患意识，其内核却源于古希腊、罗马和基督教文化传统。按照其观念，个人本身就是目的，具有最高的价值，家、国只是一种"契约"，是达到个人目的的一种手段。因而每当个人尊严、价值受到损害，人们便在伦理情感范畴内，产生一种极为强烈的沉痛感和道义感。正是这种情感，成为西方民族的推动力，并形成西方文学源远流长的忧人传统。

西方传统的忧患意识，在审美形态上是悲感的。因为基督教“原罪说”，认为人的灾难皆存在之必然，故对前途悲观绝望，带有“世纪末”情绪。

由于中西忧患意识传统大相径庭，故不同民族文化背景的作家就呈现出不同的情感模式和审美特征。

二

老舍出生于中国古帝都的下层旗兵家庭，自幼饱尝国耻、族恨、家仇，正如其诗所云：“我昔生忧患，愁长记忆新。童年习冻饿，壮岁饱酸辛。”少年时期，他即迷恋戏曲、曲艺等中国传统民间文化，后又发愤攻读中国传统的文人文化，“散文是学桐城派”，“诗是学陆放翁与吴梅村”，“小说是学唐传奇”。这种人生经历和文化背景，使他对故国故土有一种割舍不断的感情联系和经久难忘的童年记忆，从而自觉不自觉地与中国民族的忧患意识相认同。

这种认同感，首先表现为对国家命运的热烈关注和神圣责任感。如《小铃儿》中抒发了“雪国耻打洋人”的激情。《赵子曰》提出了救国之路。《二马》反映了海外华人的屈辱。《猫城记》敲响了救亡警钟。《四世同堂》歌颂了民族的觉醒。《正红旗下》再现了民族的沉沦。可以说，在老舍的全部创作中，都能感受到他那一颗炽热的爱国之心。

其次表现为对国家民族的难以超越的伦理道德感。老舍在作品中总是以忠奸划分人物的善恶。爱国者都是善的化身，如小铃儿、赵四、李景纯、李子荣、瑞全、瑞宣、钱墨吟、常四爷等。卖国者都是恶的变形，如老张、贺司令、大赤包、冠晓荷、蓝东阳、大小刘麻子等。两类人物形成对照，显示了作者强烈的道德情感。

再有表现在审美形态上，具有乐感忧患特征。作品中的恶者被漫画化，突出其外貌行状，思想心理的假恶丑，如老张、大赤包、冠晓荷、蓝东阳、刘麻子等。而他们大都遭到恶报：大赤包发疯而亡，冠晓荷染病活埋，蓝东阳死于广岛原子弹，刘麻子砍头示众。这样就使作品“摹仿比今天的人坏的人”，“将那无价值的撕破给人看”，从而具有鲜明的喜剧美学特征，与乐感忧患血脉相通。

三

但是老舍在青年时期，受到“五四”的洗礼，获得“新的心灵”，“新的眼睛”，“体会到人的尊严”。加入基督教后，又有了对“灵”的追求。1924年他赴英讲学，“强国”、“强种”的环境与弱国子民的地位，促使他全面比较“中英两国国民性的不同”，同时也深入体味中西文学精神的不同。由于把东方世界和西方世界对立起来进行比较和审视，就使得老舍与母体文化产生距离，从而在创作中，又表现出对中国传统忧患意识的超越感。

这种超越感，首先表现为对人的价值、尊严的密切注视和强烈的责任感。如《老张的哲学》反映“钱本位”战胜“人本位”。《二马》呼唤国民的人的觉醒。《离婚》、《牛天赐传》分别从文化、教育角度剖析国民灵魂。《骆驼祥子》和《文博士》都是对病态灵魂，进行社会探源。《龙须沟》则以人的尊严的恢复，歌颂了新中国。可以说，老舍的全部创作，都贯穿着对人的思考、剖析，确实是“人第一”。

其次表现为对人格尊严的不可侵犯的伦理道德感。老舍在作品中常常以人格尊严划分人物的优劣。有人格尊严的都是“真人材”，如赵四、李子荣、瑞全、瑞宣、方宝庆、常四爷等。而丧失人格尊严的都是庸人败类，如老张、贺司令、大赤包、冠晓荷、蓝东阳、唐四爷、冯狗子、大小刘麻子等。这两类人物互相映衬，寄托了作者的鲜明爱憎情感。

再有表现在审美形态上，融汇悲感忧患特征。“真人材”被理想化，突出其心理、行为方式的真善美，带有超凡脱俗的性质和崇高的特点。如赵四、李景纯、李子荣、尤大兴、常四爷等。但他们大都“没有出路”：赵四一事无成，李景纯失败牺牲，尤大兴被撤职驱逐，常四爷穷愁潦倒。这样就使作品“摹仿比我们今天的人好的人”，“将人生有价值的东西毁灭给人看”，从而显示强烈的悲剧美学特征，与悲感忧患相沟通。

四

由于老舍创作中所贯穿的忧患意识，具有较独特复杂的文化风貌，呈现较丰富的情感模式和审美形态，就导致在评估老舍创作的过程中，出现众说纷纭，见解各异的现象。中国老一辈研究者，国学根基深厚，又身处内忧外患的中国，自然在他们的期待视野中，表现出对老舍忧国精神的理解，但却对其忧人精神态度冷淡。自称“只能算是个西洋文学研究者”的美国学者夏志清，完全采用西方传统的文学价值标准，于是在他的期待视野中，对老舍的忧人精神极为赞赏，而对其忧国精神却极力排斥。东欧学者虽有西方文化背景，但身属弱小民族，曾饱尝亡国痛，故在他们的期待视野中，“倾向于把文学的本文置于它们所产生的时代、社会和历史关系中，以便求得一种更为广泛的理解”，不同意夏氏“以贬低的词句谈论爱国主义的战争文学”。

但这并非固定不变，因为接受者的期待视野随着时代精神与风尚的变化而不断变化，从而引起文学价值标准的不断变化，对老舍创作的评估，也在发生巨大变化。中国改革开放以来，随着现代化进程的加快，人的解放问题越来越受到重视，于是老舍创作中的忧人精神，正在不断发掘并给予新的评价，如《骆驼祥子》小说已恢复原版结尾，被安上光明尾巴的同名话剧则无人问津。西方则随着东方经济的腾飞和自身危机的加深，越来越把眼光转向东方，中国的文化精神，也在渗入他们的期待视野。因而老舍创作中的忧国精神，也受到越来越多的西方接受者的赞赏，如曾被夏志清斥为“大大失败之作”的《四世同堂》，却被美国评论家陶璐菲·康斐尔德赞为“含蓄、全面地证明了中国光荣的高尚的道德传统”。

以上说明，老舍创作中中西融合的忧患意识，虽然在相当长的时期里，未能得到国内外接受者的彻底理解，全部接受，但是，随着时间的推移，这种状况正在改变。可以预见，在不久的将来，老舍创作在世界文学宝库中，一定会放射出更加灿烂夺目的艺术光彩。

历史回眸

老舍作品中忧患意识的心理因素

杨聚臣

由于受儒家文化的熏陶，中国的一般知识分子多具有浓重的忧患意识，老舍先生也不例外。在他几十年的艰难生涯中，这种忧患意识汩汩流淌，使他的作品中泛出一种淡淡的哀思，洋溢着炽热的民族情绪和爱国主义精神。考察老舍的忧患意识的产生根源，似乎还应从作家所处的具体时代以及个人的出身经历中去寻找它的来龙去脉。当我们这样考虑问题的时侯，不难发现，族恨、家仇和国耻这三种因素在老舍的创作心理上所占的重要位置。

老舍出生于清末的一个旗人之家。旗人固然可以享受"铁杆庄稼"的特殊待遇，但那每月几两饷银的微薄收入不仅很难养家糊口，而且更重要的是，它剥夺了旗人的人身自由，使子孙后代只能以当兵为业，失去了任何职业选择的权力。这种单调乏味、穷困不堪的生活使旗人们遭受着物质和精神两方面的折磨，年深日久形成了他们那郁闷寡欢的特殊心境。清朝被推翻以后，旗人的生活更加潦倒。他们既失去了"铁杆庄稼"，又缺乏谋生的手段，因而大多数人只得以打拳、卖艺、做杂工、拉洋车为生，妇女甚至沦为娼妓。老舍自幼生活在旗人之中，耳闻目睹旗人及其后裔的悲苦人生，这势必在他的心灵上打下烙印，形成那与生俱来的"族恨"意识。在创作中，老舍之所以常常把处于社会中下层、命运坎坷的"小人物"作为自己的描写对象，并寄予深深的同情，这些人物之所以往往隐含着旗人的性情、气质，甚至透出满族的身份，同隐藏在作家内心深处的这种"族恨"意识是不无关系的。

历史回眸

家仇，也是老舍创作心理的一个重要层面。老舍的父亲是清朝八旗防区正红旗的一个护军，1900年在同八国联军的巷战中阵亡。幼年时代的老舍曾多少次地听母亲述说联军行凶打枪的罪行，了解了父亲受尽苦痛而惨死的经历。他在后来的回忆中说，“在我的童年时期，我几乎不需要听什么吞吃孩子的恶魔等等故事。母亲口中的那些洋兵是比童话中巨口獠牙的恶魔更为凶暴的。”①这仇恨的种子深埋在心底，对他一生的创作发生了深刻的影响。正是这种影响，使他的作品时时流溢出一种朴素的反帝爱国情绪；也正是这种影响，使他曾长期收集材料准备写一本描写义和团的小说，后来，这个计划未能如愿，而终于在垂暮之年创作了那出讴歌义和团反帝精神的话剧《神拳》。老舍在写完《神拳》以后曾说：“不管剧本写的好坏，总算吐了一口气，积压了几十年的那口气！”②显然，从创作心理上看，不能不说《神拳》是一部深深地打上了作者的家族印迹的作品。

在老舍的创作心理上，家仇和国耻是紧密地连在一起的。家仇是国耻的一部分，洗雪了国耻也就报了家仇。老舍的前半生，战乱频仍，国破家亡。清政府的腐败无能、新老军阀的崇洋媚外给国家、民族带来的巨大灾难，他是亲身感受到了的。正是基于此，在日寇入侵、国难当头之际，他忧心如焚，毅然走出书斋来到武汉、重庆，以笔作枪，加入抗战行列。他后来回忆说，从“七七”以后，“我差不多没有写过与抗战无关的文字，既是想报个人的仇，也是想为全民族复仇”。③应该说，这正是他的那些抗战戏剧产生的心理背景。

诚然，作家的创作心理是极为复杂的，远非像我们所描述的这般简单。而且，它的多种层面总是处于相互依存、映照、交织、融合乃至制约、对抗的状态，共同作用于作家的创作。对一部分作品来说，可能某种心理因素更直接引起了作家的创作冲动，但也不能排斥其他因素在创作过程中所起的潜移默化作用。只有这样看问题，才能正确地认识和把握作家创作的心理机制，才有可能充分挖掘作品所蕴含的丰富而深刻的思想、情感的内涵。

需要指出的是，当我们肯定和赞扬老舍作品中的忧患意识、民族情绪和爱国主义精神的时侯，不应该妨碍我们对他的作品进行全面的艺术分析，这在对他的戏剧创作的评价上尤其值得注意。毫无疑问，他的抗战戏剧在“团结人民，教育人民，打击敌人，消灭敌人”④方面的确起到了一定的战斗宣传作用，有的剧作在演出时也取得了较好的效果。但从总体上看，由于作家多半写的是自己不熟悉的东西（包括内容和形式），加上时间紧、任务重，来不及仔细磋磨，因而同他的小说创作相比，不能不说存在着较大的艺术差距。至于老舍解放后的剧作，总的看，也没有出现艺术上的突破。即使像《茶馆》这样深深地打上了作家创作个性的力作，由于无法为更多的剧团所接受，因而也没能逃脱“案头剧”的命运。这种情况的造成，除了与上述同样的原因之外，忧患意识的弱化也是不能忽视的。可以这样说，由于时代和思想的局限，他解放后作品中的忧患意识多半停留在对历史的回顾中，而缺乏更冷静地审视生活、切入生活深层揭示矛盾的更现实的态度，因而使不少作品往往给人以浮泛之感。这或许就是为什么老舍解放后那些取材于现实生活的剧作，虽充满了对社会主义祖国的激情却缺乏更加深沉的艺术感染力的关键所在。

注：

①②老舍：《吐了一口气》

③老舍：《述志》

④毛泽东：《在延安文艺座谈会上的讲话》

历 史 回 眸

我看老舍的“忧患意识”

康式昭

我以为，“忧患意识”云云，不好孤立起来作封闭的凝固的理解，需要的是历史的具体的分析和把握。

“中国传统的忧患意识”、“西方的忧患意识”以及相应地归结于“忧国意识”、“忧人意识”和“乐感忧患”、“悲感忧患”，并据以评比高下、进退，我看，都不尽科学，理由不很充足。

照我看，评说老舍的“忧患意识”，必须结合先生所处的时代、环境，以及先生的经历、感受，加以考察。是否可从以下四个方面着手：

一、先生对祖国乡土的深情，对比于满目疮痍的现实；

二、先生对祖国悠久文化传统的自豪，对比于民族文化的衰落，以及富于半殖民地色调的洋奴文化的萌发；

三、先生对民众的挚爱，对比于民不聊生的现实和他们的麻木、愚昧、沉沦；

四、先生对中华民族的自尊，对比于民族屈辱的历史和现状。

归结于爱国主义的情操。

可以说，老舍先生“忧患意识”的核心是爱，是对乡土、对文化、对民众、对民族的深挚的爱；是憎爱分明的强烈的爱。

而先生的“忧患”焕发的是奋发感、奋飞感。

因而，老舍先生不愧为伟大的爱国主义者，不愧为伟大的人民艺术家。

历史回眸

老舍与“京味小说”

吕智敏

在70年代末80年代初北京人生活中掀起的“京味文化热”的背景下，“京味小说”以其朴拙大雅的风貌登上北京文坛，引起了京城内外、乃至海内外人士的关注和厚爱。

“京味小说”作为一个具有鲜明独特审美内涵与审美外观的文学品类，并非始于今日，那些“旧京小说”，如林语堂《京华烟云》不能说没有一点北京味，然而，真正具有独立审美价值的“京味小说”却是在老舍手中创立的。老舍说过：“我生在北平，那里的人、事、风景、味道，和卖酸梅汤、杏儿茶的声音，我都熟悉。一闭眼我的北平就是完整的、像一张彩色鲜明的图画浮立在我的心中。我敢放胆描画它。它是条清溪，我每一探手，就摸上条活泼泼的鱼儿来。”老舍正是靠着这得天独厚的主客观条件，匠心独运地开创了“京味小说”这一文学品类，并不断地从其题材范围、人物形象、语言韵味、自然景观与人文景观、文化意识与美学意蕴等多方面深入开掘，精心淘沥，使得这独具北京风味的艺术佳酿品味更正、更浓、更醇，从而日臻完美，获得了独具特有的美学风格和跨代传世、超越国界的艺术生命。老舍生前虽然没有把自己的作品自封为“京味小说（戏剧）”，文学批评家和文学史家也没有将老舍的小说冠之以“京味”的头衔，然而，在人们的审美感受与审美判断中，“京味”与“老舍味”有着某种特殊的联系，甚或是可以画等号的。如果我们从研究“京味小说”的艺术特征出发去追溯它的起源便会发现，老舍的小说正是“京味小说”的

历史回眸

滥觞。

京味小说家是老舍风格的继承人。他们写的“京味小说”，或成为京味小说家，应该说是有意为之，是一种自觉的美学追求使然，或者干脆说就是师承老舍的结果。这些作家中的许多人都谈到过，自己曾有意地、自觉地以老舍为师，追求老舍作品的艺术风韵，学习老舍作品的语言风范。北京文坛上这种以老舍为宗师、效老舍之遗风的文学现象，已充分引起了文学评论界的重视，从中可看出“京味小说”与老舍关系的一斑。

作为始祖和奠基人，老舍为“京味小说”奠定了如下四方面的基础：

一、艺术对象的充分地域化

“京味”之“京”，首先是一个地域性的概念，“京味”首先从充分地域化了的艺术对象中飘逸出来。老舍从以下几方面为“京味小说”的地域化特征奠定了基础：

题材的地域化。即老舍多次谈到的“写北京”这一题材特征所显示出的地域色彩。这是老舍为“京味小说”铸成的基本底色。80年代“京味小说”继承了这一题材特征，被人们概括为“用北京话写北京人、北京事”。

人物的地域化。老舍善于抓住新、旧北京人口结构上的特点把最能显示北京地域特色的人物摄入自己的艺术对象世界。80年代“京味小说”在这点上不但继承了老舍，且有所拓展，开始将北京新市民这一既有地域色彩，又具时代特征的形象纳入艺术对象世界。

环境的地域化。老舍不但重视自然环境的地域化，更致力于人文环境的地域化表现，最善于从人际关系中和通过对比手法表现人文环境中的北京味和历史感。

生活方式的地域化。老舍擅长从北京人生活方式的展示中，特别是北京人俗常生活方面显示地域特色极为鲜明的北京物质文化、精神文化、民俗文化，特别是北京人的文化心态。

二、主体视角的文化化

老舍创立“京味小说”之初就赋予了它一个观察和表现生活的独特的主体视角，它不侧重于政治的、经济的角度，而侧重于文化的角度。老舍谙熟中国传统文化，具有强烈的文化意识。他最善于从北京市民庸常的日常生活中搅动起民族文化传统的历史积淀，从中发掘出深邃的文化意蕴——官场文化的实质，生活方式、思维模式的痼疾，价值观念的尺矩和文化心理结构的特点，并由此进行深刻的文化剖析和文化反省。主体强烈的文化意识和创作中选取的文化化的主体视角，在创作中起着主导作用，进行着审美定向，使“京味小说”成为一种文化型的小说。在社会风俗画中深蕴着文化基因，满蓄着文化韵味，这是老舍为“京味小说”奠定的基调。

三、艺术形式的俗白化

老舍“京味小说”写北京人俗常生活和民风民俗的内容特征决定了它的形式特点——俗白化。从叙述方式看，它选取的是源于话本小说的传统小说叙述方式；结构上也采用传统小说模式；语言运用地道的北京话提炼而成的具有京味的纯正的文学语言。俗白化的艺术形式使“京味小说”兼具了通俗小说的某些品格。

四、化俗为雅的美学风格

无论从内容还是从形式上看，“京味小说”都表现出一种“入俗之美”。“俗”之为美，就已经界定了它与庸俗、粗俗的不同。它主要表现为同现实生活的极度贴近所表现出的浓郁的生活气息，表现为一种朴拙的原生美。然而“京味小说”的美学特征还不能简单地以“入俗之美”来概括。京味小说“入俗”，然而又“脱俗”，既“俗得要命”，又“雅得厉害”，其特征表现为“化俗为雅”。

“化俗为雅”美学风格是老舍为“京味小说”奠定的。老舍的美学追求不在“俗”之表象，而在“雅”之内涵，而融雅于俗的审美效果完全靠主体对客体的改造。完成这一审美改造，一是靠主体文化视角的选择促成了他对俗常事物表象背后深层文化蕴含的发掘，靠主体强烈的文化意识自觉地向客体注入，诱发出这些俗常事物中尚未苏醒的或尚处于集体无意识状态的文化基因；一是靠作者将粗糙形态的生活精致化的创作才能的发挥。这样，“俗化”的表象便升华为历史感很强、文化意蕴很深的意象，“俗”便发生了范畴的转化，生成一种“化俗为雅”的美学风貌。同时，老舍对北京方言土语的提纯和锤炼，也是“京味小说”获得“化俗为雅”的美学风格的重要条件之一。

综上所述，北京地域风味是“京味小说”的原味，北京文化意蕴是它的基调，俗而朴拙是它的外在本色，雍容大雅是它的美学品格。“京味”就是由这些“味”组成的。这些就是老舍所赋予“京味小说”的。

历史回眸

论“京味小说派”与老舍

许自强

一、何谓“京味”？“京味”就是北京味。它应当包括北京的环境和人文两方面，即北京的风土习俗和北京人的精神气质。具体说大致由三种因素所构成：

一曰乡土味。这主要是指北京区别于其他地方的地域特色，如北京的小胡同、四合院、大杂院、古城墙，天桥的杂耍，白塔寺的庙会，厂甸的春节，乃至小酒铺闲聊、马路边唱戏，无不浸透着一种独特的乡土气息。

二曰传统味，或者可以称做“古味”、“文化味”。这是指历史遗留下来的民族文化传统。中国是文明古国，礼仪之邦，北京已有近千年的历史，为历代王朝的故都，是全国的政治、文化中心。中华民族的历史、文化传统在这里留下了最深的印记，从古老的礼仪风俗，到传统的伦理道德，都积淀于北京人的心灵之中，体现出北京人独有的那种精神气质，如人际交往中重礼节、讲规矩，比较宽容、谦和，也较豁达，善于自我解嘲，有某种幽默感，比较重视文化素养等。传统文化中的落后方面对北京人的思想束缚也较重，表现出一定的保守性、封闭性，接受新事物、新风气比较缓慢，封建的宗法观念伦理道德的残余较浓等等。

值得一提的是旗风对北京人的心态习俗的影响不可低估，它使上述传统中的长处和短处得以强化表现愈加鲜明。这一切使北京笼罩着一股比较浓厚的古气，其中有古雅、古朴、古老，也有陈旧、迂腐种种味道。

三曰市井味。这是指下层市民身上体现出来的一种品格、气质。这种下层市民，大体属于小城市中的半无产阶级和一部分小资产阶级，例如小手工业者、小商贩、小职员以及主要以体力谋生的洋车夫、搬运工、街头艺人、匠人、佣人等，即旧社会所谓“引车卖浆之徒”。他们的生活环境比较简陋，谋生条件又较艰苦。他们一方面保持着劳动人民的一些素朴美德，如勤劳、善良、宽厚、克己；同时又受到统治阶级思想的侵染和传统规范的影响，下层市民的许多弱质、缺陷，如自私、狭窄、虚荣、平庸等所谓“小市民”习气也在他们身上体现得最为鲜明。今天，我们所谓“老北京”，多半属于这一阶层。

以上三股味是互相渗透，融会一气的。这三种味共同熔铸成北京人传统的心理习俗、精神气质。当然，就具体环境和人而言，他们的侧重有所不同。比如，在北京中上层的官绅之家所谓“忠厚传家久，诗书继世长”的四合院里，传统味就更浓些。而且往往被官气、洋气、书生气等冲淡了原有的“乡土味”和“市井味”。在京郊农民身上，“传统味”、“市井味”就相对淡化，“乡土味”显得更浓。唯独在北京市内，钟鼓楼下，大杂院内的下层市民“市井味”最浓，而“乡土味”、“传统味”也以种种方式程度不同地表现出来。所以“京味”在这部分人身上体现得最为鲜明、突出。京味的表现不但因人而异，还要随着时代、社会的发展而有所变化。从历史上看，封建王朝统治时期的京味，同民国以后就大为不同，解放前后的京味又不一样（这从老舍的《茶馆》可见一斑）。至于近年来，随着改革开放、新思潮、新风气的涌入，旧京味变化更大，不可一概而论。

二、“京味小说”与老舍。我同刘颖南同志在《〈京味小说八家〉后记》里曾提出“京味小说”的三个标准：

（一）用北京话写北京人、北京事，这是最起码的题材合格线。

（二）写出浓郁、具体的北京的风土习俗、人情世态。

（三）写出民族、历史、文化传统的积淀在北京人精神、气质、性格上所形成的内在特征。

其实，这三条里最主要的是第三条。甚至可以说主要就是第三条。只有第一条的作品，或许根本就没有什么京味，即便写出了北京的风土人情，仍然可能京味不浓（比如张恨水的《啼笑因缘》、林语堂的《京华烟云》）。必须具备了第三条，写出了北京人的神韵、气味，北京人的魂，这才够得上有“京味”。所以，我认为只有老舍先生的代表作如《四世同堂》、《骆驼祥子》、《柳家大院》等，才是京味小说的真正代表。

老舍先生对于“京味小说”有三大功劳：

第一，老舍是“京味小说”的奠基人，有开创之功。在他之前，中国虽有写京都生活、北京风情之作，但却没有显示多少京味特色，比较突出的倒是京派的“官气”。三十年代，沈从文等人曾提倡“京派小说”，但那与“京味”也完全不相干。老舍是第一个真正写出“京味”的作家，无论就作品的数量和质量看都处于遥遥领先的地位。

第二，老舍的京味小说有典范之格，在挖掘北京人的深层心态、传达北京人的神韵、气味上，迄今为止，尚无人能超越。人们不能不承认，老舍笔下的北京人才是地地道道的“北京人”，具有无可置疑的真实性。这固然得力于老舍对于北京的深刻了解，有深厚的生活根底，同时，也与他的取材对象有密切关系。老舍笔下的人物主要是生活在城区大杂院内的下层市民。在这些人物身上，“京味”所包含的“市井味”、“乡土味”，乃至“传统味”表现得最为集中、鲜明。

老舍刻画小人物成功的原因，还在于他那深切的情感倾向和客观的审美视角。老舍是用一种宽厚仁爱的胸怀和公允和善的眼光来看待北京发生的一切。他既痛恨小市民的庸俗自私，也赞扬下层市民身上体现的善良、豁达和淳朴。这使他笔下的人物往往闪烁出人性善恶的各种光彩，既有可怜、可卑、可悲，也有可敬、可爱、可贵，完整地、真实地反映灵魂的各个侧面。

在驾驭北京语言的技巧上，老舍所达到的那种炉火纯青的地步，是众所公认的。他写的北京话，既保持了民间口语的朴素、生动，又筛选掉那些粗陋的杂质，确实烧出了京韵的香气，精妙传神。这使他的京味作品从内容到形式都达到了前所未有的高度。

第三，老舍的“京味小说”有正宗之美。老舍作品的京味一不靠描写新异的民风民俗取胜；二不靠传奇性的情节故事引人；更不靠猎奇搜异的野趣去逗人。老舍笔下的北京是普普通通的平民大院或四合院。老舍笔下的人物大多是平凡常见的中下层市民。老舍所写的故事也往往是日常生活，家长里短。总之，他是完全以写普通人、普通事，写大众心理来显示出北京最普通存在的“京味”。不仅如此，老舍还以平民百姓的心态去描写北京人，他如同生活在人物中间，同他们同命运、共呼吸，不是高踞于这群小民头上，颐指气使，指手画脚，也不是以一副悲天悯人之态，赐舍廉价的同情。而是让人感到一种融洽无间的亲切感。当然，这决不是意味着降低作者思想高度。老舍对旧文化和旧市民意识的批判是鲜明的，只是这种批判隐藏于平易近人的描述中，而幽默风趣的笔调，又使这种褒贬不那么锋芒毕露而已。

三、“京味小说派”已经基本形成。一个文学流派的形成，大致需要具备三个条件：

（一）有一二位杰出的、众所公认的著名作家为核心、为代表。

（二）有一批艺术特色相近的作家自觉或不自觉地成为代表作家的外围或后继。

（三）产生出一批题材、风格相近的、有影响的优秀作品。

倘若这三个条件可以成立的话，那么，我以为，“京味小说派”作为当代文学中的一个流派是基本形成了。理由很简单：

（一）“京味小说派”已有一位响当当的、卓越的代表作家——老舍。

（二）近十年来，在当代文坛上已涌现出一批擅长于描写“京味”的优秀作家。他们有的自觉地师从老舍，有意识地学习老舍（如苏叔阳），有的吸取了老舍的神韵，写出了一批京味十足的作品（如邓友梅、韩少华、陈建功），还有的因写出过一些题材相近，京味特色浓郁的作品，而扩大了“京味小说”的影响（如汪曾祺、刘绍棠）。尽管这些作家各有自己的风格、特色和艺术追求，对“京味小说”也许存有不同看法，但都同老舍创作中表现的“京味”，有密切联系。人们有权利把他们结集在一起，看成一个流派。因为从文学史看，除了那些有纲领、有目的的自觉结成的文学流派外，大多数流派是由读者和后人来归并的。

（三）以老舍为代表的“京味小说”作家们，已经写出了一批京味十足的优秀作品。除了有老舍的一批奠基作品外，这些年又产生了像邓友梅的《那五》、《寻访画儿韩》，韩少华的《红点颏儿》、《少总管前传》，陈建功的《找乐》、《辘轳把胡同9号》，苏叔阳的《傻二舅》等优秀作品。老作家汪曾祺的擅长固然在于描绘他家乡苏北一带的风情，但他在北京生活长达四十年之久，对北京生活的熟悉和把握不亚于自己的家乡，因而他写北京生活的作品，像《安乐居》、《云致秋行状》，无不具有浓郁的京味。热衷于“乡土文学”的刘绍棠，一向以写京东运河风情著称，京郊的“乡土味”本身就染有京城的“传统味”和“市井味”，所以刘绍棠笔下的乡土风情其实也是京味的一种扩张。如果再扩大一点说，浩然的某些作品如《弯弯绕的后代》也属此类。除此之外，显示京味特色的优秀小说还很多，像刘心武的《钟鼓楼》等，不一而足。

其实，“京味小说派”之所以能成为一个流派并非偶然。从历史、文化、语言诸方面考察，北京都具有得天独厚的有利条件，具备了产生流派的肥沃土壤。

一是“京味”的独特性和影响力，如前所述，像北京这样具有鲜明的民族标记、丰富的文化传统和独特的地域风貌的城市，在全国乃至世界都是十分罕见的。所以，“京味”本身就有着独树一帜的光彩。再借助于它作为首都的权威性，影响所及岂止于中国，实可谓名扬中外。

二是“北京话”的权威性和魅力。现今推广全国的普通话，是以“北京话”作为基础的，二者大同小异，这使北京话本身就有了走向全国的便利。北京话虽有一些方言土语，但大多是普通话稍加变化，如儿化韵、双声词并不影响读者的理解。即便偶然在小说中使用几个生僻的俚词（如“敢情”、“找乐子”之类），往往正是体现京味色彩最浓之处，最富有乡土气息，作者必然会加以解释说明，并巧妙运用，一般只会增添语言的魅力，“烧”出京味的香气。所以，从总体来看，运用纯熟“北京话”写出的作品，在全国推广是没有多大障碍的。

三是北京有着一支强大的作家队伍。当然，北京的作家未必都写“京味”，但至少他们写京味要比其他地方作家容易得多。可以说：“京味小说派”的后备队伍是阵容强大的，这是“京味小说”的出现和繁荣的前提。

当然，所谓“流派，流动之派”也。它不可能凝固不变，更不可能永世长存，文学史上的任何流派都是一个形成、发展直至消亡的过程，有的寿命还较短。有人担心，随着时代的发展，“旧京味”将越来越淡泊以至消失，“京味小说”前途堪忧。其实，只要有北京存在，“京味”仍会存在，即便有一天“京味”完全融化于时代新潮中，那么，“京味小说”作为一种历史，仍将有它存在的价值。像邓友梅的《那五》之类，写的就是历史，并不有损于它的审美光彩。

还需说明，我们认为“京味小说派”基本形成，并不意味它已经十分稳定、成熟，因为流派的发展趋向是难以预测的。文学史上的许多流派除了少数几个代表人物外，大多数是不稳定的；有时甚至于主将都可能脱离（如闻一多之于“新月派”）。“京味小说派”也有两种可能：或许写京味小说的作家会持续不断，日趋增多，蔚为大观，使这一流派日益壮大；或许会逐渐冷落下来；但即从当前的情况，把它看作一个流派是完全够格的。

历史回眸

也谈“京味小说”

溪清

什么是“京味小说”？据说有这样四条要义：一、写的人是北京人；二、事儿是北京事儿；三、用的是道地而浓郁的北京话；四、能透过作品映出北京的魂魄、气度或风采、神韵。老舍先生就是“京味小说”的开创者。而今，后继有人，已俨然蔚成一种小说之“流派”。

《京味小说八家》已经推之于世。旗号已立，用心可嘉。但这种“流派”能否成立，前景如何？说真的，我看挺“玄”，未可乐观。

愿借一方版面，以献疑于方家、读者。

首先，以“地域性”为其特色的所谓“流派”能否在现时立足或长驻？

“京味”（当然还是“津味”、“海味”、“山药蛋”味等），实际上是以所谓“地域”特点来界划、规定“流派”特质的一种办法、主张。而“地域性”或“地域特色”，在我看来，本质上是封建割据下文化“封闭”的一种产物，一种历史遗留的现象（至近世前，中外文学史上的地域性流派莫不如此）。作为一种“自矜自守”的文化现象，它一般说来是近传统而远现代的（现代的流派多以手法、技巧等不同的美学主张为其分野）。而当今的时代，地域自身总的发展态势恰恰不是封闭而是开放，不是存异而是趋同。这样，由它带来的“地域性”都在日渐地淡化、稀释、消融，而不同地域的“共同性”却明显地成了变化、发展的主流——这一点，越是“开化”之地就看得越为清晰。

北京就是这样，随着旧时代的被葬送，旧北京

（老“京味”的寄植者）也被历史无情地送进了博物馆。特别是在改革开放打破了闭关锁国之后，北京的生活节奏大大加快了，北京的总体风貌亦焕然一新了。生活变了，北京自然不能不变；北京变了，旧北京的“味儿”和新北京的“味儿”自然也会新老殊异（乃至大相径庭）。老舍笔下的“京味”，概言之其反映的无非是旧北京中下层市民的那种浸染着悲剧色彩（或以喜衬悲）的“大杂院”文化或“四合院”文化——而这些，我以为老舍先生通过《茶馆》这一剧作自己早就把它连同旧中国一起“葬送”了！今天正阔步迈向现代化的北京，还有那种老舍笔下的“京味”吗？很遗憾，不说“荡然无存”的话，也是“残留无几”了。现代的北京，如果还有所谓“京味”的话，那也绝不会再是济贫好义的“大杂院”味儿、悠闲雅致的“四合院”味儿或皇家瑞气的“宫阙王府”味儿了，而首先该是那种高楼比肩、小区林立的世界一流大都会的“现代”之味！但这种“味儿”现在还很难把握或反映——王朔的小说也许多少反映了它并非主流的“一角”。

以日益消解的地域性“味儿”去倡立流派，它会有健旺的生命吗？

其次，以“反映”或“再现”真实生活为宗旨的现实主义小说，不是去追踪、贴近变化了的新生活，而是以老舍先生的某些“京味”作品为圭臬去张扬“流派”，这在创作上能走得通吗？

老舍先生的确是写出了像《骆驼祥子》、《月牙儿》、《四世同堂》等“京味”很足的一批小说。但他并不是有意地去追求、去倡立什么“京味小说”才写那些作品的，总的看来，他信奉的还是现实主义。他以生活为师，力求在自己十分熟悉的生活土壤上，真实而艺术地“再现”旧北京的人情世态、民俗民风。生活就是那样，他活画出了它的“影象”，他成功了。他作品的“京味”，是后人对他创作总体神韵的一种感悟性的把握，是很难解析、整合的。拿构成“京味”的四条要义来说，头一条，人是“北京人”，就很难说。祥子、月牙儿，就都是因生计由农村进城的（月牙儿据考还可能是在济南而不是北京），都不是地道的“北京人”。老舍若真的欲追求、倡立“京味小说”的话，他完全可以不这样做。事儿是“北京事儿”，那也不一定。《二马》写的就是伦敦的事儿，《小坡的生日》是新加坡，但那“味儿”却仍然是老舍的。用“北京话”，老舍倒是有意为之，但也并不完全“叫真儿”。他的用语还是多色彩的：欧化的、书卷的、包括北京土语都调和于其间。北京的“魂魄”、“气度”最难说，但老舍先生却举重若轻地将它把握住并活现出来了。靠什么？熟悉！他太熟悉他“再现”的那个艺术世界了。现在的后继者若不是在这一根本点上下功夫，去师从生活，再现现实，而是不顾生活的新变化去师从成作，裁剪生活，那路肯定是行不通的！

“京味”八家除老舍外，我看只有两家较为贴近。一家是邓友梅，《那五》、《烟壶》等作确有“京味”，但他的路子是仍在那里写“老北京”，这种成功还不能反映“京味小说”在现时的真正成立（路子嫌窄）。另一家是陈建功，他的“京西”系列及《鬈毛》等力求表现新生活，很见精彩，但他的“京味”已和老舍的“京味”不大相同了。这种变“味儿”说明：与其说他是师从“京味”，还不如说他是师从生活！他若继续走他的路还好，若真的走上捏合“流派”的路则颇不美妙。

历史回眸

最后，这种先悬“旗帜”、再据“味儿”以倡建“流派”的做法是否符合艺术发展规律？会不会限制、削弱后继作家独特艺术个性的建立、发展？

艺术创作尊崇出新，最忌重复。每一个作家都应该是一个独特的、不可重复的个性。齐白石说得好：“学我者生，似我者死。”学结合着创，所以生；似追求着同，所以死。学老舍，值得提倡；似老舍，并不可取。

献此三“疑”，以备“兼听”耳。

历史回眸

老舍文化观三题

甘海岚

老舍著作中蕴含着十分丰富的文化思想，研究他的文化观，对深入探讨老舍的创作是必要的，对进一步弘扬民族文化，建设社会主义新文化也具有重要意义。“老舍的文化观”是一个大论题，这里只论及三个方面：

一、关于老舍文化观中的爱国主义精神

老舍认为，所谓文化，即一个国家民族“古往今来的精神与特质的生活方式”，“教育、伦理、宗教、礼仪，与衣食住行，都在其中，所蕴至广”，“有文化的自由生存，才有历史的繁荣与延续——人存而文化亡，必系奴隶”。显然，老舍所说的“文化”是大文化概念，他是把民族文化作为一个国家民族的标志看待的。亦即每一种民族文化都显示着、证明着这个民族的智慧、创造力和对人类文明的贡献，是民族生存和生命力的表现，民族文化与国家民族共荣辱共存亡。基于此，老舍一向把热爱祖国民族文化与热爱祖国视为一体，对中国优秀文化传统的尊崇和热爱，成为他爱国主义的重要组成部分，而他的文化观也充分体现着强烈的爱国主义精神。

老舍笔下的中华山川地貌、自然景观往往带有浓重的文化韵味，从他对祖国山河的歌咏礼赞中，从他对故乡北平（北京）的深挚情感中，可以感受到他对中华民族文化的无限崇敬和热爱之情。

老舍高度评价中华民族文化所具有的伟大凝聚力，认为这种深厚的文化力量是不容否认，不可战胜的；他充分重视弘扬民族文化对振奋民族精神、

历史回眸

激发人民的爱国主义和促进民族自身发展的重要意义和伟大作用；他特别强调中华民族文化对人类文明进步所做的伟大贡献和在人类文化发展史上所产生的深远影响，为泽被世界的中华民族文化而深感自豪。

作为一个爱国主义作家，老舍在他的早期作品中即表现了对帝国主义文化侵略的忧虑和义愤。《猫城记》充分反映了老舍对帝国主义侵略下民族文化凋敝、国家民族危机的忧患意识；写于青岛的一些散文中清楚地看到他面对帝国主义文化侵略的严肃思考；抗战时期，他更明确提出“要保存文化，必须打倒日本军阀”的思想。

老舍认为，弘扬民族文化一方面要反对帝国主义的文化侵略；另一方面必须反对盲目崇拜西洋文化，摒弃洋奴思想。他本人长期旅居国外，熟稔于西洋文化，但从他的作品到他的为人，都保持了中国的民族文化本色。在许多作品中，老舍揭露了崇洋媚外的丑态。

总之，老舍的文化观中闪耀着爱国主义思想光辉，爱国主义精神是老舍文化思想的一个重要特征。

二、关于老舍文化观中的民族自重和自我批判精神的统一

和全盘否定民族文化传统的民族虚无主义者针锋相对，老舍的民族文化观是历史唯物主义的。他尊重人类文化的继承关系，认为“人，从一个意义来说，是活在记忆中的，他记过去，才关切将来。否则他们活在虚无飘渺中，不知自己从何而来，和要往哪里去”。他肯定民族文化的价值，珍视祖国民族文化遗产，强调要以科学态度对待之，勿以今人苛求古人，不施以粗暴。他认为在某种意义上说，戏剧是文化的发言人，“戏剧把当时的文化整个的活现在人的眼前”，因此，特别重视我国传统戏曲，解放后他花费了许多心血致力于戏曲改革工作，曾亲自动手改编过京剧，做过把川剧改编为话剧的尝试，他还在民间曲艺的基础上首创了新剧种曲剧。无论在理论上，创作上，他都为继承民族文化遗产作出了重大贡献，显示了老舍文化观中的民族自尊、自重和民族自信心。

但老舍绝不是“国粹派”。青年时代的老舍就已意识到传统文化具有两重性，看到了传统文化的痼疾是阻碍国家民族兴旺发达的一大祸根，立志“为破坏、铲除旧的恶习、积弊，与像大烟瘾那样有毒的文化”和“创造新的社会与文化”准备牺牲。抗战时他更明确提出：“一个文化的生存，必赖他有自我的批判，时时矫正自己，充实自己，以老牌号自夸自傲，固执的拒绝更进一步，是自取灭亡。”“我们不能讳疾忌医！”主张对自己“文化的力量如何及其长短，都须检讨”。“必须看到它的过去，现在和将来”。而在民族文化自省中，文艺工作者应“首先下一番自我检讨的工夫”。老舍的这种传统文化自我批判意识贯穿于他的全部创作生涯，批判矛头十分广泛——他毫不留情地让传统文化中的恶习陋俗曝光，指出束缚人们自然天性的封建礼教和反科学的旧风俗都是戕害人的“文化病”，必须扫荡；他探讨国民性，揭示不良传统文化心理，批判某些中国人在民族危难之际，麻木不仁，混沌愚昧，讽刺敷衍、隋性、苟且偷生、无所作为的灰色人生态度，以及阿Q式的精神胜利等等。

老舍对民族文化所持的自尊自重自信和

严肃的自我批判态度的统一，证明了他的民族文化观是理智的，清醒的，辨证的，因而也是科学的。

三、关于老舍文化观中的开放意识

老舍是站在世界文化的角度看待中华民族的文化传统及其发展的。他说："我们应该了解我们自己也是世界人，我们也是世界的一环"，"中国不能独自变好，世界也不能舍去中国而变好。"中国的一切变化，既有独立性，也有其世界性。因此，在看到自己的同时，还必须"关切到我们的世界"。要"开拓我们的思想，……使我们成为一个会为全人类思想的中国人"。

老舍认为，借鉴、吸收外来文化是中国传统文化精神的组成部分，即：中国文化在其发展过程中，历来就具有与外来文化互相交流的传统，正是在世界各民族文化的交流中，中华民族文化得以不断的充实、校正和发展。在建设中国新的民族文化中，应当继续发扬这种开放精神，向外来文化中一切有益的东西学习，以人之长补己之短，反对夜郎自大，盲目排外。他提出，要学习、充实自己，眼光就需面向世界："今人之思想，必取全人类之最良者，不能夸示家传秘方，敝帚千金"，"研究一事须以'世界的'为主，政治文艺者亦宜把遗产二字含义扩大，要为世界文艺遗产之享受者，不可抱着几本线装书自称家资巨万。"

他的这种开放的文化思想很突出地反映在创作中。一些作品里揭示了"老中国"人们的封闭式文化心态，这些人总以"老"自居，面对前进了的世界，只管沉湎于祖先创造的古文明，而不承认自己的落后现实，拒绝学习外来文化之精粹。还有的作品讽刺了可悲可笑的阿Q心态。老舍认为，这些不健康心理不清除，将无以自强。

对如何吸收和借鉴外来文化的问题，老舍的主张是不惑于外而能取人之长，为我所用。认为"问题不在乎应否把新旧中外揉在一块，而在于保留什么旧的，采用什么新的"，老舍本人即最善于正确借鉴吸收外来文化充实、发展自己的创作，威尔斯·康拉德、莫泊桑、但丁、狄更斯等外国作家，都对他产生过积极影响，他在创作中体现的创新、开拓精神，与他具有这种开放的文化观有直接关系。

中外文化交流是双向的，不仅包含着中国民族文化向外来文化学习的意义，而且包含着要向世界宣传介绍中国民族文化，走向世界的含意。老舍非常重视这种"双向"交流。他在旅美时，就曾明确提出要主动向国外介绍中国文化，争取使外国能多方面地、如实地、尽快地了解中国文化的历史与现状。他说许多美国人所了解的只是我国古人和古代文化，而不了解今天的中国人和中国文化，指出："我们对外的宣传，只是着重于政治的介绍，而没有一个文化的介绍"，这是个很大的缺陷，认为"一部小说与一部剧本的介绍，其效果实不亚于一篇'政治论文'"。这里老舍提出了中国文化的对外输出和如何输出两大重要问题，至今仍不失其现实意义。

北京文化的“大”与“深”

赵园

1988年夏，我将一部关于《京味小说与北京文化》的书稿交给出版社。因种种原因，此书至今尚未面世，而我也并不关心它的命运，因为交出书稿时即已察觉到它的种种缺失，去年夏初看校样时更有无可补救的遗憾。因为，一，准备不足，对于“五四”一代知识界有关北京的描述（那是与北京的人文精神何等契合的一代！）即未仔细研读，遑论元明清三代卷帙浩繁的有关北京的笔记杂著典章文献！二，对一些基本的概念缺乏界定，如“北京市民”、“京味”（“京味”本系模糊概念，但须充分描述），以及那个其大无比的概念“北京文化”。我一向以“小题目大文章”要求自己，这次却在大题目下做了小文章。

喜好大概念，是“文化热”中常见一病。对于“北京文化”，研究者的确难以穷尽其“大”，但在摸索其一角隅时，是应如长于写胡同的老舍，时时记得其“大”，力图呈现其“大”的。

据说“京师”二字，“京”训“大”，“师”即“众”；“京兆”，“兆”亦“众”。凡“京师”皆有其“大”，古都之中北京使人感到“唯此为大”，是由其在古代史后期、近现当代的政治地理位置决定的。日本人鹤见佑辅《北京的魅力》一文所说“日本人所难于企及的‘大’和‘深’”，亦应系在北京特有的政治文化上。（鹤见佑辅语见《鲁迅译文集》第3卷第475页）

老舍作品中有他特殊体验的“北京之大”，如他的胡同人物的“大气”，即人的气质中包含的“大”。

非久居京华，呼吸其间，难以知道这“大气”为何物。这里，“大”在性情。大气，大度，亦泱泱大国的国民的气魄。与此相联系的又有讲排场、摆谱之类，则有官场文化在北京人日常生活中的渗透。老舍亦长于写政治文化笼盖下的北京人的礼仪文明，“大”在此又有其正面与负面的不同意义。

近代以来，废科举，文人职业独立，“平民化”，现代作家多不善写官场上层（长于写小职员、科员一流人物，不长于写政界要人），不善写上流社会，老舍亦然。但老舍写皇城投影下的胡同、四合院，又以写“官场价值原则在小民生活中”为有力的弥补，也有弃短用长。

近读台湾作家萧丽红的《文化小说》，觉其以闽南文化为基地，力图概括中华大文化，极力往大了写，至少有助于提高作品境界。当代京都人物之繁盛，文化变迁规模之巨，非任何历史时代可比。身居北京，应是据有了表现、诠释中华大文化的最有利地势。由此看当代京味小说，会嫌其纤巧，气象不大，气势不足。

此外，京城有广大且无与伦比的知识者层，可能不属于“胡同”，但属于“北京文化”，且是当代体现北京人文精神的重要圈层，亦是有志于呈现北京文化者必得面对的。老舍能“京味”，其创作又非“京味”这种风格概念所能包容。他不囿于胡同，不将其艺术仅仅寄存于老派市民这消亡中的人物及其生活型态上。这一点亦可为鉴借。

最后，我以为，当代京味小说是一种风格现象。我不认为当代（指1976年以后）存在严格意义上的“文学流派”。这在或一意义上，不妨视为文学的进步的。对此，我已有专文谈及（《话说京味》，载《中国现代文学研究丛刊》1989年第1期），兹不再赘。

历史回眸

老舍小说的三个基本情况

舒济

老舍先生从1921年写下了他的第一篇短篇小说《她的失败》开始，到1962年写《正红旗下》时止，共经历了41年。总共写了81篇长、中、短篇小说，总字数为315万左右。

一、小说所反映的时间范围：

《小人物自述》与《正红旗下》这两篇未完成的自传体小说，都是自他1899年诞生之日写起，是他全部小说中反映年代最早的两篇。1958年写的小说《电话》是他全部小说中反映年代最晚的一篇。总之，小说所反映的时间范围从1899年到1958年，小说反映最多的是二十世纪二十年代至四十年代的故事。老舍先生1966年去世，小说所反映的时间止于1958年，只比作者本人的生命早八年，可以认为小说所反映的时间几乎与他个人的生活岁月同步。

二、小说所描述的地理背景：

81篇小说中以写北京为背景的有32篇，共190万字，占总字数的一半以上。其他的地方有济南、青岛、武汉、重庆。写中国以外的有伦敦、新加坡、北朝鲜。写地球以外的火星《猫城记》。

老舍的小说反映了这么大的空间与地域，但“基地”是北京。正如他写道：“我们所熟悉的社会与地方，不管多么平凡，总是最亲切的。亲切，所以能产生好的作品”。

三、小说中的文学人物：

在81篇小说中《猫城记》、《小坡的生日》、《小木头人》与《无名高地有了名》未统计，余下的77

篇小说中，共创作了500名文学人物。

社会的上层人物有77名，他们有钱有势，由军、政、学、商、遗老、地主各界组成。人数不多，多是被批判、讽刺的对象。惯用漫画式的笔法勾画他们的丑恶形象。只有其中的极少数人对其为人处世给以肯定。

中层人物约230位，以一般知识分子最多。各式各样的大学生、科员、中小学教师、大学刚毕业的；店铺中的掌柜；社会上的地痞、科员的夫人等。这一层人物最多，反映了这批人物社会地位不稳定，只有极个别的爬入上层社会。作者用了大量故事描写一般知识分子对国家命运的关心，对个人理想的思考与奋斗，对包办婚姻的内心痛苦及他们的恋爱、家庭、工作中的种种矛盾与苦闷。对小有权势，仗势欺人，为非作歹的给予无情的揭露与讽刺。

下层人物有200名，有人力车夫、妓女、巡警、佣人、匠人、逃兵、艺人小贩等。其中以祥子、小福子、《月牙儿》与《我这一辈子》中的“我”最有名，与他们同命运，挣扎在死亡线上的人物有120名之多。老舍以大量的篇幅来描写社会底层人物，写他们的衣食住行，生活与生命中的一切，表现了作者的强烈的爱与恨。

老舍25岁远离北京，到50岁时才又回到北京定居。在身居他乡的25年中他写下了《离婚》、《骆驼祥子》、《四世同堂》这些写北京的名著，这只能用青少年时期的生活留给老舍的烙印与图象来解释。北京诞生了抚育了老舍，青少年的贫苦生活成为老舍小说的创作源泉。

历史回眸

纪念老舍诞辰92周年座谈会

纪念老舍诞辰92周年座谈会隆重举行

1991年2月2日，北京市老舍文艺基金会、北京市文联、《中国之友》杂志社、大碗茶商贸集团公司老舍茶馆、北京人民艺术剧院、宣武区文化馆等联合在老舍茶馆举办座谈会，隆重纪念人民艺术家老舍先生诞辰92周年。首都各界人士百余人出席了座谈会。

座谈会由北京市老舍文艺基金会总干事赵金九主持，他代读了因病住院的北京市文联主席、北京市老舍文艺基金会副会长杨沫同志的书面发言。她指出："老舍先生是一位驰名中外的、深受人民爱戴的作家、艺术家。老舍先生热爱共产党，热爱我们社会主义祖国，他始终同人民群众保持着密切的联系，关心着人民群众的疾苦；国家的前途，民族的命运，始终是他从事创作的鲜明的主题。今天，我们在这里缅怀老舍先生，就是要向老舍先生那样关心人民，了解人民，从人民那里汲取丰富的创作营养，最广泛地团结文艺工作者，为弘扬我们中华民族的优秀文化，繁荣发展社会主义文艺事业，贡献我们全部的聪明才智和力量。"

曾任周恩来总理秘书的张颖、担任冯玉祥将军秘书的于志恭、太平湖畔竖碑人许林村、独臂将军彭清云、盲艺人刚振华、著名艺术家夏淳和魏喜奎、北京市文联顾问王松声等怀着深厚的感情回忆了老舍先生许多动人的往事，讲述了老舍先生同人民群众的血肉联系。

文艺界老前辈阳翰生派秘书出席了座谈会。著名作家、老舍文艺基金会副会长端木蕻良为纪念老舍先生诞辰九十二周年特地赋诗一首，并派专人送到了会场。诗曰：桃符梅花爆竹烟／时交九二未回还。／龙须柳簇金鱼满，／一样春光一样天。

老舍先生的夫人胡絜青、子女舒济、舒乙、舒雨出席了座谈会。

出席座谈会的还有有关方面负责人白介夫、韩伯平、张大中、孟伟哉、李筠、龙新民等。

老舍92周年座谈会

历史回眸

杨沫在纪念老舍先生诞辰92周年座谈会上的讲话

老舍92周年座谈会

朋友们，同志们：

明天，二月三日，是我们大家尊敬的人民艺术家老舍先生诞辰九十二周年。为了表达我们对老舍先生的崇敬和怀念之情，我们北京市老舍文艺基金会、北京市文联、“中国之友”杂志社、北京人民艺术剧院、北京大碗茶商贸集团公司老舍茶馆和宣武区文化馆，今天在这里联合召开座谈会，纪念老舍先生。我首先代表主办单位，向出席我们这个座谈会的北京市委和市政府的领导同志，全国作协、全国文联的负责同志，知名的作家、艺术家，老舍先生的生前友好，企业家，还有新闻界的朋友们表示我们热烈的欢迎和衷心的感谢。

老舍先生是一位驰名中外的，深受人民爱戴的作家、艺术家。自从解放初期他从海外归来，到十年浩劫中受“四人帮”迫害而不幸去世， 直担任北京市文联主席之职。在这期间，老舍先生以他在文艺界的崇高威望和坦诚之心，广泛团结北京市的文学家、艺术家，积极地扶持和培养文艺新人，为繁荣和发展我们社会主义文艺事业，做出了积极的贡献。我们文艺界的朋友们，至今还在深深地怀念着他。

老舍先生热爱共产党，热爱我们社会主义祖国。他始终同人民群众保持着密切的联系，关心着人民群众的疾苦；他总是以饱满的热情讴歌我们新生的祖国，热情的表现我们人民所从事的伟大事业。国家的前途，民族的命运，人民的疾苦，始终是他从事创作的鲜明的主题。他在《五四给了我什么》这篇文章中写到：“看到了五四运动，我才懂得了‘天下兴亡，匹夫有责’。这次运动使我看见了爱国主义的具体体现，明白了一些救亡图存的初步办法。反封建使我体会到了人的尊严，人不应该做礼教的奴隶；反帝国主义使我感到中国人的尊严，中国人不应该再做洋奴。这两种认识，就是我后来写作的基本思想和情感。”这就是老舍先生为人为文的准则。他是这样说的，也是这样做的。这也是人民群众至今还在怀念他的重要原因。今天，我们重温老舍先生的这些话，是很有意义的。老舍先生留给我们的东西是多么丰富啊！

今天，我们大家在这里缅怀老舍先生，就是要像老舍先生那样关心国家的前途、民族的命运；就是要像老舍先生那样关心人民、了解人民，始终同人民保持密切的血肉联系，从人民那里汲取丰富的创作营养；就是要像老舍先生那样，最广泛地团结文艺工作者，积极扶持文艺新人，壮大我们的文艺队伍，为弘扬我们中华民族的优秀文化、为繁荣和发展我们的社会主义文艺事业，贡献我们全部的聪明才智和力量。

谢谢大家。

历 史 回 眸

纪念老舍先生诞辰九十二周年座谈会上的发言摘要

张颖：

我是1939年在重庆工作时认识老舍先生的。当时，我在重庆中国共产党八路军办事处工作，在周恩来同志直接领导下，同文艺界的朋友联络。

1937年抗日战争爆发，全国人民燃烧起极大的反对日本帝国主义侵略的爱国热情，文艺界也不例外。老舍先生抛别妻儿，来到了武汉，和其他各地的著名文艺界人士共同努力，建立了“中华全国文艺界抗敌协会”。这个协会在八年抗战中成为团结全国文艺界共同抗战的旗帜，也是个组织实体。老舍先生在“抗敌文协”中起了非常重要、而别人不能替代的特殊作用。那时，虽然国、共已经合作抗日，但国民党不可能放下屠刀立地成佛，对共产党处处限制，对“抗敌文协”的领导权国民党是要争的。左翼文艺界也不可能让国民党把持。老舍先生是无党派人士，深得各部分文艺人士的爱戴、尊重和信赖，这样，老舍先生就成为最合适的领导人选。从筹备到建立，一直到抗战胜利，老舍先生一直是“抗敌文协”的具体领导人。现在大家都知道，抗战期间国统区的文艺工作一直是由共产党领导的，“抗敌文协”也是在党领导下工作的。老舍先生也知道，在他周围有许多是共产党人。他本人也时常和周恩来同志有接触、有深谈、有讨论。

老舍92周年座谈会

历史回眸

他虽不是共产党员，但他爱国，爱真理，对共产党、对周恩来同志也很敬佩。我想可以这样说，他和党是一条心的。

有一件事我印象较深，那是1940年初，重庆《新华日报》曾召开报告座谈会，请曾到西北战地和陕甘宁边区考察慰问的朋友作报告，并请他们对边区工作提出批评和建议。老舍先生曾到西北战地和边区以及延安考察，历时数月，行程万里。他在报告会中对边区军民昂扬的抗日斗志和艰苦奋斗精神作了热情洋溢的介绍和赞扬，同时也提出了一些建议。这之后不久，周恩来同志回重庆，了解各方面情况，他听说老舍先生曾在报告中提过建议，很高兴。有一次，周恩来同志约文艺界朋友到曾家岩50号吃便饭。周恩来同志和文艺界朋友非常亲切，谈笑风生。他很自然地对老舍先生说，你对边区提的建议很好，希望以后常常提醒我们，这才是真朋友哩！事后以群同志（他同老舍先生都在“抗敌文协”共事）告诉我，老舍先生在那次便饭后非常激动，对周恩来同志的宽阔胸襟，对事事都那么周到的作风，十分敬佩。

抗战期间，文艺界有过几次重要的论争，比如文艺与抗战无关论以及文艺的民族形式问题，亦即是大众化问题。恩来同志很重视这些论争，并指示《新华日报》要很好地报道。老舍先生对这两个问题都是旗帜鲜明地站在正确一边的。他始终站在爱国抗战的立场上写文章批驳“抗战无关论”。他提出“文章下乡、文章入伍”反对“吟风弄月或香艳肉感”。在这些重要讨论的过程中，恩来同志多次与郭老、老舍、阳翰老等商议如何把文艺引到正确的道路上来。

为了用多种艺术形式宣传抗战，老舍先生除大量创作通俗文艺外，还开始创作话剧《残雾》、《国家至上》、《张自忠》等。皖南事变以后，恩来同志曾和老舍、曹禺等谈论过国内外的形势。国民党掀起的反共高潮使文艺界不少人被迫迁到香港和外地。但戏剧方面却有“雾季戏剧高潮”。老舍先生这时又写了《面子问题》，重演了《国家至上》。积极提倡抗战，揭露国民党的腐败、官僚作风。在那时也是起到很积极的作用。

老舍先生的爱国主义精神，为人民服务的精神，也突出表现在新中国成立以后。他从海外归来，即发表了热情洋溢的热爱新中国的文章。写出了歌颂新中国的好作品。所以，在1951年，北京市人民政府授予老舍先生“人民艺术家”的光荣称号。老舍先生是当之无愧的。他一生的创作是中国文化艺术库的宝贵精神财富。老舍先生的崇高爱国主义精神，为人民服务精神，是我们这一辈以及后辈永远学习的楷模。

于志恭：

1937年12月，中国共产党为了国家民族的利益，继续和国民党谈判合作抗日问题，周恩来率领中共代表团来到“战时首都”武汉。这时，著名作家老舍已从济南先期到了武汉，后受冯玉祥先生邀请，住冯的寓所——武昌黄土坡千家街福音堂，同来的还有何容等。

当时，冯处还收容了一位河南坠子艺人。老舍听了他的演唱，很感兴趣，给他写了新词。冯又派了一位手枪兵李振武加入演唱，后在中央广播电台广播，起了很大作用。

一天，冯先生请老舍给他讲文艺上的问题和抗战诗歌等。他先给老舍倒上茶，待老舍坐定，他才就坐。座谈中谈到，针对投降派活动甚嚣尘上，他们商量要办一个刊物叫《抗到

历史回眸

底》，由老舍负责写稿，何容主编。内容是宣传抗战到底不投降的。拿老舍的话说："这个刊物编的并不十分出色，但是，国民党既没有抗战的决心，所以也把它列入了黑名单。"这是文化特务张道藩搞的。汪精卫当选国民党副总裁后，在一次中央会上，汪问冯："什么叫抗战到底？"冯答："收复失地，倭寇投降，就是抗战到底。"冯又问汪"你喜欢这个样子吗？"当时，白崇禧、冯玉祥、蒋介石、汪精卫四人在场。白崇禧也是抗战派，也驳斥了汪。汪气极，向蒋说"他们是做梦不是？"冯说："做梦？你知道有人做梦当主人，有人做梦当奴才！"公开骂了汪精卫。这是老舍办《抗到底》刊物发挥了作用，也是《抗到底》被列入黑名单的缘由。

1938年2月，周恩来同志与冯玉祥先生会晤于武昌千家街福音堂，谈到请冯支持成立"中华全国文艺界抗敌协会"，冯慨然应允。老舍当选为"文协"常务理事兼总务部主任，负责文协日常工作。五月，在福音堂东南楼老舍住处的客厅里召开了第二次理事会，周恩来作为名誉理事应邀参加，并讲了话，老舍作了记录。冯先生请大家吃便饭，吃的是烧饼、油条、小米稀饭。老舍在以后的会务报告中对此有以下精彩的描述："轮到周恩来先生说话了，他非常高兴能与这么些文人坐在一起吃饭，不，不只是为吃饭而高兴，而是为大家能这么亲密，这么协力同心地在一块儿工作。他说，必须设法给'文协'弄些款子，使大家多写些文章，使会务有更大发展。最后，他说要失陪了"因为父亲今晚10时到汉口！（大家鼓掌）暴敌使我们受了损失，遭了不幸，暴敌也使我的老父亲被迫南来。生死离合，全出于暴敌的侵略；生死离合，都增强我们的团结。告辞了！（掌声送他下楼）"八月，老舍与何容先行赴重庆，住巴县中学，《抗到底》继续出刊。老舍租到了临江门、张家花园35号等处为"文协"会址。从此，文艺界人再到重庆后，有了栖身之处。后来，周恩来同志直接帮助老舍，还称赞冯先生资助了"文协"的成立。

1938年底，冯先生到达重庆，老舍、何容迎接冯先生于巴县中学（冯的办事处）。老舍分赠每人一本《抗到底》。翌年元旦，国民党中央委员在国民政府开团拜会，遥拜孙中山陵墓后座谈，有人说汪精卫飞走了，曾仲鸣被打死，汪在河内发表声明公开投敌了。有人提议开除汪的党籍，通缉汪。蒋站起来背诵总理遗嘱后，蒋问冯怎么办？冯说："1935年11月1日，一位叫孙凤鸣的打了汪三枪，可见他有先见之明，应该也给孙铸铜像。我们把汪弄成副总裁，是大家瞎了眼，应该向国民请罪。"结果是开除汪的党籍，蒋没说通缉汪。后来6月8日蒋才通过通缉汪。

第二天，冯出发督练新兵，请老舍同行。抵青木关，请老舍下车吃四川烤地瓜。上车后和老舍商量写骂汪精卫的诗。……老舍以田野里菜花黄为题建议冯写诗。这就是冯骂汪诗一百多句的来源，被称为文艺园地的一枝奇葩，但未能发表。

当年老舍代表"文协"访问延安，受到毛泽东同志欢迎，老舍在欢迎会上讲了话，还表演了清唱《打渔杀家》。9月25日，延安《新华日报》刊载了全国慰劳总会北路慰劳团到达延安的消息。同年12月9日该团回到重庆，"文协"在青年会招待从战地归来的作家，听取作家报告途中观感。到会的有郭沫若等。老舍说"西北地广人稀，许多财富急待开发。各种干部，尤感缺乏，希望后方大量供给。在

历史回眸

文艺活动方面亦极贫乏，但一般将士，都自觉需要读书，而且都能接受，但望文化工作者设法解决西北文化饥荒问题。”

以上老舍谈话，是他的建议，受到恩来同志的称赞，认为老舍说的是实话，并和在渝工作的我党同志谆谆地讲解了老舍观感的重要性。于是重庆《新华日报》于12月26日，根据恩来同志的意见，写了社论，题目是：《积极加强战地文化工作》。

由于社论一开始就是：“中华全国文艺界抗敌协会……”本来“文协”成立初就有张道藩从中挑拨，而老舍主办的《抗到底》已为当局列入黑名单。此时，老舍回渝就有身份不明的人来质问老舍，有意找麻烦。老舍急了，愤然言道：“我是文协负责人，有牌子，你不叫挂。我摘下来，挂到延安去。”从此斗争明朗化。1939—1940年，老舍剧本《残雾》上演，内容讥讽国民党当局，引起攻击，当时老舍不在重庆。在冯处研究室工作的汉语专家杨伯俊愤而发文替老舍反击。老舍回来，特赠杨一个剧本致谢。这期间，教育部原批准的二百元费用，也不发给“文协”了。冯先生闻之，请老舍移住陈家桥附近石板场冯寓。老舍开始写作长诗《剑北篇》和其他剧本，也给冯将军讲讲文学、诗歌。在这里的文艺界同仁有田汉、曹禺、项堃、白杨、舒绣文、魏鹤龄、张瑞芳、赵丹、安娥等经常来和老舍研究老舍的剧本演出问题，冯寓附近常可以听到老舍朗诵剧本的声音。以上同志来与恩来同志的介绍有关。

1940年5月16日，张自忠上将在湖北宜城南瓜店殉国。消息传到重庆，老舍在石板场闻讯后开始写《张自忠》剧本。当时冯将军派了他身边的上校参谋赵力钧协助老舍，为老舍跑张自忠殉国材料。在那溽暑袭人的天气里，老舍赤背写作，冯先生很关心他，请他休息。他说：“前方将士流血牺牲，我们在后方流点汗算得了什么呢，还不应该吗？！”

老舍剧本《面子问题》决定由项堃主演。但因条件艰苦，时值冬季可演员衣著都不全不能出场。老舍任本剧舞台监督，随即脱下自己的上衣，让项堃穿着上场，而老舍却披着一床毯子坐在后台，一直到演出告终他才穿衣而去。引得大家大笑，他却一本正经。

1939年至1942年间，当局掀起反共高潮。重庆的左翼作家生活困难（也包括进步文艺工作者、演员、导演等）。有一次，老舍的稿费从香港寄来，好像七八百元之数，被叶以群等收到，大家议论：分分吃饭吧，有人说：得告诉一下老舍。又有人说：甭告诉吃了再说。于是大家分了。事后老舍知道了，他的表情十分温和，他认为应该吃他的稿费，欣然一笑了之。魏猛克经渝去昆明养病，去飞机场后失踪。昆明的亲属来电询问：为什么猛克未到昆明？老舍急了，我说你非得找冯先生不行。他立即前往和冯说：“先生是不是和刘峙说一说？”（刘是重庆卫戍司令）冯说：“这个人一脑门子官司，不好说话。”后来冯的副官（赵力钧参谋）到石灰市去串门。那里的人同他说：“我们（即稽查处）抓到你们一个人押回来。”这位副官告诉了冯。后来，猛克放出来。事实是老舍向冯说了以后，冯交赵力钧（地下党）办。赵以冯的名义给卫戍司令部参谋长郭奇峰打了电话（郭与我党有联系），猛克才被放出来。所谓“放出来”还经过一个转圈圈：稽查处通知老舍，要老舍具保，老舍和我在临江门“文协”用文协图章写了保单才放猛克的。猛克回到文协还笑说：“昆明天气不好，飞

历史回眸

机不能降落。”他还不知已经被捕了呢。老舍如不急办，过几天猛克一转移，就麻烦了。38年底刚到重庆不久，老舍和我们都在巴县中学冯的办公处工作。一天，冯先生在我的机要室启办公室发现老舍给我写的一幅字，署名下写着：“签字可惜没有图章”，冯大笑而去。这幅字是38年7月20日在武昌写的，那时老舍从山东刚到武汉，是流亡到武汉的，因此他没有图章，但他署名下写着以上八个字，有它的历史意义。冯笑的是老舍幽默而又真诚，于是他赠给老舍一枚图章，盛在精美的印盒中，还在盒上刻着：“老舍先生雅玩，冯玉祥赠”。这颗图章时经几十年，尚存絜青大姐手中，成了文物了。

1941年皖南事变后，恩来同志携印有“……同室操戈，相煎何急”的《新华日报》走上街头抗议。冯先生也以头痛为由，向蒋请假一个月上山旅游，表示不参加当局会议。老舍的《抗到底》在歌乐山继续出刊。这时文艺界建议老舍在青年会另设一活动处所，并为老舍找妥住处，我记得有陈国梁、安娥等把老舍行李抱走了。但后来中大梁子“五三”一场大轰炸，青年会住不成了，还是迁往陈家桥石板场冯先生住处了。当年11月14日是冯六十寿辰，抗敌协会为冯祝寿，恩来同志、大姐、老舍、郭沫若等均写了贺词，蒋先生也到特园康庄二号给冯祝寿还签了名（当时蒋在一切场合都称冯为大哥）。

从41年—44年期间，老舍每年10月19日都筹备举行纪念鲁迅逝世活动。有住在重庆的一部分文协会员参加。这里只写他其中一次的纪念座谈会。大家坐定，老舍登台致辞。突然跳上来七八个壮汉走向老舍。老舍说：“抓人吗？抓我，我是头儿。”他的话音未落即被架下了台。会场即被闹散。文友们拿着糖果回到文协时，老舍仍怒不可遏；于是参加咂酒。咂酒是四川一种习俗，将酒盛入一个酒罐中，四五人每人手持一根细管，伸向酒罐之中，徐徐咂饮。本是一种乐趣，而老舍受此耻辱，怒气未消，他用力咂，一咂可能就是几两入肚，不一会儿就大醉了。他咆哮如雷，还愤怒地大叫起来。老舍是不可辱的。后来，冯先生每和老舍一起进餐，都先说：“给老舍先生来四两。”但其他文友不予这个待遇。冯的西北军严禁烟酒，甚至上纲到军法从事，惟对老舍例外，并一直保持下去。冯把恩来同志请他支持成立文协当作一件大事来作，又勤奋好学，以文化界为师，这是当时文人都知道的事。恩来同志在给冯先生贺六十大寿一文中还写着：“先生好读书，不仅寿山隐居时如此，即在治军作战之时，亦多手不释卷，在现在更是好学不倦，永值得我们效法。”

重庆中大梁子有一个说书场。鼓书艺人山药蛋富贵花父女在这里说唱。老舍常常到这里和这两位艺人聊天，山药蛋父女知道老舍是“文协”负责人，要求老舍给他们写写鼓词，老舍欣然接受。这就提高了两位艺人的声誉。知道山药蛋一家生活困难，老舍有时和他们到小饭馆吃饭。这两位艺人演唱老舍写的鼓词很卖力。山药蛋每次演唱，都是把头剃得白亮（是否因此起的艺名不记得了），一段唱（说）完毕，头顶上的热气就像蒸笼开锅一般。回到后台，老舍心疼地帮山药蛋用热毛巾捂在头上，怕感冒了。我到这两位艺人家中去过。山药蛋说：老舍写的鼓词很顺口。但也怕说错了，所以头上的汗气特别多。他女儿击鼓说唱十分文雅。这件事，说明老舍深入基层，他才写出有血有肉的鼓词来。

不久，冯玉祥被停发生活费，于是冯玉祥

历史回眸

上了缙云山，这时，在冯玉祥研究室的人员如吴组缃，经老舍介绍到中央大学当教授去了，其他人员多另有高就，老舍仍住石板场。七月底，我上山看冯玉祥，他留我住了一夜。他认为：患难中敢来看他，很激动。他表示要北上抗日，让我到三原给他准备住处；另派手枪营长等以“买马”为名，向北探路，准备出走北上。这期间，周恩来同志与冯玉祥保持联系。房子、探路工作大致完成，冯给我亲笔写了两封长信，最后一封有“万分感谢”的话，未提北上字样。我知道他不去了。后来获悉是恩来同志建议他在重庆，冯对此言听计从，就不去北方了。八月初，张治中请冯到灌县给童子军训话。冯下山前往。翌年，老舍夫人冒险带子女到重庆。冯先生给老舍送平价米，他始终关心老舍。是恩来同志让他支持老舍的工作。冯也愿意以老舍为师讲文艺问题，特别讲抗战诗歌问题。

1943年到1944年上半年，一位爱国资本家曾树屏，要给八路军捐献十万元，托冯转交，认为大众信任他，遂发起了“中国国民节约献金救国运动会”，成绩很大。后来，在陈家桥开会研究献金分配问题，老舍向冯提出文艺界生活困难问题，随恩来同志工作的王梓木，还有王领导下的梁蔼然等主张全部归八路军办事处。结果是，给左派作家和文艺界二百万元，其余实物、现金分给八路军办事处。

以上二百万元，是老舍提出的。郭沫若建议提出五十万元办个刊物，未能实现。

冯玉祥对老舍负责的“文协”，从经费上始终帮助到底。38年3月27日，“文协”成立，宴请文艺界五六百位文友所需费用，就是由冯先生支付的。后来，“全国文艺界抗敌协会”改名为“中华全国文艺界协会”。46年，老舍应聘赴美讲学。

1949年，老舍奉召回国，他的表现和作品已尽人皆知。我和他一直保持着联系，每逢春节，都去给他拜年。1966年春节，他还给我写了春联，没想到当年8月，他就被迫害致死。

刚振华：

老舍先生为人正直，对任何人都以诚相待，从不摆名作家的架子。他的朋友很多，不仅有文艺专家、知名学者，而且有厨师、理发师、花匠，以及像骆驼祥子那样的洋车夫，老舍先生都愿意接近他们和他们拉家常，了解他们内心深处的感受，同情他们的遭遇，关心他们的衣食起居。

老舍先生是怎样关心盲艺人的呢？

盲艺人在旧社会没有社会地位，没有演出场所，只靠走街串巷卖艺为生。在街头巷尾，弹起三弦或拉起胡琴，唱几段曲儿，靠围观的人出自怜悯之心，给几个赏钱，勉强维持生活。

新中国成立以后，各项工作百废待举。可是，盲艺人工作很快就得到了政府的重视，这不能不说有老舍先生一份不可磨灭的功劳。他认为应当把盲艺人组织起来学习，帮助他们提高技艺，提高思想觉悟，使他们能够发挥自己的特长，为新中国服务，同时也使他们得到适当的安置，由此摆脱他们的流浪生活。作为北京市人民委员会委员的老舍先生，向彭真市长提出了把盲艺人组织起来的倡议。彭真市长接纳了这一倡议，亲自批了专款。这样，于1950年12月北京市盲艺人讲习班在东单三条21号正式开学。盲艺人讲习班一成立，就受到市委、市政府的重视，也得到了文艺界有关人士的大力支持。老舍先生亲自担任顾问，他还聘请了李伯钊、赵树理、罗长培等人担任顾问。老舍先生无微不至地关怀我们，虽然工作繁忙，但是还经常亲临指导，给我们讲课，为我们出主意，想办法。那时侯，我们隔几周就在霞公府北京市文联小礼堂搞一次盲艺人的曲艺音乐专场演出，聘请有关部门的领导以及电台、报社等新闻单位的同仁来欣赏。这样做是确有成效，像歌舞剧院、部队文工团以及上海音乐学院等处，都从讲习班选拔过人才，去担任教员或演员。当然，人家选走的都是尖子，是少数人，要想给二百多名学员都安置工作，当时确有困难。于是，老舍先生就动员我们到农村去开展业务。他给我们讲话，说农民那里最喜欢曲艺，你们到农民中间去汲取营养，选择题材，然后再编成曲艺唱给他们听，农民是欢迎你们的。

1951年9月成立了首都盲艺人曲艺实验工作队。队员是从盲艺人讲习班学员中经考试选拔出来的，共有36人。剩下的学员仍然继续学习，边学习边演出。曲艺工作队一成立就非常活跃。当时中央人民广播电台、北京人民广播电台都有我们演出的节目。我们还深入到剧场、庙会、街头巷尾、工厂、农村、机关、学校，到处都有我们的足迹，到处都能听到盲艺人那发自肺腑的声音，歌唱我们的新中国，歌唱中国共产党，歌唱我们的人民。当时我们在群众中影响很大，无论是深度还是广度都是其他人不能比的，当然也有它的客观原因，我们主要是配合国家的中心任务进行宣传，如抗美援朝、婚姻法、三反、五反以及爱国卫生运动等，任务来得急，别的剧种不如曲艺来得快，因此显得我们跟得紧，宣传得及时。总之，在那变革的时期，盲艺人也和健全人一样，为国家，为人民做出了巨大的贡献。而这项工作的开创者，引路人，正是老舍先生。

我个人和老舍先生是有深厚感情的，我们的关系是从工作上建立起来的。我们有共同的愿望和信念，那就是在中国共产党领导下，为我国社会主义建设做出贡献。因此说，我们是革命的友谊。我当时担任盲艺人讲习班班长、曲艺工作队队长，因此和老舍先生接触较多。老舍先生很器重我，他认为我工作积极、思想进步、有魄力、有闯劲儿。这股劲儿是从哪里来的呢？这种力量的源泉也是来自老舍先生那里。老舍先生曾多次鼓励我说："你虽是盲人，也要干出一番事业来，要作到身残志不残。"他说："你把工作做好了，就能带动别人，让别人看看，盲人都能做到，我们为什么做不到呢？"老舍先生对我的谆谆教导，成为我前进的动力，使我在工作中勇往直前，从没有后退过。

老舍先生是怎样关心我的婚事的？这是有些人想要了解的，我这里简要地介绍一下。我原来的爱人叫李玉玲。他的外祖父也是盲艺人，而且有点名气叫翟少平。李玉玲从小就领着外祖父到处卖唱。她参加了盲艺人工作队，负责给大家读报纸、读唱词，照顾盲人演出。她从小就和盲人一起生活，盲人的生活习惯她都了解，工作得很出色。她对我的帮助就更大了，成了我的得力助手。时间长了，两人都有了爱慕之心，产生了纯真的爱情。老舍先生听到这个消息非常高兴，一个年轻美貌的姑娘，热心地扶助一个盲艺人，无私地把自己最宝贵的爱情奉献给他，这是多么纯真、多么高尚的道德情操呀！这件婚事本身就说明新旧社会不同了。旧社会盲艺人备受欺辱，新社会盲艺人也得到了做人的尊严，人生的幸福，家庭的欢乐。这件事非同一般，一定要热热闹闹地把它办好。老舍先生在百忙之中亲自为我们筹办婚事。在他的倡议下，市文联在业余艺术学校礼堂为我们举办了盛大隆重的结婚仪式。老舍先生亲自到

历史回眸

场祝贺，赠送了纪念礼物。工作队全体队员，盲艺人讲习班学员，以及北京市戏剧、曲艺界知名人士和剧团代表都来祝贺，真是盛况空前。市文联负责人王松声先生做我们的主婚人，老舍先生做我们的证婚人，并给我们讲话祝福。他说："祝贺这一对革命伴侣，这件事足以说明，新旧社会不同了，旧社会盲艺人生活艰难，备受歧视；新社会盲艺人得到政府的关怀和重视，做了主人，也有姑娘爱他。旧社会姑娘找对象，要看男人长得如何，家有多少钱，多少土地，新社会不看这些。"他风趣地说："土地多那是地主。如今姑娘爱的是思想进步，工作积极的青年。"老舍先生祝愿我们永远成为革命夫妻，革命家庭。老舍先生对我们的祝愿我们牢记在心，至今不忘。

不幸的是这一切在十年动乱中却成了批判的对象，致使我爱人李玉玲中年丧生。

我现在的爱人叫郑俊英，也是健全人。她同情我，关心我的工作和生活，对我帮助很大，又是我一个得力的助手。在这幸福之际，我自然地想念起老舍先生，可惜的是老人家在那动乱的年代里和我们永别了。但是我也要把我的好消息告诉老舍夫人——胡絜青老人。胡老人一定会为我们高兴的。1987年5月1日一早，由我的老领导、老朋友王松声陪同我俩到老舍家中看望老舍夫人，送上一盒喜糖。胡老人非常高兴，当场泼墨作画，为我们题字，庆祝我们新婚之喜。

彭清云：

今天，我想着重回顾老舍先生在那难忘的朝鲜战场上创作《无名高地有了名》这本小说时的一段不寻常的经历。

1953年7月，朝鲜战争停战。10月间祖国人民第三届赴朝慰问团在贺龙团长率领下，来到中朝军队阵地上。副团长中有康克清同志和老舍先生。我所在的中国人民志愿军第47军，全体指战员以无比喜悦的心情迎接祖国亲人。当贺龙、康克清、老舍等同志及各界代表来到我们军部时，张军长、陈政委和全军官兵热烈迎接，亲切接待。慰问团所到之处，欢声笑语，掌声震天。这时，我在第47军担任政治部主任，迎送慰问团的工作，由政治部负责，我都参加了。

慰问团的领导同志，在我们军部听取了军长、政委的汇报。贺龙同志听完汇报后，语重心长地说：中华英雄儿女在朝鲜战场上，涌现了许多可歌可泣的英雄集体和个人，这些模范单位和人物是志愿军官兵的骄傲，也是祖国人民的荣誉。我建议有步骤地运用多种形式宣传英模事迹，使他们创造的惊天动地的伟业发扬光大，教育后人。贺龙同志当面和老舍先生商量，请他留在47军写一本小说，宣传47军在朝鲜作战期间的模范集体和英雄人物。老舍先生高兴地接受了贺龙同志分配的任务，并表示要和志愿军官兵打成一片，以高质量的作品献给最可爱的人。就这样，当年54岁的老舍先生留在了我们第47军。

一位老作家到战斗部队深入生活、体验生活，如何保证他的工作、生活、安全，就成了重要而现实的问题。这方面的工作任务，军首长商定由我负责。我和政治部的几位同志认真研究了照顾老舍先生的方案：工作时尽量提供方便条件；生活上给予可能的物质保障；安全方面要做到万无一失，不出问题。

从1953年10月起的半年时间里，我陪伴老舍先生深入部队采访，朝夕相处，结下了战友般的情谊。老舍先生经过两个多月的辛勤工作，收集了大量素材，亲自记录了厚厚的两大本。老作家要动手写作了，在众多的材料堆里写什么？却让他大费思索。经过几天的考虑和构思，他要以我军1953年3月在西线铁原郡上浦坊老秃山战斗为线索，创作一部展示英雄群像的小说。

作家为什么要选定老秃山为背景，创作这本小说呢？老秃山是上浦坊的东山，地理位置非常重要。这座山处在海拔346.6米和387.2米的两个高地之间，是敌军防御前沿阵地的屏障，距我前沿上浦坊南山、北山也只有400多米，足可以控制我下浦坊的十余里全部阵地，对我们威胁很大。敌人叫嚷这个阵地是通往汉城的“要塞”，是汉城的“门户”，因此我们下决心用大力量争夺这个阵地。当时，在这个阵地上，敌军守卫部队有哥伦比亚的一个加强营和美7师，以及16辆坦克防守这个阵地。战斗打响后，我军占领了敌人的全部防御阵地，多次击败敌人的援军，打退敌人的多次进攻，经五天五夜反复争夺，共消灭敌军两千多。我们虽然也付出了牺牲和代价，但老秃山阵地牢牢地控制在我们手中。老秃山战斗的胜利是继上甘岭战役之后又一次具有重大影响的胜利。此战不仅在军事上有重要的作用，而且直接配合和影响着我方和敌方在板门店的停战谈判。老舍先生凭着他的创作经验和特有的灵感，选取老秃山战斗为背景，塑造英雄群像。

老舍先生在部队期间，说话和气，平易近人，与官兵打成一片，结交了许多知心朋友，受到广大指战员的尊敬和热爱。为了实地考察老秃山战斗现场，他不辞劳苦登上了我军141师423团战斗过的阵地。详细询问和观察地形，在兴奋中忘记了劳累。守卫在山头的战士们要留作家吃顿饭，因为我知道老舍先生常常是以酒促饭，可阵地上哪有酒呢，我大声提议：“咱们以水代酒，和老作家一起联欢吧！”一个个战斗英雄和特等功臣，轮流端起水碗和老舍先生“碰杯”，一起高唱志愿军战歌。团结友谊的气氛，洋溢在阵地上。

1954年的元旦来到了，老作家兴致勃勃地来到原来在老秃山战斗中担任主攻的部队和战士们一起欢度新年。团长、政委为老舍先生准备了葡萄酒，战士们排练了文艺节目献给老作家。老舍先生频频举杯，代表祖国人民向最可爱的人致敬，向英勇善战的志愿军官兵慰问，向在作战中长眠在异国土地上的祖国儿女们致哀。在场的官兵纷纷派出代表一拨接一拨地来到老作家面前，向他敬酒，共同庆祝朝鲜停战的伟大胜利，为中朝两国人民的战斗友谊干杯。

老舍先生有个突出的特点，也是最大的优点：说话幽默，善讲故事。战士们召开文艺娱乐晚会，都希望这位老人到场。他是有请必到，每到必讲，有时一连讲四五个故事而下不了台。他知识渊博，语言幽默，谈古论今，年轻的官兵们都愿意听。我们宣传部门有时还把他讲的故事记录、整理出来下发部队，当作国际主义、爱国主义、革命英雄主义教育的参考资料。

半年过去了，老作家完成了一部十多万字的纪实小说。他把这部记录志愿军官兵汗水和鲜血，也凝结着他的心血的书稿交给军首长和政治机关的同志们传看，广泛征求意见。老舍先生听了大家异口同声的赞赏和评价，心情非常高兴，笑着对大伙说：官兵是我的朋友，生活是创作的源泉，一个作家永远不能脱离广大群众。

老作家回国后，他写的《无名高地有了名》出版发行了。他给我们军里寄了样书，还表示要“征求修改意见”。此书的出版，无疑给我军带来了鼓舞，增添了力量。

历史回眸

之后的岁月里，我和老舍先生始终保持着联系。1955年我调回北京工作，每逢五一节、国庆节重大节日，我和老舍先生常在天安门前观礼台上相遇，自然是互致问侯，非常亲热，畅叙那在朝鲜战场建立起来的友情。回顾那火热的生活，滔滔不绝。不幸的是这位人民的艺术家去得太早了。

为了深切怀念著名作家老舍先生，我赋诗一首

文坛陨落一巨星，
后人称颂赞忠贞。
今日挥泪忆亡友，
逝者犹如岁寒松。

王松声：

老舍先生家住迺兹府小丰盛胡同，胡同口正对着一座大杂院——迺兹府18号，里面住着十几户盲艺人，这地方是一所靠施舍建立起来的盲艺人行业组织，叫“务本堂”。除了逢年过节，九城的盲艺人在此聚会外，平时也常有一些盲艺人在此进进出出。老舍先生上班开会、出门遛弯儿总要和他们碰面，时不时停下来拄着拐棍儿和他们聊上几句，问问他们的情况。久而久之也就熟悉了。他们一听到拐棍儿声、脚步声就知道是老舍先生来了，就都围上来问长问短，说心里话：“都解放了，我们不愿再算命打卦搞迷信害人了，可没人管我们。”老舍先生听了这话很有感触，和我们谈及此事时说：“没人管，咱们管。”他和李伯钊同志商议后，让我们以文教局文艺处和市文联的名义给市政府写了报告，经批准我们于1950年12月16日正式成立了北京市盲艺人讲习班，共办了3期。1951年，成立了一个盲艺人工作队，进行实验演出。剩下的盲艺人由文化局和民政局共同在香山脚下创办了一个盲艺人橡胶厂，从而解决了盲艺人就业问题。这个厂已由几十人发展到今天的几千人。

盲艺人讲习班确实培养了一些人才，这里要提一提翟少平和王秀清，这是当时讲习班业务上突出的人物，这一男一女两位盲艺人从小学艺，长年闯荡江湖，一弹一唱，配合默契是讲习班技术水平最高的人。抗战前，老舍先生在北京就听过他们演过一段鹦哥调《当议箱》内容是讽刺山西老西开当铺的故事，也叫《老西当当》，曲调活泼，故事幽默（解放后已不再唱）老舍先生鼓励他们修改加工，在文联小礼堂里演出，得到文艺界的赞赏，成了盲艺人讲习班上的保留节目。1951年，王秀清被贺绿汀同志聘请到上海音乐学院去担任民间音乐教师。翟少平年老体弱，不久就与世长辞了。王秀清在上海音乐学院任教直到“文化大革命”。“文革”前，于会泳在上海音乐学院进修班曾记录整理了王秀清平生所会的曲牌，汇编了一本单弦曲谱。“文革”中她备受摧残，最后退职回京，于1978年12月死在她老家昌平的敬老院里。1975年，我在北京市曲艺团工作期间曾聘请王秀清到曲艺团任教一年多。当时，曾委派王凤朝、韩珍夫妇负责照顾王秀清的生活起居并向她学习。在这期间，我曾陪王秀清一起去迺兹府18号老宅看视讲习班的老盲艺人高玉生，并到院子东南角屋看望了翟少平的后人。他们还能从我问侯他们的声音里辨认出我是当年盲艺人讲习班的主持人。大家站在院子里，触景生情，都不胜唏嘘地谈到了老舍先生。

说到盲艺人讲习班还一定要说说刚振华。今天坐在会场里的刚振华已经是年逾花甲、饱经风霜的退休老工人了，而当年的刚振华却是风华正茂的青年！他幼时勤奋好学，天资聪敏，

十五六岁时因病失明，才学习音律。他有一定的文化水平，有一定的业务基础，又有一定的组织工作能力，因而被选为盲艺人讲习班的第一任班长，以后又连选连任。后来成立了盲艺人工作队，他又出任队长。再后来，文化局和民政局共同创办盲艺人香山橡胶厂，他又担任了第一任厂长。这个厂子由几十人发展到上千人，"文革"以前，刚振华一直当厂长。他带领着技术员，走遍了大江南北，到各省市去开交流会、订货会，俨然是一位盲人企业家了。"文化大革命"中，他遭受批斗，下放车间劳动。粉碎"四人帮"以后，几经周折只恢复为该厂的副厂长，主管生产。

刚振华当年担任讲习班长的时侯每天早来晚走，身边总有一个小姑娘照护他，给他牵着马竿，替他背着马扎。日久天长，俩人逐渐产生了感情。这个姑娘叫李玉玲，十六七岁，是翟少平的孙女。她有小学文化，人也很勤快，帮助讲习班干杂务，很得大伙的喜爱。大伙愿意为他们撮合，老舍先生知道后也觉得这二人很般配。特别是听说李玉玲自愿嫁给一个盲人，愿为他牵一辈子马竿，老舍先生更是高兴。这样，大伙操持着于1953年1月份择了个黄道吉日，在文化宫的活动室为他们举行了隆重的婚礼，请老舍先生为他们证婚。这件事在当时的北京市文艺界一时传为佳话。李玉玲和刚振华婚后生活美满，生有三子一女，如今均已长大成人，参加了工作，而李玉玲本人却在"文革"后病逝了。后来，刚振华又遇到了一位盲艺人的遗孀叫郑俊英。她为他牵了几年马竿。1985年4月份，他们登记结婚。五一节，胡絜青老人在丹柿小院隆重地接待了这对新人，代表全家向他们表示祝贺，并亲自画了一张画，亲笔题款，赠送给他们。画面上画了两只八哥，意味深长。这件事传到了日本老舍研究会，1986年3月，柴垣芳太朗会长率团访华时还专门安排了一个日程，到香山脚下访问刚振华一家。那一天，他们全家做了一顿北京炸酱面款待客人。临别时，他们还特意站在胡絜青先生的画前与刚振华夫妇合影留念。回去后，他们把这次访问写成专访，连同彩色合影刊登在日本老舍研究会的会刊上。于是，老舍先生同盲艺人的情谊这段佳话从五十年代延续到八十年代，从中国传到了日本。

老舍先生在待人接物、为人处世方面都有自己的风格特点。有许多小事情当时并不感到有什么不凡，但事后想起来却常常使你回味无穷，给你一些启迪。下边我就谈几个"镜头"：

一、五十年代初，石辉在上海遭到了批判。有一天，老舍先生说，石辉到北京来了，要我代表他去看望石辉，并邀请石辉中午到迺兹府东口"惠尔康"饭馆吃烤鸭。说罢，交给我一个地址：景山北街黄花门一个大院里。我坐着老舍先生常坐的那个小黄包车到了黄花门。那是一个大杂院，石辉住在厢房一个亲戚家里，神情显得很疲惫。听说我是老舍先生的使者，还是振作精神随我坐车来到"惠尔康"。那天，席间就我们三个人。他们坐在桌子两边对饮，我坐在中间帮他们斟酒张罗。平时，老舍先生见到老朋友总要喝两杯茅台，而那天要的却是绍兴老黄酒。酒过三巡，我想听听石辉是怎样向老舍先生诉委屈；老舍先生又是采取什么样的好言语劝慰他。但菜已过了五味，最后都上烤鸭了，也未见谁提到批判之事，只是闲聊了一些生活情趣之类。席间，宾主开怀畅饮，心情显得很轻松。倒是宴罢送别时，老舍先生伸出手来说了一句"保重"；石辉双手紧握着老舍先生的右手，低头凝重地说了句"谢谢"时，我

历史回眸

木木地站在旁边，好像才领悟了一点什么。这一刹那间的小镜头已经过去近四十年了，至今仍历历在目，而且随着年龄的增长，好像领悟得也越深了点。

二、1950年下半年，巴金从上海到北京来了，老舍先生和我说，咱们请上海客人吃北京烤鸭！于是，我让市文联总务科派人到前门全聚德定一桌酒席。幸亏我先去了一步，看看菜肴的准备情况。我走进账房，正碰上老板对着那张菜单纳闷儿。他见到我便问："这是哪个单位，谁请客？"我说："市文联主席老舍先生请上海老作家巴金。"他说："猴吃麻花——满拧了！到我们这儿来，不是吃这个。"我拿过菜单一看，原来是定的一桌翅子席，我才想起总务科派来定菜的是刚从部队转到地方的老区同志，不了解情形。我赶忙向老板说明原委，请他给调整一下菜单。他爽快地说："交给我，瞧好吧！"这一顿吃的是地地道道的北京烤鸭席：四个凉盘，四个热菜，整只烤鸭片一盘接一盘，最后是鸭油蛋、鸭架白菜。客人满意，主人高兴，结账时，竟比原定菜的价钱便宜了三分之一。送走客人以后，我把这个情况告诉了老舍先生。老舍先生提着拐杖走进账房，专门向老板说了句"谢谢你的关照"老板也慌忙应答："老主顾啦，日后还得请您多关照。""关照"这两个字在当时还透着新鲜，近些年每当我听人们说起这个词时，便不由地想起老舍先生。

三、五十年代初的一天傍晚，市文联在北海仿膳的院子里开讨论会。大家围坐在一张大桌子周围。由于天气炎热，精神疲倦，会开得有点沉闷。坐在李伯钊同志对面的赵树理讲着讲着站起来了。天太热，他把衬衫披在肩上，但又没穿背心，一个大肚子挺在了伯钊同志面前。伯钊同志没在意。不知是谁，可能是华君武，爱调皮，偷偷地替老赵勾了一幅漫画：头小肚子大，并在挺着的肚子上画了个大肚脐眼。于是，这张画就在桌子底下传开了。传来传去，传到老舍先生手里。老舍先生把画铺在桌子上，郑重其事地凝视了一会儿，提笔从肚脐眼上画出一条横线，在横线头上工整地写了两个大字"要点"，顺便推给了站在对面的赵树理。赵树理坐下来，戴上眼镜，端详了半天，又提笔从"要点"二字上边画出一条横线，在横线的上头也工整地写了两个字"中肯"，然后，把那张又画又批的纸郑重其事地叠起来放进衬衣的口袋里。伯钊同志看在眼里，不住地摇头，用手指点着赵树理说："你个老赵啊！"在座的同志哄堂大笑，会议一扫夏日的沉闷，活跃地开了下去。

夏　淳：

时间过得真快，老舍先生离开我们已经25个年头了，但一提起老舍先生仍恍如昨日，就好像他老人家还活在我们身旁一样。他的音容笑貌，他凝重、洪亮的低音，纯正而幽默的北京话，拄着手杖而仍很矫健的步履，都很清晰地显现在我们眼前。可是他老人家已经离开我们了，每想到这儿一股热流冲过心田，不免喉头也有些哽咽了……老舍先生，我们想念你啊，多么想念您啊！

老舍先生和剧院，剧院和老舍先生都有很深厚的感情，如果说人艺能有今天一点声誉，和老舍先生对剧院的支持、关怀、培养是分不开的。我们一共演了老舍先生七个大戏，除了《骆驼祥子》是梅阡同志改编以外，其余六个都是老舍先生专门为剧院写的。老舍先生在解放以后头一个杰作《龙须沟》，给剧院在现实主义的道路上打下了坚实的基础，也起到了典范作用，并且使演员懂得了生活的重要，懂得了如何与群众成为贴心朋友，从他们身上汲取营养，如何体验他们的真情实感，如何创造真实的生动的人物形象。这个现实主义的康庄大道，剧院一直走了几十年，从学步走向成熟。老舍先生的另一个传世之作《茶馆》，使剧院的现实主义道路走得更宽广，使剧院在题材、体裁的多样化上迈出了坚实一步，使剧院为之奋斗的民族化得到了实践的机会，而且获得了很高的成果，使剧院的艺术水平，创造的整体性有了很大的提高。通过排练老演老舍先生一个一个的戏，锻炼培养了剧院几代演员，使他们向艺术的高峰突进，他们都成了真正的艺术家。看到他们的成就，老舍先生在天之灵，也会点头微笑了。不过更可告慰老舍先生的，是这些演员又培养出了两三代演员了，这些中青年演员已经活跃在舞台上，他们也同样的对您敬爱，同样的亲热着您，因为他们都知道：有一位爷爷写出的《茶馆》，使我们也能飞到世界各地，能为咱们国家争了一口气。

老舍先生是最为人民所热爱的作家之一，老舍先生的作品是我国文学史上的一座丰碑。老舍先生却是最朴实，最坦诚，最平易近人的。老舍先生的一生是奉献的一生，老舍先生的无私奉献的精神是很值得我们学习的。我曾负责艺术处的工作，主要的是联系作家，这样我就与老舍先生接触的机会多，有时侯谈事谈晚了，老舍先生的夫人胡絜青同志就留我们在小院的东屋里吃炸酱面，吃包饺子。老舍先生有几件小事给我印象极深，而且颇受启迪。老舍先生对北京和北京人可谓十分熟悉了，老舍先生常说，我写的人物虽只有三句话，可我对他们家的三代人都说得出他们的履历，连他姥姥家的家谱都能背得出来。可要写剧本时，老舍先生还一定要到底下去亲自看一看。无论是《龙须沟》、《春华秋实》，还是《女店员》、《红大院》，老舍先生不顾自己的腰腿不好，总要一趟、两趟地往下跑，所以老舍先生笔下的人物都是有变化的活生生的老北京，身上洋溢着现代气息的老北京。人家说老舍先生是笔下最勤快的作家。应该说老舍先生是有强烈的责任感的作家。一次，老舍先生生病住了医院。我去看他时他说：社会上这么热火朝天，街道的妇女们都动起来了，咱们又该干点什么了。老舍先生无论去街道上，胡同儿里，无论是去妇女商店，还是大杂院，都是老远地就下了汽车，宁可艰难地走一大截路。老舍先生说：他们看咱们坐着汽车来，就不把咱们当朋友了，就不说实话了。老舍先生说过一句话："我是凭着对社会主义的热情来写的，不计成败，勇往直前。"我当时听了，激动不已，至今犹响在我的耳边。对我也是一个很好的提醒。我们搞艺术，究竟为什么？

是老舍先生的《茶馆》把中国的话剧打到世界上去的，这是开天辟地头一回，而且是一炮打响，轰动了香港、轰动了日本，轰动了欧洲、加拿大、新加坡。引起许多专家、学者、评论家极大的重视和赞誉。他们认为，老舍先生的戏是"远东舞台上的奇迹"，是"现实主义的高峰"，是"现代创作的经典之作"，"我从来没有这么激动过，老舍先生的戏使我经久不忘。""这是一出极富中国色彩的戏，是很独特的，但是是真正的现实主义的戏"。日本两位著名的戏剧家杉村春子和千田是也都说，《茶馆》在日本的演出，将会对日本戏剧界有很深远的影响。老舍先生为中国的话剧争得了世界影响，争得了无限的殊荣。

老舍先生永远活在我们心中，老舍先生的作品是不朽的，它们是民族优秀文化的一个组成部分，它们会代代相传！留芳百世！

历史回眸

纪念老舍诞辰95周年

“老舍与人民”座谈会在京召开

为纪念老舍先生诞辰95周年，北京市文学艺术界联合会、北京老舍文艺基金会、中华文学基金会于1994年2月26日联合在文采阁召开了“老舍与人民”座谈会。中共北京市委副书记李志坚，中国文联党组副书记梁光第，中国作家协会副主席陈荒煤，中国作家协会书记处书记、中华文学基金会副会长兼总干事张锲，中共北京市委宣传部副部长李牧，中共北京市委宣传部副部长、北京市文联党组书记、秘书长马玉田，北京市文联主席杨沫，北京市文联副主席、北京老舍文艺基金会常务副会长宋汎，北京市文联党组副书记、北京老舍文艺基金会常务副会长赵金九，老舍夫人胡絜青及北京的著名作家、艺术家近60人出席了座谈会。

座谈会由宋汎同志主持。杨沫同志代表主办单位致辞，她说：新中国成立后被北京市授予“人民艺术家”光荣称号的就是老舍先生。老舍先生是人民热爱的一位伟大作家。今天我们将通过这个座谈会，再一次体验到老舍先生令人崇敬的精神境界和博大的胸怀。他确实是一位无愧于“人民艺术家”光荣称号的伟大的艺术家。在改革开放的伟大时代，我们要大力提倡作家、艺术家关注改革开放的时代精神，学习老舍先生把我们自己融会到人民群众变革现实的汪洋大海之中。与会的同志谈起老舍先生与人民群众的密切联系时，都有说不完的话题。会上有邓友梅、郭滨、林斤澜、苏民、高莽、舒乙、夏淳、于志恭、盛毅、王世襄、孙玉奎、杨伯云、刘金涛共15位同志从不同角度回顾了老舍先生同老艺人、裱画工人、建筑工人、郊区农民、机关干部、各

北京日报

“老舍与人民”纪念座谈会举行

李志坚讲话　陈荒煤胡絜青出席

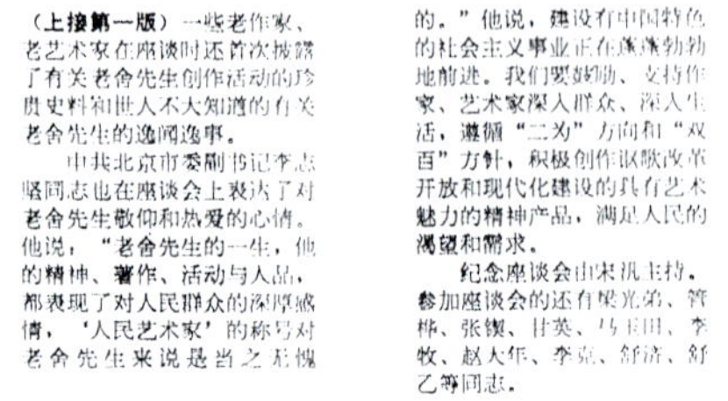
（上接第一版）一些老作家、老艺术家在座谈时还首次披露了有关老舍先生创作活动的珍贵史料和世人不大知道的有关老舍先生的逸闻逸事。

中共北京市委副书记李志坚同志也在座谈会上表达了对老舍先生敬仰和热爱的心情。他说，“老舍先生的一生，他的精神、著作、活动与人品，都表现了对人民群众的深厚感情，‘人民艺术家’的称号对老舍先生来说是当之无愧的。”他说，建设有中国特色的社会主义事业正在蓬蓬勃勃地前进。我们要鼓励、支持作家、艺术家深入群众、深入生活，遵循“二为”方向和“双百”方针，积极创作讴歌改革开放和现代化建设的具有艺术魅力的精神产品，满足人民的渴望和需求。

纪念座谈会由宋汎主持。参加座谈会的还有梁光弟、管桦、张锲、甘英、马玉田、李牧、赵大年、李[illegible]、舒济、舒乙等同志。

纪念老舍诞辰95周年

历史回眸

界知识分子亲切交往的情景。作家邓友梅说：1950年老舍先生从美国回来时到了香港。他在台湾的朋友曾劝说他到台湾去，但老舍先生还是毅然回到了北京。老舍先生回到北京后，衣裳都没来得及换，就积极地投入了工作。有件事得提一下，当老舍先生看到街上那些双目失明的盲人就说，需要给他们想个出路。后来让北京文联想了办法，由文联组织一个盲艺人学习班。他们一般都会弹会唱，学习班结束后，就在文联内部演出。唱过一个单弦曲子叫"鹦哥调"，这个"鹦哥调"正经单弦艺人是没有的，只有盲艺人会唱。这个"调"后来还有记录。再一件事是刚解放那个时侯，那时画家没有现在这么阔，相当的困难，连于非闇、陈半丁生活都很难。也是老舍先生在文联跟大家提，说这些老画家连画都卖不出去了，街上齐白石的画才卖27万元（等于现在27元），得想想办法。那时正重修天安门。老舍想，天安门既修理大概总得有用画的地方，跟他们联系一下。所以天安门上面有的宫灯和隔扇就是请这一批老画家去画的。就是在那个时侯，成立了新国画研究会，解决了一批画家当时的生活困难问题。

北京人艺老演员苏民同志在座谈中说：老舍先生是用北京话来写文章，我们只有用北京话来读他的文章才有味道，不然表现不出北京的风味来。北京人艺每一次演老舍先生的剧本，一定请老舍先生来读，有些字从字面上读不出来，请老舍先生一读就明白了。我们从老舍先生那里学到的不仅是地道的北京话，更重要的是在京味中间蕴藏着幽默、俏皮、传神的内涵，和先生学到的不仅是用地道的北京话演他的戏，还要努力体会深入浅出，悲入喜出，苦入甜出的幽默和俏皮。

座谈中，舒乙同志代替齐锡宝同志发言，他说：1951年1月31日《人民日报》第三版上有"贝满女中"数学教员布春生的一篇文章，题目是《我家两年来的变化》，是写知识分子对共产党认识的变化。毛主席当时看了这篇文章，马上打电话给周总理说，找人按这一篇文章的思路写一个电影剧本（故事片），来说明知识分子对共产党认识的变化。对新政权的巩固有好处。周总理马上打电话给电影局陈波儿、袁牧之。他们商量完了后说找谁写呢？找不到适合的人选。事有凑巧，当时北京人民艺术剧院上演的话剧《龙须沟》正轰动全城，《龙须沟》的作者正是五十年代初从美国回来的老舍先生。一想到老舍先生大家不约而同地想到了要能够胜利地完成任务，非请老舍先生来写这个文学剧本不可。当陈波儿同志向周总理汇报电影局将尽全力完成毛主席交给的任务，并决定商请老舍先生担任影片的编剧时，周总理十分高兴。周总理说，请老舍先生写剧本，跟他的想法不谋而合。陈波儿派电影局的干部齐锡宝跟老舍先生联系写剧本，老舍先生答应了。电影局考虑到老舍先生腿脚不便，就派齐锡宝同志当老舍先生的助手，为他采访，收集素材。老舍先生很快就写好了电视剧本《人同此心》。当时袁牧之及电影局的领导看了以后认为很好，可以拍，准备搭班子很快投拍。那时江青是电影艺术指导委员会的成员，她说了这么一句话："老舍自己就是个没有经过改造的知识分子，他哪能写好符合我们要求的电影剧本。"就这样老舍先生创作的这部作品被扼杀。

中共北京市委副书记李志坚同志也在座谈会上表达了对老舍先生的敬仰之情。他说：老舍先生的一生，他的精神、著作、活动与人

历史回眸

品，都表现了对人民群众的深厚感情，“人民艺术家”的称号对老舍先生来说是当之无愧的 。他说，我们要鼓励、支持作家、艺术家深入群众、深入生活，遵循“二为”方向和“双百”方针，积极创作讴歌改革开放和现代化建设的具有艺术魅力的精神产品，满足人民的渴望和要求。

参加座谈会的还有：甘英、管桦、李筠、赵大年、李克、张淑兰、李琴华等领导和文艺家。

《老舍先生诞辰95周年》纪念封

老舍(1899.2.3－1966.8.24)，原名舒庆春，字舍予，满族人，著名作家，曾被北京市人民政府授予“人民艺术家”光荣称号。曾任政务院文教委员会委员、中国文联副主席、中国作家协会副主席、北京市文联主席、北京市人民政府委员等职。主要著作有《四世同堂》、《骆驼祥子》、《茶馆》等。

为继承和发扬老舍先生的爱国主义精神，繁荣文学艺术事业，1988年成立了北京市老舍文艺基金会。我们期望得到海内外各界人士的大力支持。

设　计：李印清　　北京市老舍文艺基金会监制　　北京华夏企业文化商社发行

纪念老舍诞辰95周年

历史回眸

老舍的文艺思想与当前的文艺创作

为纪念人民艺术家老舍先生诞辰95周年，北京市文联、北京市老舍文艺基金会、北京市老舍研究会于5月25日至26日召开了“老舍的文艺思想与当前的文艺创作”研讨会，到会的20多位专家学者各抒已见，畅所欲言，就老舍先生的文艺思想和当前的文艺创作中的许多问题进行了深入的探讨。

一、关于文艺创作反映现实，贴近生活问题。

与会同志认为，反映现实，贴近生活，是老舍先生创作的一个显著特点。尽管老舍先生解放以后的某些作品有这样那样的不足，但是，他确实用他的笔，为我们国家服务，为我们新生的人民政权服务，为我们宏伟的事业服务。老舍先生尽管患有腿疾，行动不便，但他始终生活在普通百姓之中，与方方面面的人接触，三教九流、五行八作，和什么人都谈得来。他了解人，特别是下层人的心态，理解他们的酸甜苦辣，厚积而薄发。在“左”的路线统治文坛的情况下，老舍先生也写了一些“运动戏”。这些作品同《茶馆》、《龙须沟》一类传世之作比较有这样那样的缺欠，但确实也为我们留下了一些鲜活的人物、精彩的语言，生动的情节，闪烁着老舍先生的特有光彩。这同老舍先生生活积累丰厚，力求反映现实、贴近生活的创作态度密切相关。

有的同志回顾了老舍先生的特殊经历，指出其创作反映现实、热情地为人民政权服务，完全是自觉的。他说，老舍先生对两种政权表现了截然不同的态度：解放前，他与国民党政权非常冷静地保持了相当远的距离，抗日战争胜利以后，则发生了尖锐的冲突；解放后，他自豪地称自己是“歌德派”，由衷地热爱共产党、热爱社会主义，热爱我们的国家。尤其是他亲眼见到这个政权为老百姓办事，特别廉洁，更全身心地支持这个人民政权。他认为政治与艺术是两码事，特别注重感情在艺术创作中的地位，认为人物加感情形成故事，技巧加感情形成美。他并不轻视文学的宣传教育作用，写了一些“急救章”；又时不时地冷静下来，经过长期酝酿，创作一些传世之作。政治上的爱国主义与文学上的理想主义相结合，贯穿于老舍先生17年创作的始终。

一些同志在分析老舍先生的创作的同时也提出了对当前北京市文艺创作的看法，他们认为，综观当前北京市的创作，在反映现实，贴近生活方面作得还不太够，一是一些作者没有多少生活的积累，写起作品来生拉硬扯，东拼西凑，甚至用长篇大套的议论充填作品；二是一些同志思想有顾虑，好像一反映现实就会“图解政治”，其实未必如此，从老舍先生的创作实践不难看出，在有丰厚生活积累的前提下，关键是选材角度，不是写事而是写人，写各种人的不同社会心态。改革也是革命，它必然引起各种人各不相同的复杂反应，只要我们的作家深入到群众之中，牢牢地抓住剧烈变化的复杂的社会心态，是会创作出一批反映现实、贴近生活的优秀之作的。

二、关于作家、艺术家的价值判断问题。

一些同志谈到，作家艺术家的价值判断问题是我们当前文艺创作中不能不引起关注的大问题。价值判断问题，实际上就是社会责任感的问题。老舍先生是一位有强烈社会责任感的作家，他强调：“要做一个写家，须先做一个‘人’。假若人格不崇高，气度不宏大，而只仗着几个漂亮文字支持自己，则必难有何建树。盖自己不崇高宏大，何以能体会世上最善最美的事？何以心明如镜，鉴别善恶？有了真人，而后才有至文，文艺并非文字把戏也。”“伟大文艺中必有一颗伟大的心，必有一个伟大的人格。这伟大的心田与人格来自写家对他的社会的伟大的同情与深刻的了解……来自我们对爱人爱国爱真理的努力与奋斗，来自我们对一种高尚理想的坚信与追求。”正因为老舍先生人格高尚，他一丝不苟地创作出的那些作品，至今令我们鼓舞振奋，得到情感的陶冶和艺术的享受。

三、关于〝幽默〞与〝调侃〞问题。

有的同志将老舍先生的“幽默”同当前颇为流行的“调侃文学”作了比较，他认为，二者虽然都带有一定的讽刺意味，却有本质的不同。老舍先生的幽默是热的，与人为善，心地宽和，和颜悦色；在审美品味上，是含蓄的，不是长篇大套，而是画龙点睛，不显山，不露水，像诗一样，给人以回味的余地；它是作者机智、修养、学识、风度的外在表现，给人以人生哲理的启迪，使人自尊、自爱、自信、自强。“调侃文学”从整体上说是冷的，是玩世不恭，是对诚实的、天真的人性的嘲讽，为了自己痛快而嘲弄别人，在他们看来，“人生就是踢足球，也许根本没结果，还得踢，因为有人喝彩”。在审美品味上，主要靠的是三寸不烂之舌，直白的炫耀，喋喋不休地自我表白，大段大段地议论和空洞说教，让人目瞪口呆；虽然它在某种程度上讽刺了某些社会时弊，宣泄了某些人的不平心理，但总体上看社会效果是消极的。

四、关于文艺创作的地域特色问题。

浓郁的北京地域特色，是老舍先生创作的又一十分显著的特征。这不是外加的，而是文艺创作的规律性反映。老舍先生出生于北京一个贫苦满族人家庭，熟悉这里的一草一木，一砖一瓦，在这块土地上成长为一位人民艺术家，不管走到哪里，都眷恋着这里的人民大众，正是文学艺术源于生活，又高于生活的规律，决定了他的作品的强烈地域特色。

在探讨这一问题时，有同志提到鲁迅和老舍，认为，老舍先生强调地域性，鲁迅先生强调国民性，都是为了改造国民性，二者基本上是一致的。北京作为元、明、清以来的都城，是全国的政治中心和文化中心，中外文化相融合的交汇点，中华传统文化的集中代表，具有典型性。老舍先生的作品正是通过北京的地域性反映了中华民族的民族性。他的作品的北京地域特色不仅表现在对北京风土人情的抒写以及经过认真提炼的北京语言等外在特征，而是更深入地挖掘北京人内在的心理特征，既有对消极文化心理的批判，又有对优秀传统的悲壮的惋惜和热情赞美，这正是他对中华传统的基本态度。北京市的创作应当以老舍先生为榜样，继续高举北京地域特色这面旗帜，这是我们的优势。尤其是要求发展北京地域特色，因为时代是发展的。我们当代的北京创作应当更好地反映新的北京，新的北京人，关注改革开放大潮冲击下北京人复杂的社会心态。

中共北京市委宣传部副部长、北京市文联党组书记马玉田同志与到会专家一起进行了学术探讨。他指出，老舍先生是北京市文联的老主席，是具有世界影响的名人，是北京人的骄傲。他的创作思想和文艺实践为我们留下了非常丰富的遗产，对我们繁荣当今的文艺创作有重要的现实意义。我们要继续深入地进行探讨，以推动北京市文艺创作的繁荣发展。

纪念老舍诞辰95周年

历史回眸

北京书画家向基金会捐赠书画作品

北京老舍文艺基金会自一九八八年成立以来，受到了海内外各界人士的热情支持。老舍文艺基金会是文艺界自己的组织，很自然地得到了作家、艺术家的关心与支持，曾经有不少书画家提出：文联是文艺工作者自己的家，基金会是为扶持和发展文艺事业服务的。我们拥有中国第一流的书画家和才华横溢的后起之秀，为了积累繁荣艺术的必要资金，建议发起一次书画募集活动，相信会得到大多数书画家的支持。这个建议很好，北京老舍文艺基金会便和老舍夫人胡絜青先生商量此事，胡絜青先生非常体谅书画家，她说：“书画家应酬太多，都很忙，我们实在不好意思向书画家伸手要字要画，所以，不要搞摊派，以自愿为好。”

经北京老舍文艺基金会反复酝酿和北京市文联党组研究同意，决定向66位书画家募集书画作品。1996年5月募集信发出，得到书画家的热情响应。中央美院81岁高龄的著名老画家高冠华（现已去世）教授，接到信当天晚上就开始画，用两天时间，为老舍基金会画出了第一幅精品，他说：“我很佩服老舍先生，为老舍基金会积累资金，用于颁发老舍文艺奖，培养文艺人才，开展对外文化交流活动，更好地繁荣和发展北京的文化艺术事业，我很高兴，理当积极支持。”中央工艺美院教授李燕先生来信说“为老舍基金会募集书画之事乃当今北京艺坛文苑之一大雅举，想老舍先生乃京味文学之巨匠，又是先父李公苦禅之老友，本人亦对老舍先生一向敬佩，理当全力支持，今即抹得《英踞图》一幅寄上，表一点诚心可矣！”还有著名书画家卢光照、娄师白、白雪石、胡絜青、尹瘦石、韦江凡、刘伯舒、崔子范、秦岭云、刘继瑛、宫布、沈鹏、陈大章、刘炳森、刘艺、李铎、王成嘉、刘春华、王明明等66位，都积极为老舍基金会贡献了自己的书画精品。

国艺术报 副　　刊 1996年8月16日 星期五 第三

首都书画家为老舍基金会捐赠书画

讯　为给老舍基金会积累资金，中央美院高冠华教授、中央工艺美院副教授李燕、北京协会副主席官布等二十几位著名书画家纷纷将书画捐赠给北京老舍基金会。（侯）

'96全国青少年书画大赛优秀作品展成功举办

讯　为弘扬我国传统文化，活跃少年儿童暑期文化生活，'96全国青少年书画大赛优秀月9日在北京中国少年儿童活动中心举行。高运甲、孟伟哉等有关领导同志及广大青少好者参加了开幕式，启功先生为大赛题词，中国文联文艺学校校长孟伟哉在开幕式上致青少年书画爱好者积极参赛，大赛评审委员会从数千件作品中评出一等奖9名，二等奖奖30名。（艺校）

北京日报 1996年9月6日 星期五

（京华周末）第288期

最近，北京著名书画家纷纷将自己的书画精品捐赠给北京老舍文艺基金会，目前已收到二十几位书画家的作品，他们是(按收件顺序)：高冠华、卢光照、刘勃舒、沈鹏、郑叔方、李燕、侯德昌、韦江凡、朱乃正、秦岭云、胡絜青、傅家宝、权希军、王挥春、刘艺、李琦、徐柏涛、娄师白、雷正民、张道兴、官布、马泉、宇文洲等，特别是中央美院81岁高龄的高冠华教授，用两天时间为老舍基金会画出了第一幅精品。中央工艺美院副教授李燕将《英踞图》一幅寄赠。北京市美术家协会副主席官布把自己新创作的两幅精品一起捐赠给北京老舍基金会。（侯双亭）

首都书画家积极为老舍基金会捐赠书画

捐赠书画作品

会藏珍品

VIII

会藏珍品

题辞

学习老舍先生
爱国主义精神
曹禺

办好老舍文艺
基金会
曹禺

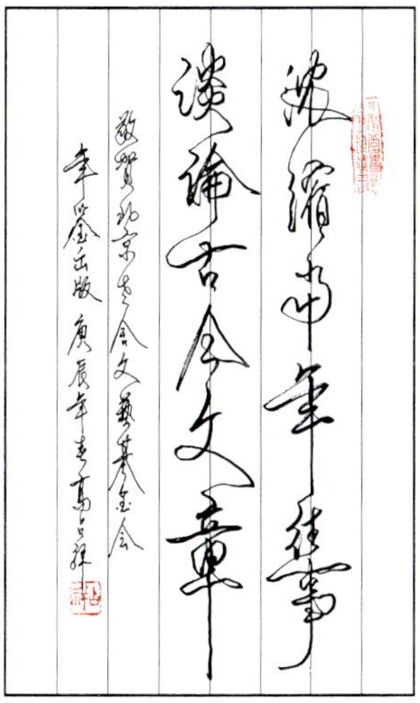

弘扬中华文化
振奋民族精神
老舍文艺基金会
柳涛 一九九二 三月

会藏珍品

题辞

以文會友
繁榮創作
胡絜青

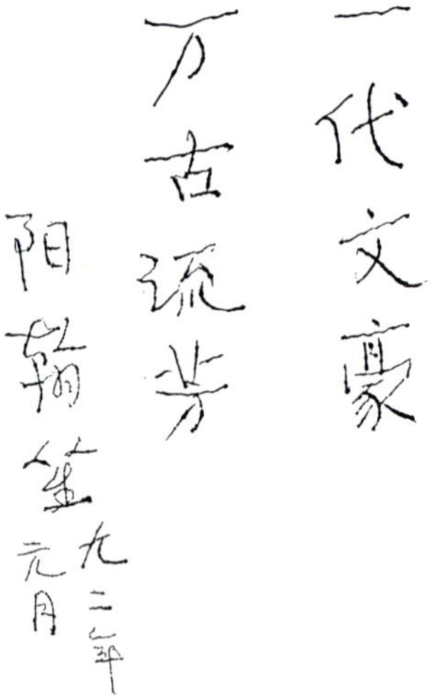
一代文豪
万古流芳
阳翰笙
九二年元月

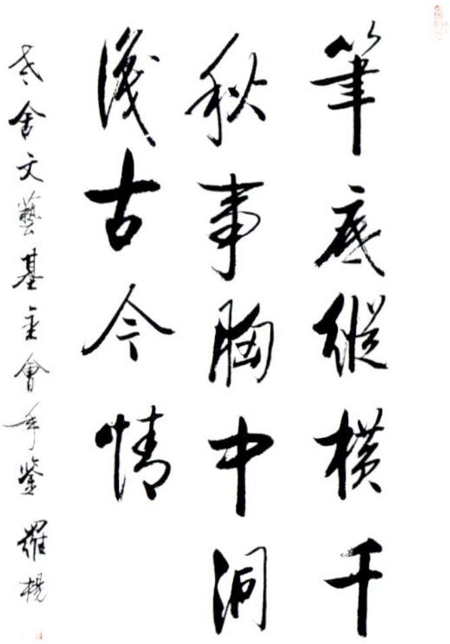
筆底縱橫千
秋事胸中洞
徹古今情
老舍文藝基金會年鑒

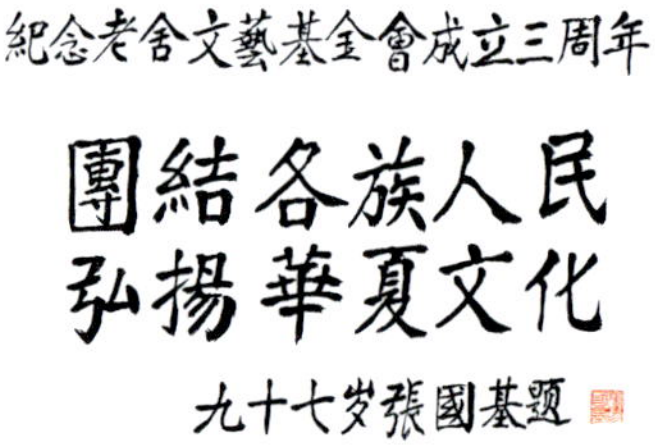
紀念老舍文藝基金會成立三周年
團結各族人民
弘揚華夏文化
九十七岁張國基題

题辞

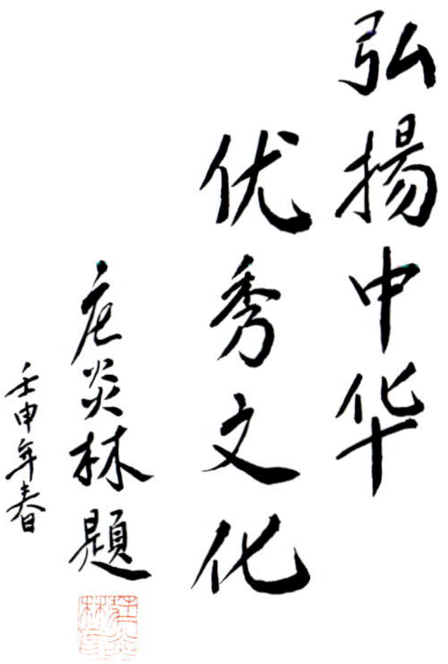
弘扬中华
优秀文化
庄炎林题
壬申年春

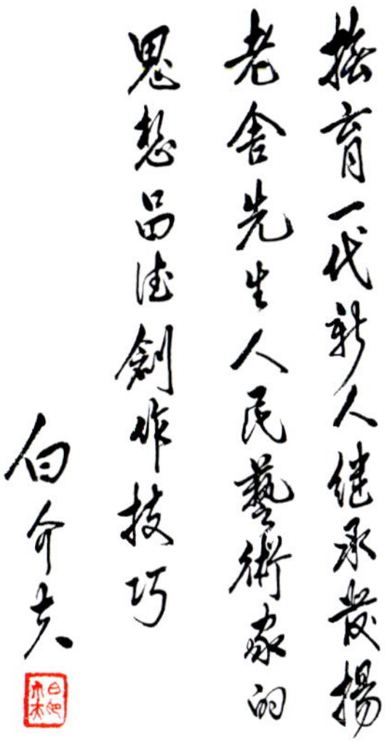
培育一代新人继承发扬
老舍先生人民藝術家的
思想品德創作技巧
白介夫

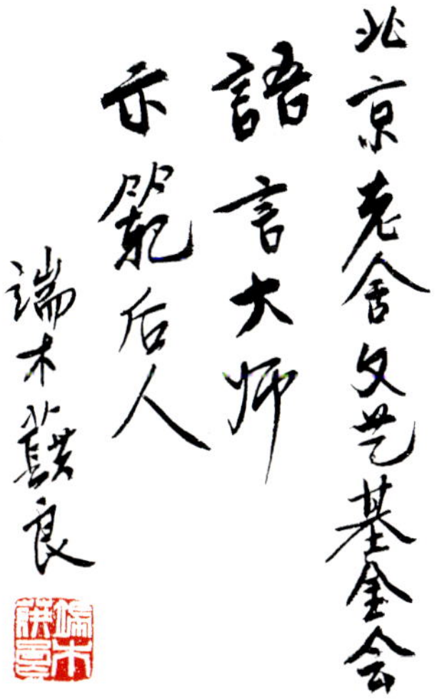
北京老舍文艺基金会
語言大师
示範后人
端木蕻良

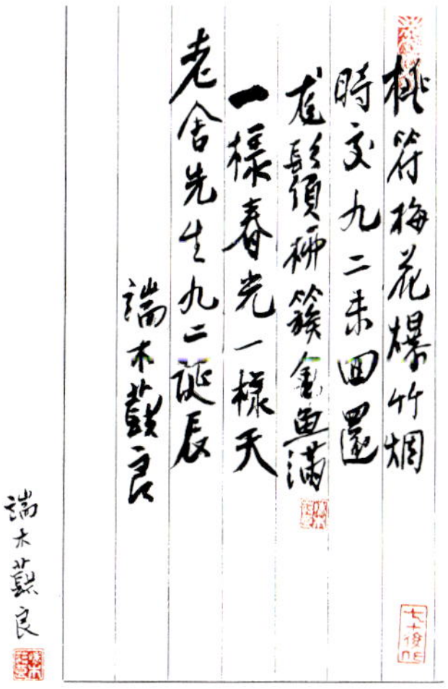
桃符梅花爆竹烟
時文九二樂田園
庄頌稱筵金盞满
一樣春光一樣天
老舍先生九二誕辰
端木蕻良
端木蕻良

会藏珍品

书画

白雪石：全国政协委员　著名山水画家

尹瘦石：中国文联副主席　北京画院副院长

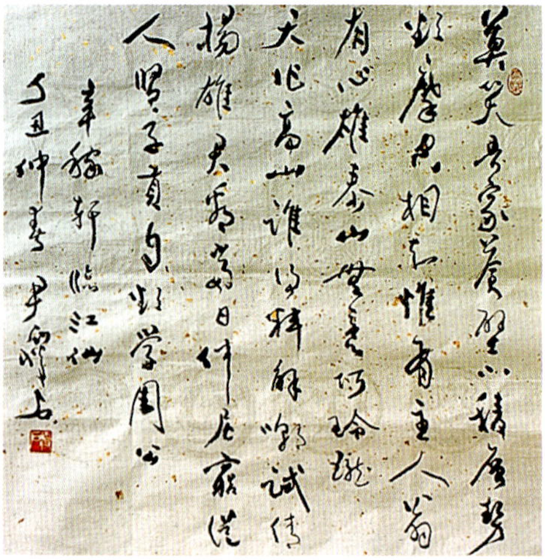

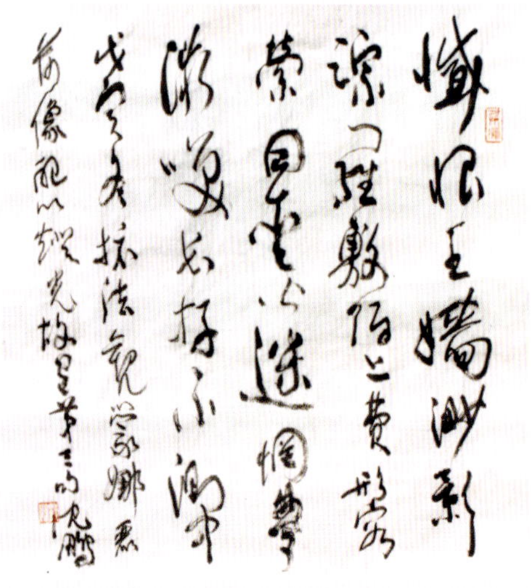

沈　鹏　中国书法家协会代主席，著名书法家

崔子范：北京画院原副院长　著名画家

会藏珍品

书画

娄师白：齐白石入室弟子

刘炳森：中国书法家协会副主席　全国政协常委

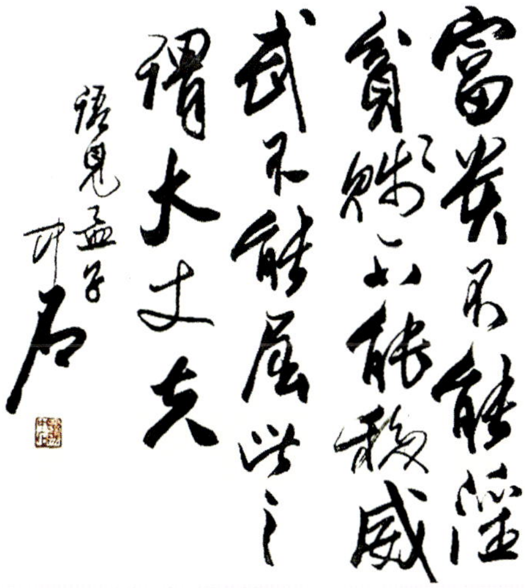

欧阳中石：中国书法家协会顾问

卢光照：著名画家

会藏珍品

书画

胡絜清：北京画院著名画家（老舍夫人）

刘　艺：中国书法家协会副主席　著名书法家

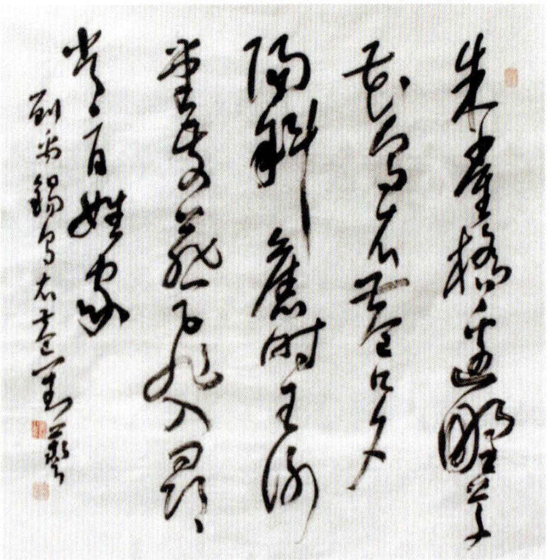

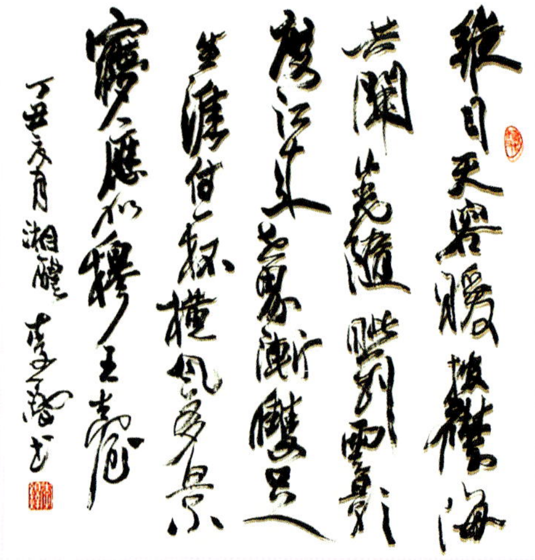

李铎：中国书法家协会副主席

刘勃舒：中国画研究院院长　著名画家

会藏珍品

书　画

韦江凡：北京画院著名画家

朱乃正：中央美院副院长　著名书画家

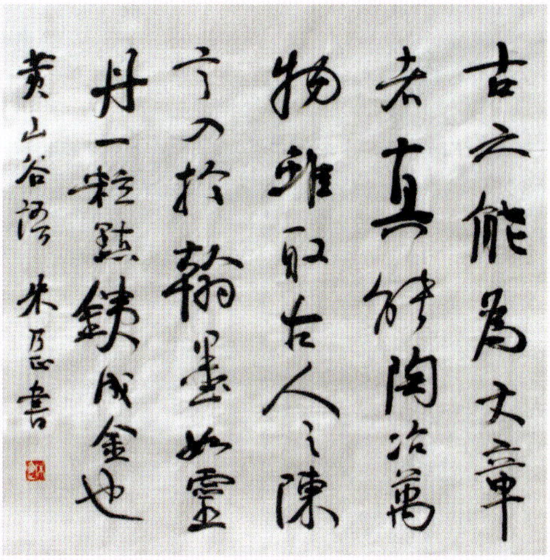

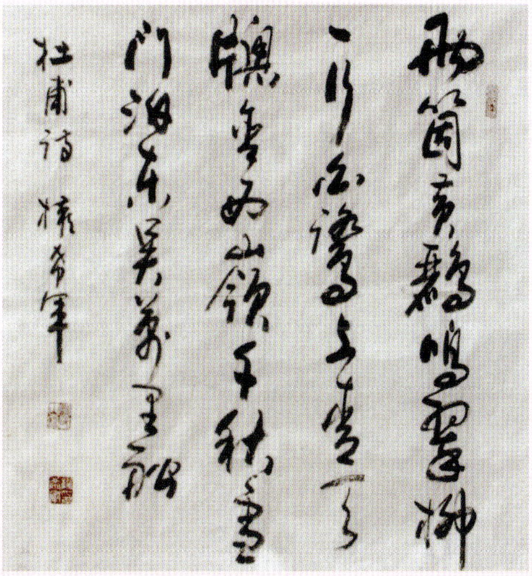

权希军：中国书法家协会顾问

高冠华：中央美院教授　著名画家

会藏珍品

书画

管　桦：北京文联主席　著名作家、画家

谢　云：中国书法家协会秘书长　著名书法家

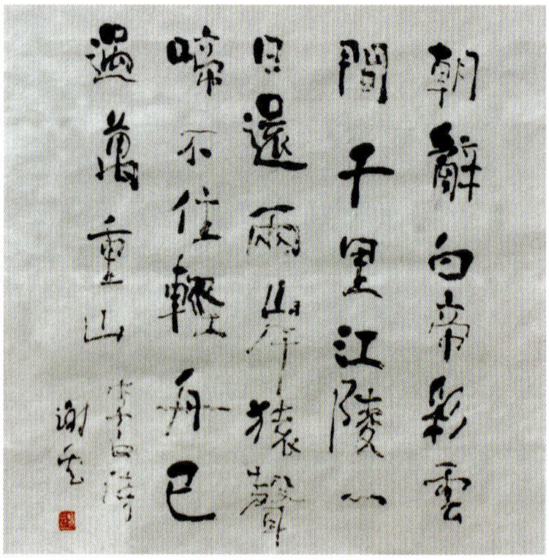

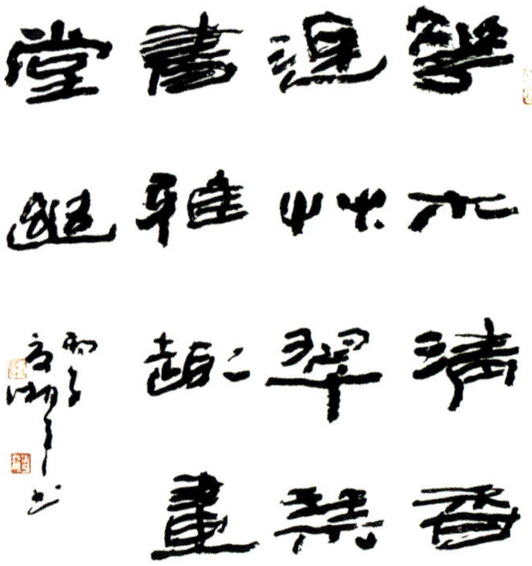

夏湘平：中国书协常务理事　著名书法家

秦岭云：著名山水画家

会藏珍品

书 画

刘继瑛：著名花鸟画家

侯德昌：中央工艺美院教授　著名书画家

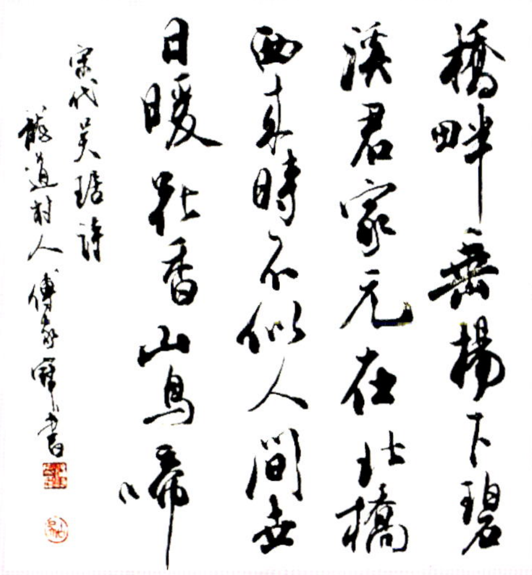

傅家宝：北京市美术家协会秘书长

卓然：文化部专职画家

会藏珍品

书 画

陈大章：海峡两岸书画家联谊会副会长　著名画家

侯双亭：中国书协会员　北京书协理事　著名书法家

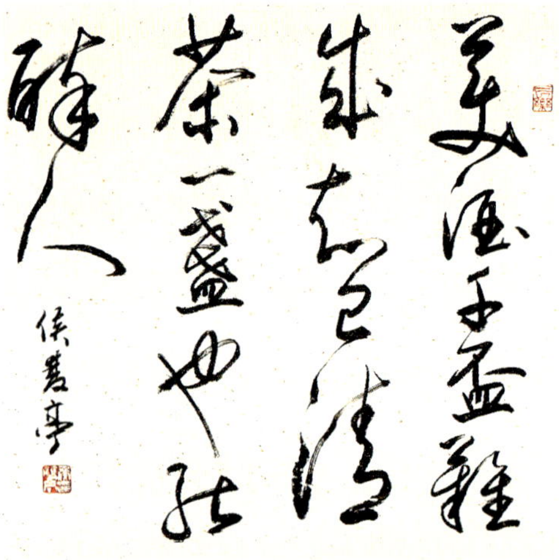

薛夫彬：北京市书法家协会副主席

刘春华：北京画院院长　北京美术家协会副主席

会藏珍品

书　画

王明明　北京画院副院长　北京美协副主席　著名画家

段志华：中国书协会员　著名书法家

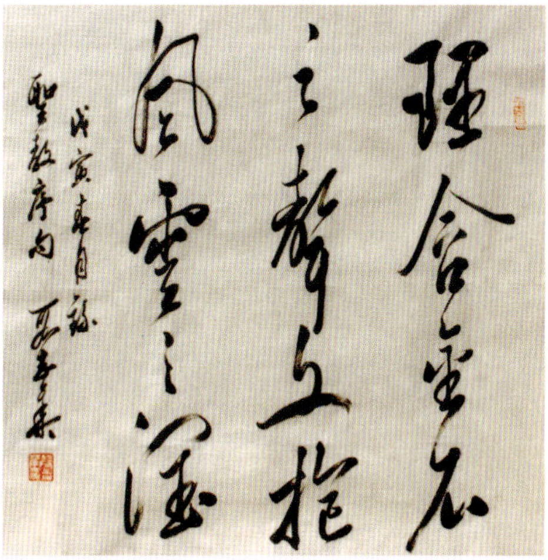

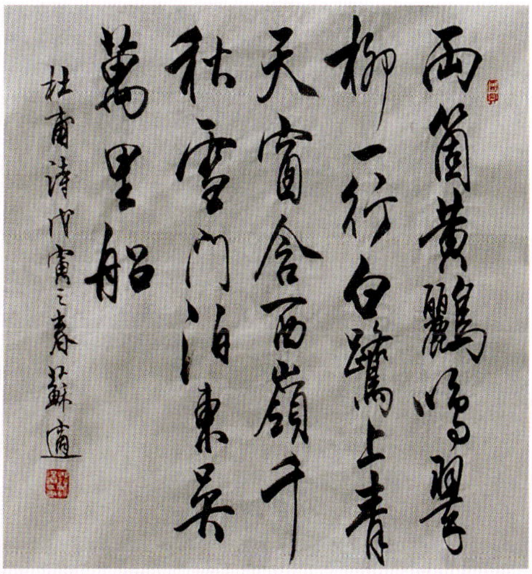

苏　适：中国书协理事　著名书法家

宫布：北京美术家协会副主席

会藏珍品

书 画

李燕：中央工艺美院副教授

佟 韦：中国书协副主席 著名书法家

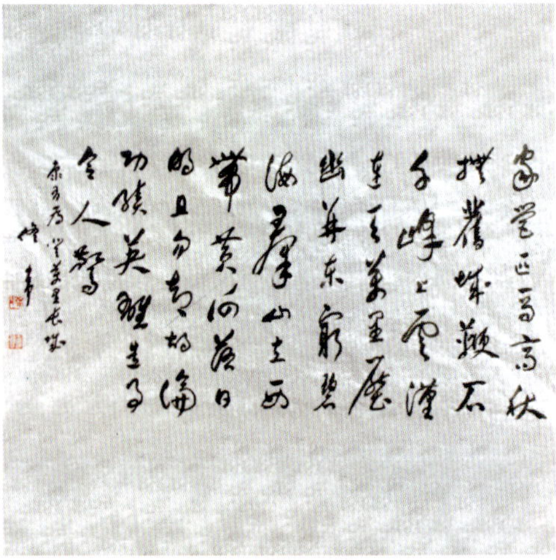

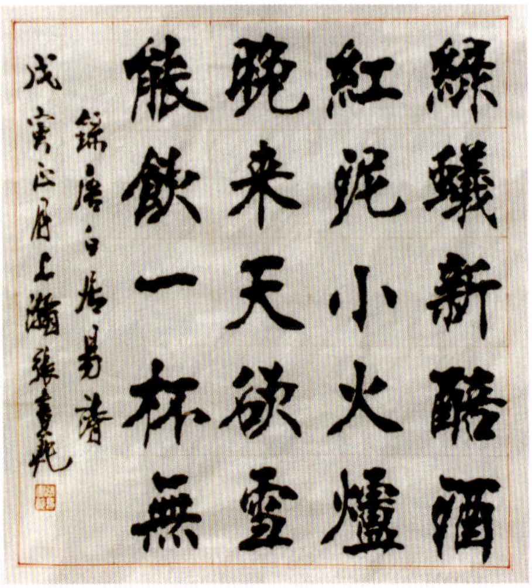

张书范：中国书协会员 北京书协副主席

王成喜：北京燕京书画社副总经理 著名画家

会藏珍品

书画

郑叔方：北京市美术家协会副主席

张荣庆：中国书协理论研究部副主任　著名书法家

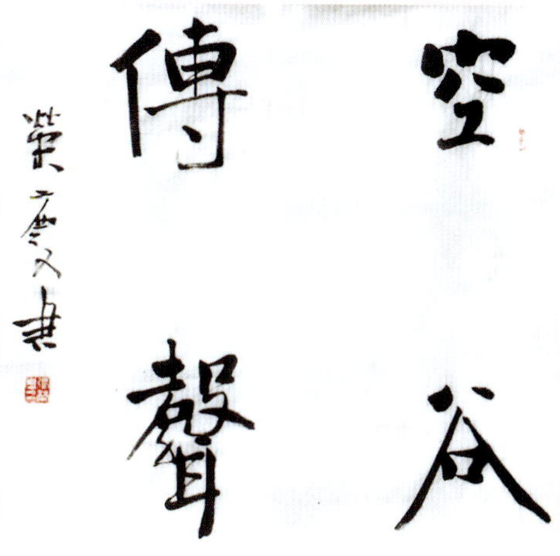

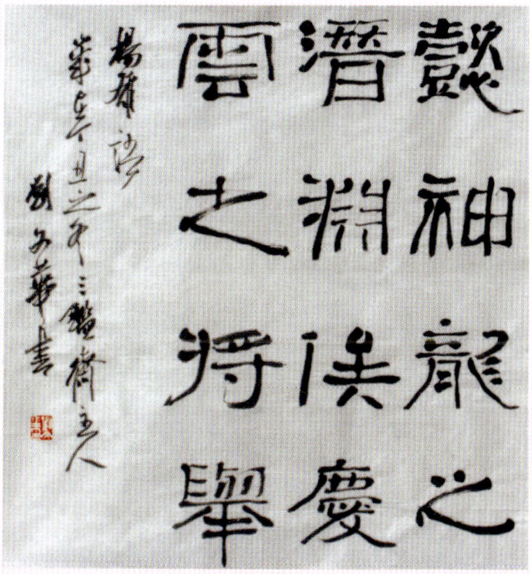

刘文华：中国书协会员　北京书协理事　著名书法家

刘玉楼：中央工艺美院副教授　著名画家

会藏珍品

书画

李滨声：北京日报美术部著名漫画家

谷　溪：中国书协会员　北京书协副主席　著名书法家

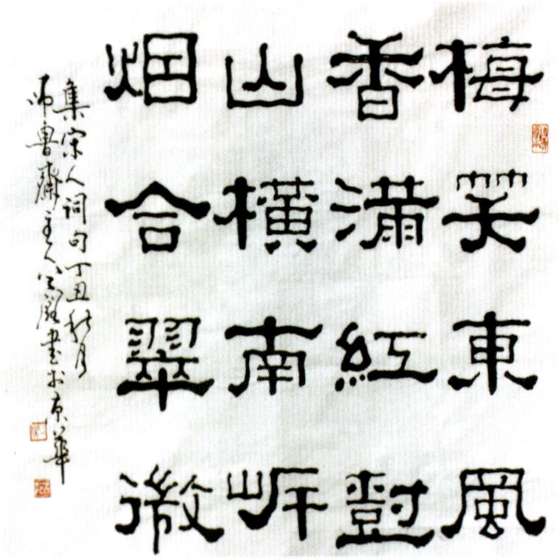

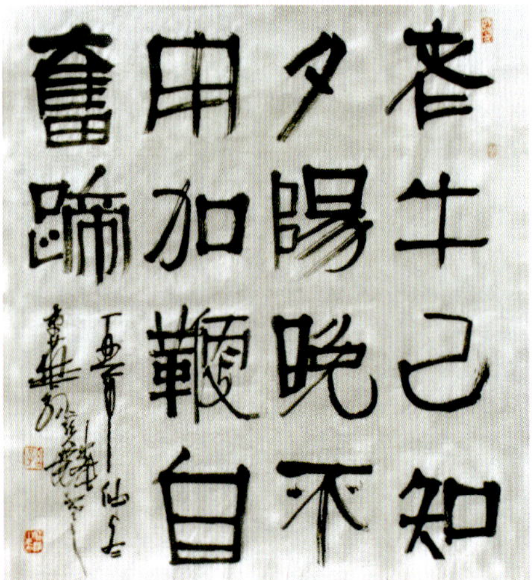

孙宝麟：中国书协会员　北京书协理事　著名书法家

张世简：中央工艺美院教授　著名画家

会藏珍品

书　画

李凌云：中国画研究院著名花鸟画家

张荣生：著名书法家

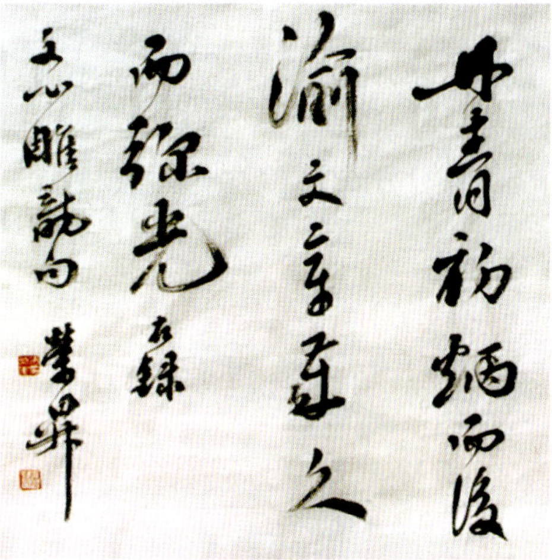

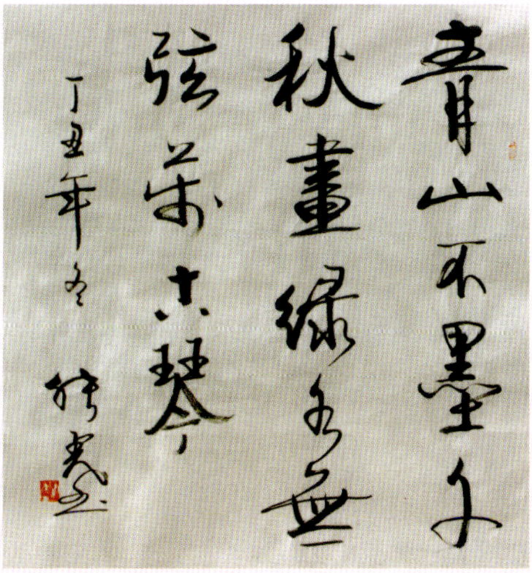

张　虎：中国书协副秘书长　中国艺术报主编　著名书法家

黄正襄：海峡两岸书画家联谊会副会长　著名山水画家

会藏珍品

书画

程振国：著名山水画家

于曙光：著名书法家

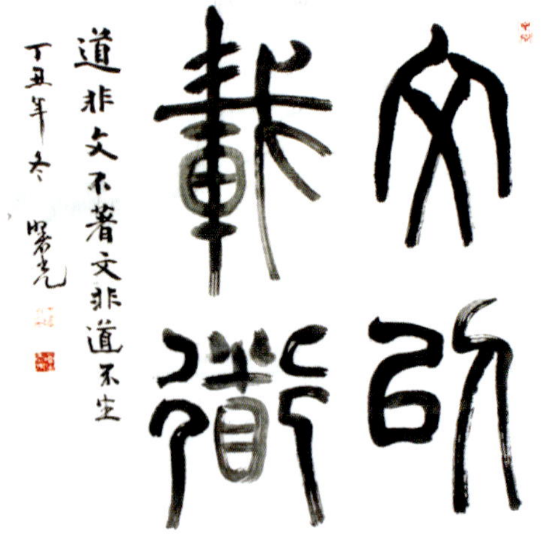

邹德忠：著名书法家

王梦湖：著名山水画家

会藏珍品

书 画

陈昔未：中央民族大学美术系教授　著名书画家

张永明：中国书协会员　北京书协理事　著名书法家

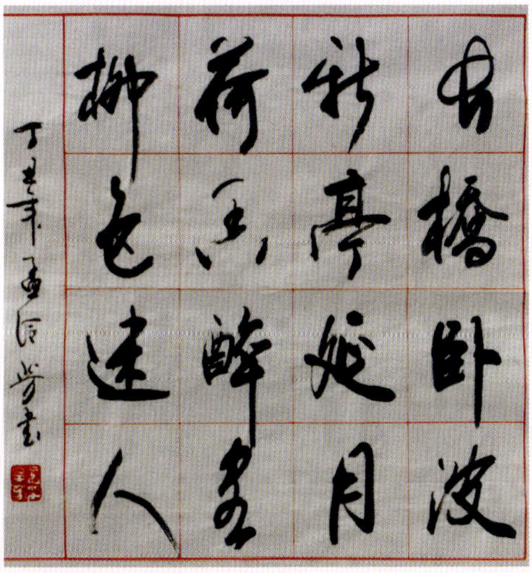

孟令芳：北京书法家协会副秘书长　著名书法家

宇文洲：北京画院著名画家

会藏珍品

书 画

马 泉：北京画院著名画家

杨再春：中国书协会员 北京书协理事 著名书法家

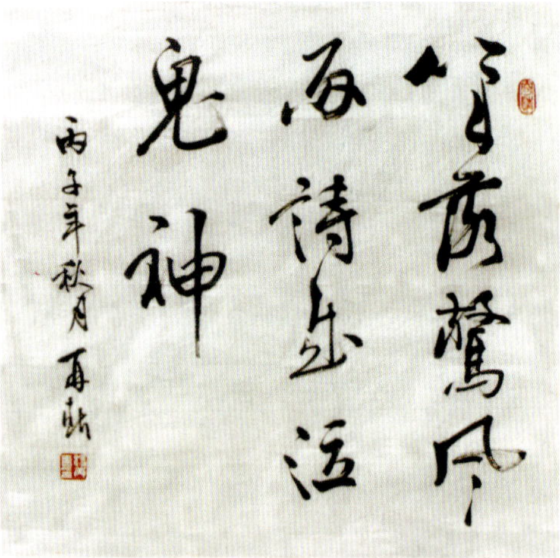

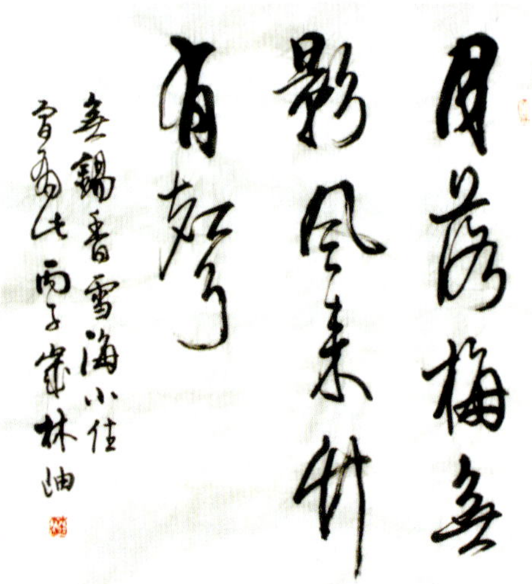

林 岫：中国书协常务理事 著名书法家

雷正民：著名山水画家

会藏珍品

书 画

王挥春：北京画院著名画家

徐焕荣：翠文阁篆刻师　著名书法篆刻家

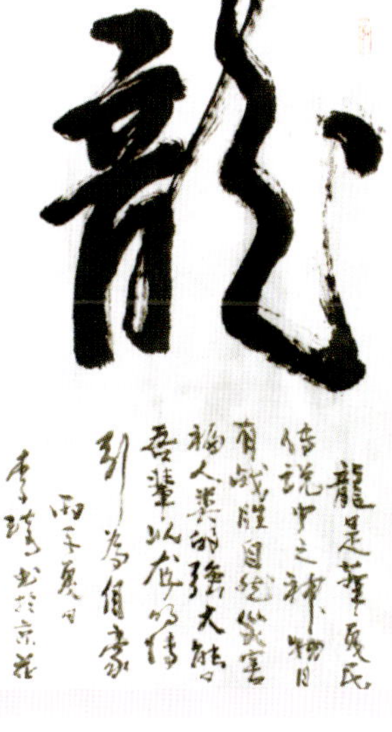

李　琦
中央美院教授
著名画家

张道兴：海军政治部美术创作部主任　著名人物画家

会藏珍品

书　画

吴休：北京画院副院长

王长海：北京老舍文艺基金会副秘书长

庞希泉：著名画家

吕浩材：北京市文联党组书记　北京市文联常务副主席

大事记

(1986-1999)

IX

大事记

北京老舍文艺基金会
北京市老舍研究会
大事记

1986

●**1986年8月22日**　北京市老舍研究会成立。市委副书记徐惟诚，市委常委、宣传部部长王立行，北京市副市长陈昊苏，以及老舍生前友好、老舍研究者百余人参加了成立大会。大会推举曹禺同志为会长，李筠、宋汎、王松声、于是之等为副会长。会上宣布，北京市将设立一项本市文学艺术方面的最高奖励："老舍文学艺术奖"。

1987

●**1987年1月14日**　北京市老舍研究会召开话剧剧本《太平湖》研讨会。会议由研究会副会长王松声主持。老舍研究专家及有关人士于是之、舒乙、黄会林、丁道希、李志强、林兆华、林连昆、关纪新、盛祖宏、向东、蒋瑞、康式昭、高玉琨、苗稼全、张恬、薛克兴等出席会议。

●**1987年12月15日**　北京市老舍研究会、北京市曲艺、杂技家协会在崇文区文化馆联合召开了"老舍先生与北京曲艺"研讨会。会议由研究会副会长王松声主持。舒乙、魏喜奎、姚振声、孙玉奎、杜澎、吴晓玲、高玉琨、苗稼全、孙惠弟出席了会议。

1988

●**1988年4月5日**　北京市民政局批复，同意成立北京市老舍文艺基金会。会长：曹禺；副会

大事记

长：于是之、阮章竞、肖军、杨沫、宋汎、胡絜青、张大中、骆宾基、赵金九、端木蕻良、廖沫沙；秘书长：赵金九（兼）。

● **1988年5月16日** 在新桥饭店召开了北京市老舍文艺基金会成立大会。市委、市政府主要负责同志及曹禺、白介夫、胡絜青、端木蕻良等人出席会议并讲话。

1989

● **1989年2月2日** 北京市文联、北京市老舍文艺基金会、北京市老舍研究会、《中国之友》编辑部、北京人民艺术剧院、老舍茶馆联合举办纪念老舍先生诞辰90周年演出活动。

1990

● **1990年6月18日** 北京老舍文艺基金会副会长赵金九会晤了来京的台湾海峡两岸商务协调会常务委员、国际文化交流协会常务理事刘兴武先生及台湾文殊机构、文殊文化有限公司董事长洪启嵩先生，在座的有北京燕山出版社社长刘珂理，基金会副会长骆宾基，副秘书长苗稼全、宜风。

● **1990年8月26日** 市文联党组书记、老舍研究会副会长宋汎，市文联顾问、老舍研究会副会长王松声以及高玉琨、苗稼全等同志前往北京医院探望曹禺先生，曹禺就如何评价老舍，开好理论年会等问题发表了意见。

● **1990年8月28至30日** 北京市老舍研究会在怀柔宽沟招待所召开首届理论年会。来自中央和北京的近30位专家学者王行之、赵园、舒乙、舒济、康式昭、黄会林、许自强、高玉琨、苗稼全、甘海岚、李志强、邵毓奎、曹菲亚、兰荫海、韩少华、赵大年、陈建功等出席了会议。宋汎致开幕词，孙钧政代表中国老舍研究会致贺词，王松声副会长转达了因病住院的曹禺会长对大会的希望，李筠副会长作了总结。市委宣传部副部长马玉田到会讲话。

1991

● **1991年1月31日** 北京老舍文艺基金会组织艺术家在人民大会堂大礼堂举办"北京市人民政府联合表彰慰问演出"，慰问居民委员会、村民委员会、基层妇代会和治安保卫、人民调解、爱国卫生、计划生育、社会福利、青少年教育、红十字、预防狂犬病工作先进集体先进个人代表。

● **1991年2月2日** 市文联、北京老舍文艺基金会、《中国之友》杂志社、大碗茶商贸集团公司、北京人艺、宣武区文化馆等单位，联合在老舍茶馆召开座谈会，纪念人民艺术家老舍先生诞辰92周年。座谈会由老舍文艺基金会总干事赵金九主持，他代读了因病住院的文联主席、老舍文艺基金会副会长杨沫的书面发言，曾任周恩来总理秘书的张颖、曾任冯玉祥将军秘书的于志恭、太平湖畔竖碑人许林村、独臂将军(曾任中国人民志愿军某部政治部主任，陪同老舍在朝鲜写《无名高地有了名》)彭青云、盲艺人刚振华、著名艺术家夏淳、魏喜奎、市文联顾问王松声等深情回忆了老舍先生许多动人的往事，讲述了老舍先生同人民群众的血肉联系。首都各界人士白介夫、韩伯平、张大中、孟伟哉、李筠、龙新民，老舍夫人胡絜青及子女共百余人出席了座谈会。

● **1991 年 3 月 29 日**　应中国人民对外友好协会的邀请，以中山时子为首的日本老舍著作爱好者访华团一行43人，于3月26日至4月4日访问北京，参观访问了老舍先生在北京工作过的地方和老舍著作中提到的一些地方。29日，访问北京市文联、北京老舍文艺基金会、北京市老舍研究会。陈模、宋汎、赵金九、王松声、葛翠林、赵大年、刘锡庆、甘海岚、苏叔阳、宜风、柳秀文等人热情地接待了他们，向他们介绍了北京市老舍研究工作的近况。中山时子，1923年生，是在中国长大的日本人，著有《老舍著作事典》、《中国菜谱》等。

● **1991年夏季**　北京老舍文艺基金会协助福建省原经委主任郑重在北京音乐厅举办个人书画展。

● **1991 年 8 月 5 日**　北京老舍文艺基金会在北京音乐厅举办公开售票的“名人名曲系列音乐会”。著名钢琴家石叔诚．著名小提琴家盛中国、著名女高音歌唱家傅海燕、王月英热情参加募捐义演。

1992

● **1992 年 1 月 25 日**　北京市文联、北京老舍文艺基金会组织艺术家赴延庆监狱慰问干警，帮教犯人。来自中央歌舞团、海军老干部活动中心、中铁建文工团歌舞团、北京市曲艺团的关学曾等艺术家演出了音乐舞蹈、曲艺、小品等节目。

● **1992 年 7 月 2 日**　北京老舍文艺基金会与《中国经营报》总编室主任贺森商谈开展“企业文化征文评奖活动”事宜。

● **1992 年 7 月 30 日**　中国企业文化研究会、《中国经营报》编辑部、天津三峰客车有限公司、北京老舍文艺基金会联合召开作家座谈会。出席会议的张同舟、雷加、母国政、陈祖芬、徐然、贺森等作家畅所欲言，探讨了文化与经济改革的关系、企业文化建设的方向等课题。中国企业文化研究会常务副理事长、北京市顾委常委张大中介绍了企业文化建设情况。

● **1992 年 8 月 22 日**　北京老舍文艺基金会、北京市老舍研究会、北京市对外文化交流协会在北京国际艺苑皇冠假日饭店“文艺沙龙”举办联谊会。来京出席首届老舍国际学术讨论会的37位外国专家学者以及林斤澜、葛翠林、汪曾祺、赵大年、吴祖光、郑榕、黄宗洛、金雅琴、牛星丽、谢添、魏喜奎、吴素秋、杨沫、宋汎、赵金九、于是之、马玉田、李筠、黄宗汉等70余人出席。

北京老舍文艺基金会、北京市老舍研究会参与了首届老舍国际学术讨论会，宜风、侯双亭驻会。

1992 年 9 月 23 日　北京老舍文艺基金会、市委统战部、市新闻出版局、市新华书店和香港繁荣集团在北京市文联会议室召开联谊会议。出席会议的有香港繁荣集团董事长陈玉书先生、香港繁荣集团总经理黄伯玲女士、北京市委统战部副部长王宝亮、北京市新闻出版局局长薛凡、副局长赵东鸣、北京市新华书店总经理鲁杰民、北京老舍文艺基金会副会长杨沫、宋汎、徐天立、赵金九，副总干事苗稼全、宜风。

大事记

●1992年11月4日　北京市文联党组研究决定，宋汎、赵金九为北京老舍文艺基金会常务副会长、苗稼全为总干事。

1993

●1993年1月5日　宣武区政协副主席黄宗汉在天桥乐茶园向北京老舍文艺基金会全体工作人员及舒济、舒乙介绍天桥地区改造计划。

●1993年2月3日　北京老舍文艺基金会在天桥乐茶园召开专家座谈会，集思广益，讨论天桥改造计划。与会的作家、艺术家王决、苏叔阳、赵大年、邓友梅、林斤澜、吴祖光、黄宗洛、舒济等先后发了言。

●1993年12月3日　北京老舍文艺基金会苗稼全、宜风、侯双亭赴密云县檀营满族自治乡，请杨伯云乡长和原公社主任王敬之介绍了老舍先生两次在该乡深入生活的情况，并参观了老舍先生当年居住过的房所。

1994

●1994年1月28日至29日　在天桥乐茶园举办纪念老舍先生诞辰95周年，"老舍作品欣赏"演出。张百发等市领导观看了演出。会后，北京市房地产经营公司为老舍文艺基金会赞助20万元。

●1994年2月26日　北京市文联、北京老舍文艺基金会、中华文学基金会在文采阁召开"老舍与人民"纪念座谈会。出席会议的有北京市委副书记李志坚、中国作家协会副主席陈荒煤、中国作家协会书记处书记邓友梅、中国作家协会书记处书记张锲、中共北京市委宣传部副部长李牧、北京市委宣传部副部长、北京市文联党组书记马玉田、北京市文联主席杨沫、北京市文联副主席宋汎、管桦、老舍先生夫人胡絜青以及赵金九、冯立三、黄宗汉、舒济、舒乙、林斤澜、赵大年、李克、夏淳、苏民等50余人。李志坚同志讲话说"老舍先生的一生，是光辉的一生，他的精神、著作、活动与人品，都表现了对人民群众的深厚感情，人民艺术家的称号对老舍先生来说是当之无愧的"。

●1994年5月25日至26日　北京市文联、北京老舍文艺基金会、北京市老舍研究会召开了"老舍先生的文艺思想与当前的文艺创作"研讨会，20多位专家学者各抒己见，畅所欲言，就文艺创作反映现实，贴近生活问题，作家、艺术家的价值判断问题，"幽默"与"调侃"问题，文艺创作的地域特色问题发了言，探讨了老舍先生的创作思想，以及当前文艺创作状况。

1995

●1995年6月13日　北京老舍文艺基金会热情接待了日本东京都中野区日中友好协会事务局长坂梨昌弘先生和北嘉昭南先生，陪同他们参观了老舍先生故居，拜访了老舍先生家属。

●1995年7月21日　为纪念中国人民抗日战争胜利50周年，弘扬我国文艺界的爱国主义传统，北京市文联、北京老舍文艺基金会、北京市老舍研究会在人民大会堂宾馆召开了"纪念中华全国文艺界抗敌协会座谈会"。曾为"文协"发起人或理事、会员的著名作家、艺术家叶君健、吴祖光、葛一虹、曾

大事记

克、张庚、端木蕻良(书面)和曾任文协延安分会秘书长的雷加，激动地回顾了"文协"这一全国性抗日文艺团体的活动，以及老舍等老一代文学家、艺术家同仇敌忾的爱国主义激情。曾任周恩来副主席秘书的张颖同志回顾了周恩来同志对"文协"的关怀和支持。曾任冯玉祥将军秘书的于志恭同志回顾了冯玉祥将军积极支持"文协"工作的情景。会议以后，于志恭同志将他珍藏的1936年12月5日"毛泽东给冯玉祥的信"、叶君健的夫人苑茵将她写的短文《一次不平常的婚礼》赠给老舍文艺基金会。

1996

● **1996年5月7日** 老舍文艺基金会工作人员赴天津市文联学习开展评选"文艺新星奖"的经验。

本年内，为筹集资金，北京老舍文艺基金会发起，向首都书画名人征集66幅字画活动，侯双亭同志走访了百余名书画家，到年底，已征集到书画作品30件。

1997

● **1997年6月15日** 中共北京市委副书记李志坚在《北京市文学艺术界联合会第六次代表大会闭幕式上的讲话》中宣布：市委常委会研究决定，由市财政拨款200万元，用于支持老舍文艺基金会。

● **1997年7月7日** 北京老舍文艺基金会工作人员会议，研究纪念老舍先生诞辰100周年的几项活动：拟推出"老舍文艺奖"；完成66幅名人字画的征集工作，积极物色接受字画，给予捐款的单位；向邮电部打报告，建议发行纪念邮票及首日封；与中国老舍研究会合办国际学术讨论会；关注老舍故居的修缮和开放。

● **1997年9月22日至25日** 中国基金会发展战略研讨会在江苏无锡召开，老舍文艺基金会总干事苗稼全应邀出席。

本年内，北京老舍文艺基金会圆满完成66幅名人字画的征集任务。

1998

● **1998年4月23日** 市委常委宣传部部长龙新民、副部长邓兴舟到市文联宣布了崔恩卿同志任北京市文联党组副书记的任命决定。

● **1998年5月28日** 北京市文联党组会讨论调整北京老舍文艺基金会领导班子。马玉田、赵金九、张淑兰、李琴华、陈世崇、崔恩卿、陈志强出席，苗稼全、侯双亭列席。会议提议,1、请贾庆林同志出任名誉会长；2、请市文联主席管桦任会长；3、马玉田、赵金九、舒乙任副会长；4、崔恩卿任常务副会长兼秘书长，全面主持基金会工作；5、请胡絜青先生做顾问。

● **1998年12月22日至23日** 北京老舍文艺基金会在碧溪饭店召开工作会议。崔恩卿主持会议，回顾了老舍文艺基金会10年的历程，研究了今后的工作。会上崔恩卿总结说：老舍文艺基金会已历经10年的筹备期，现在进入了第二个10年，即发展期和立业期。

大事记

1999

●1999年1月7日　北京市文联向市委宣传部呈报“关于设立老舍文学创作奖的请示”。1月12日，龙新民部长批示，同意以此项评奖促进北京文学事业的繁荣。1月13日李志坚副书记圈阅。

●1999年1月25至26日　市文联、北京老舍文艺基金会、北京市老舍研究会共同在天安门招待所举办“纪念老舍先生百年诞辰暨老舍作品研讨会”。中共北京市委常委、宣传部部长龙新民、中国作协副主席邓友梅到会并讲话。龙新民在讲话中强调：要学习老舍先生崇高的爱国主义精神；学习老舍先生热爱人民，全心全意为人民服务的精神；学习老舍先生深入生活，热爱生活的精神。文联党组书记马玉田主持会议。舒济、舒乙、苏民、林连昆、苏叔阳、赵大年、杜澎等文艺界的知名人士、文艺理论工作者六十余人参加大会。到会的文艺工作者表示，要学习老舍先生的爱国主义精神，为繁荣祖国文艺事业而努力。

●1999年2月1日　中共中央政治局委员、中共北京市委书记贾庆林同志，中共北京市委副书记李志坚同志及市委宣传部、统战部等有关领导专程看望了基金会顾问、老舍先生夫人胡絜青先生。胡老带病题写了“北京市老舍文艺基金会”会名，对基金会工作给予热情支持。

●1999年2月2日　市委、市府召开“老舍先生百年诞辰纪念会”，中共北京市委副书记李志坚到会并讲话。正式向社会推出“首届老舍文学创作奖”。老舍夫人胡絜青、子女舒济、舒乙和首都文艺界人士到会。会议由副市长刘敬民主持。会上，北京老舍文艺基金会向市委领导、老舍先生家属及来宾赠送了“老舍先生百年诞辰纪念金卡”。

●1999年3月15日　前后在纪念老舍先生百年诞辰活动中，《光明日报》、《中华文摘》与基金会合作发了专版。据不完全统计《人民日报》、《北京日报》、《北京青年报》、北京电视台、凤凰卫视台等新闻单位前后共刊播了近百条专访和新闻。

●1999年3月20日　崔恩卿召开基金会工作会议，研究了新时期的工作思路。通报了调整后的基金会组织机构：中共中央政治局委员、中共北京市委书记贾庆林任老舍文艺基金会名誉会长，中共北京市委副书记李志坚，中共北京市委常委宣传部部长龙新民，北京市副市长刘敬民，老舍夫人胡絜青等任顾问。管桦任会长。马玉田、赵金九、舒乙任副会长，崔恩卿任常务副会长兼秘书长，基金会下设：办公室、交流中心、外联部、基金管理部。

●1999年5月17日　经市委宣传部、市民政局批准，重新核发了社团法人执照，完善补充了业务范围。“北京市老舍文艺基金会”定名为“北京老舍文艺基金会”，并开始启用新的印章。

●1999年8月27日　市委副书记李志坚、市委常委宣传部部长龙新民在老舍文艺基金会“关于开展首届老舍文学创作奖评奖的请示”上批复，同意举办“首届老舍文学创作奖”。

●1999年9月15日　“首届老舍文学创作奖”筹备工作小组成立。

●1999年9月17日　在北京市委宣传部会议室召开碰头会，首次审议首届老舍文学创作奖组织、评奖方案，王学勤、梁倩、王文光、崔恩卿、李青、杨乾武、张东茂等同志到会。原则通过组织方案。

1999年11月9日 北京市委宣传部批准首届老舍文学创作奖组织工作方案。

1999年11月18日 在市文联会议室召开了首届老舍文学创作奖组委会第一次会议，市委宣传部副部长王学勤同志、以及组委会成员到会，会议由首届老舍文学创作奖组委会主任吕浩材主持。会议通过了“首届老舍文学创作奖组织方案”和“评奖办法”。

1999年12月7日 在首都大酒店召开首届老舍文学创作奖首次新闻说明会，崔恩卿主持会议。首届老舍文学创作奖组委会主任吕浩材宣布首届老舍文学创作奖评奖活动即日起拉开序幕。同日，北京青年报刊登了《老舍文学创作奖奖杯设计方案征集启事》。

1999年12月8日始 首都各报刊开始刊发有关老舍文学创作奖的消息，文艺报的题目是《北京有了文学大奖》、中国文化报的题目是《北京市最高荣誉的文学大奖——首届老舍文学创作奖开始评奖》、新闻出版报的题目是《首都传媒联手支持首届老舍文学创作奖》、北京日报的题目是《文化都市重奖文学佳作》、北京晚报的题目是《北京要重奖文学创作》。

1999年12月23日 著名画家、老舍文艺基金会顾问胡絜青老人时逢95华诞。上午，中共中央统战部副部长刘延东和北京市委、市人大、市政协领导张健民、李志坚、陈广文等到安定门胡老家中看望胡老。下午3点在首都大酒店二楼锦云厅由基金会和北京画院共同举办了大型贺寿茶话会，共贺胡絜青老人95华诞。全国政协主席李瑞环赠送了花篮，全国政协秘书长郑万通代表李瑞环到会祝贺，中共中央宣传部副部长刘鹏代表丁关根、刘云山到会祝贺。文化部部长孙家正，中国作协副主席张锲，北京市民委主任李保群等到会祝贺。茶话会由北京老舍文艺基金会常务副会长崔恩卿、副会长舒乙共同主持。中共北京市文联党组书记吕浩材致贺辞并代表“首届老舍文学创作奖”组委会向胡絜青老人赠送了精心制作的老舍与胡絜青夫妇1945年合影的金属照片。照片上镌刻着由崔恩卿句、吕浩材书的“笔墨丹青伴，回眸世纪情”贺词。席间，文艺界知名人士邓友梅、苏民、郑榕、林连昆、李滨声、濮存昕等发表了讲话并表演了节目，朗诵了老舍、胡絜青的作品，还展示了胡絜青老人不同时期的书画艺术佳作。参加贺寿活动的还有：甘英、吴素秋、刘春华、马玉田、靳尚宣、王松声、丁聪、林汝为、赵大年、方成等百余人。

1999年12月24日 老舍文艺基金会、老舍研究会与戏剧电影报共同举办的“老舍与老舍文学创作奖”知识竞赛活动，在戏剧电影报启动。

1999年12月25日 在门头沟龙泉宾馆，崔恩卿主持了北京老舍文艺基金会1999年度工作会议，进行年度工作总结，并提出了2000年“抓龙头”（以首届老舍文学创作奖为龙头项目）、“打基础”（建立基本工作队伍和工作制度）的基本工作思路和基本工作任务。

大事记

北京老舍文艺基金会历任秘书长、副秘书长
(1988–1999)

1988 年 5 月 – 1992 年

秘 书 长 ■赵金九（兼）
副秘书长 ■苗稼全（兼）
■宜 风（兼）

1992 年 11 月 – 1998 年

总干事 ■苗稼全（兼）
副总干事 ■石洁慧
■侯双亭
■宜 风（兼）

1998 年 5 月 –

秘 书 长 ■崔恩卿（兼）
副秘书长 ■张东茂（常务）
■王长海
■高玉琨（兼）
■花 青（兼）
■苗稼全（兼）
■侯双亭（兼）
■宜 风（兼）

后记

写在后面的话

首先，谢谢您能读到这里的文字。从阅读经验上说，有兴趣读——哪怕是随便翻翻，写在后面的文字，那一定是前面的东西还不至于让您太倒胃口。而这正是我们在着手编辑的时侯所期冀而又缺乏信心的。

编得很累。头一两天，甚至感到无趣。甚至怀疑“年鉴”这劳什子，怎么竟然在近年能翻江倒海起来。三五天过去，便渐入佳境。到后来，我们的兴趣便浓得化不开了，面对那些鲜为人知的文字和珍贵的历史照片，我们简直忘了编辑的身份，完全沉浸在“第一读者”的兴奋之中。王松声先生讲述的那段华君武给赵树理画漫画的故事，您要看了，不笑破了肚皮才怪呢!您知道吗?是老舍先生的“要点”两字，使那个漫画游戏达到了高潮。像这样的有趣文字，还有那些充满了新鲜见解的精彩的论文，您如果没有读到那就太遗憾了。至于在本“年鉴”中 首次面世的沈鹏、白雪石、欧阳中石、崔子范、刘炳森、娄师白等大师的“会藏珍品”，当然更能令您大饱眼福。……恕不一一。

这是一本多么好的“年鉴”啊! 哪里是图文并茂四字所能形容的呢!

编得愉快极了。沉甸甸的这一大摞，明天就要进印刷厂付印了，真还有点儿依依惜别的味道。因为它是“第一”，定然是鲜活的；因为它是“第一”，它定然免不了稚嫩。

希望得到您的关心和爱护。

当然，也希望您不吝赐教。

为了您，我们再苦、再累、再困难，也要让今后的年鉴能更出彩儿、更丰厚、更完美、更好看。更让它的同族慕煞、妒煞。这是我们此时此刻的期冀，我们有充足的信心。

搁笔之际，主编崔恩卿先生有感于“年鉴”的编辑工作，写了几行话，移来作为编后寄语吧:

无限时光放眼量，
有情岁月铸华章。
集得秋叶觅春色，
回映沧桑续炎黄。

高玉琨

后记

图书在版编目（CIP）数据

北京老舍文艺基金会年鉴. 1999/北京老舍文艺基金会编.—北京：北京十月文艺出版社 2000. 5
ISBN 7-5302-0591-9

Ⅰ.北… Ⅱ.北… Ⅲ.老舍文艺基金会-年鉴-1999
Ⅳ.K825. 6-26

中国版本图书馆 CIP 数据核字（2000）第 24988 号

北京老舍文艺基金会年鉴 1999

BEIJING LAOSHE WENYI JIJINHUI NIANJIAN 1999

北京十月文艺出版社出版
（北京北三环中路 6 号）
邮政编码：100011
北京出版社出版集团总发行
新 华 书 店 经 销
中国农业出版社印刷厂印刷
*
787 × 1092 毫米 16 开本 14.75 印张 40 万字
2000 年 5 月第 1 版 2000 年 5 月第 1 次印刷
印数：2000 册

ISBN7-5302-0591-9
定价：190.00 元